U0891769

人民交通出版社股份有限公司

"十三五"职业教育系列教材

铁道工程概论

（双色版）

主编／蒋远兰 韩军峰
副主编／何帆
主审／张永鸿

人民交通出版社股份有限公司
北 京

内 容 提 要

本书是一本为土木工程专业与铁道工程方向的学生提供帮助并使其了解所学专业和未来从事本行业工作的概论性教材,也是中等职业教育面向“十二五”,应当前职业教育教学改革需要而编写出版的,具有新时期鲜明中等职业教育特点、适用好用、创新型的高品质教材。

全书共分为9个单元,内容包括:绪论,铁路设计概述,轨道,路基,桥梁,隧道,车站与枢纽,铁路运输与主要技术设备,其他种类轨道交通。为了让学生更好地掌握所学知识,部分单元附有阅读材料。

本书可供土木工程专业与铁道工程方向教师、学生使用,亦可供相关设计和施工人员参考。

图书在版编目(CIP)数据

铁道工程概论 / 蒋远兰, 韩军峰主编. — 北京 : 人民交通出版社, 2013.8

ISBN 978-7-114-10817-4

Ⅰ. ①铁… Ⅱ. ①蒋… ②韩… Ⅲ. ①铁路工程 – 中等专业学校 – 教材 Ⅳ. ①U2

中国版本图书馆 CIP 数据核字(2013)第176590号

书　　名: 铁道工程概论
著 作 者: 蒋远兰　韩军峰
责任编辑: 刘彩云
出版发行: 人民交通出版社股份有限公司
地　　址: (100011)北京市朝阳区安定门外外馆斜街3号
网　　址: http://www.ccpcl.com.cn
销售电话: (010)59757973
总 经 销: 人民交通出版社股份有限公司发行部
经　　销: 各地新华书店
印　　刷: 北京虎彩文化传播有限公司
开　　本: 787×1092　1/16
印　　张: 13.5
字　　数: 282千
版　　次: 2013年8月　第1版
印　　次: 2024年7月　第8次印刷
书　　号: ISBN 978-7-114-10817-4
定　　价: 29.00元

“十二五”职业教育规划教材
编 审 委 员 会

前　言

“铁道工程概论”是土木工程专业与铁道工程方向学生必修的专业课之一，它是研究铁道工程施工技术和施工工艺的一门实践性强、涉及面广、技术更新快的学科。本书在介绍基础理论的同时，注重内容与现行规范、规程、标准的对接，反映当前铁道工程施工的新工艺、新技术、新方向，对当今发展较为迅速的高铁、地铁等新型轨道交通形式也单独安排一章进行介绍，便于学生了解。

本书由成都铁路工程学校蒋远兰、太原铁路机械学校韩军峰担任主编，蒋远兰负责全书的统稿工作，中铁二十局集团公司技工学校何帆担任副主编。参加本书编写的人员还有成都铁路工程学校崔桂兰、张吕，中铁二局集团有限公司苏成。具体分工为：第1单元、第6单元由何帆编写，第2单元、第5单元由张吕编写，第3单元、第7单元由韩军峰编写，第4单元由崔桂兰编写，第8单元由蒋远兰编写，第9单元由苏成编写。全书由中铁二十局集团有限公司张永鸿主审。

本书在编写过程中得到了中铁二局集团有限公司苏成、中铁二院工程集团有限责任公司黄树强等的大力支持，在此一并感谢！

由于编者水平有限，书中的缺点和错误在所难免，诚请读者批评指正。

编　者

2013年5月

目　录

学习导读

本书涉及铁路路基工程、桥梁工程和隧道工程的施工方法及维修保养措施，学生应该了解我国铁路的发展概况、铁路设计概况、车站与枢纽基本知识、铁路运输与主要技术设备以及其他种类轨道交通等；同时应该掌握路基土石方量的计算、调配及路基工程的施工方法等，掌握桥梁工程的构造、施工方法等，掌握隧道工程的构造、施工方法及相应的养护措施。

为了能更好地完成这些工作，学生应经常关注最新的工程材料、施工工艺和施工机械设备。可以阅读相关的期刊、最新出版的图书，而最直接的方法是利用各种机会进入施工现场参观实习。为了能更好地与施工现场相结合，在本书的附录部分列举了部分案例以供参考。

单元1 绪　　论

引子

当你在享受现代交通运输所带来的舒适、快速和便捷时,有没有想要进一步了解现代交通运输呢?本单元将为你介绍现代交通运输的特点及地位,并重点介绍我国铁路运输的发展及规划建设的前景。

1.1 现代交通运输的特点

现代交通运输的种类主要有公路运输、铁路运输、航空运输、水路运输及管道运输等。各种运输方式相互联系,共同协作,对国民经济的发展起到了纽带作用。

1.1.1 公路运输

图1-1　公路运输

公路运输(见图1-1)是在公路上运送旅客和货物的运输方式,是交通运输系统的主要组成部分之一,主要承担短途客货运输。现代所用公路运输工具主要是汽车,因此,公路运输一般即指汽车运输。在地势崎岖、人烟稀少、铁路和水运不发达的边远和经济落后地区,公路运输成为主要运输方式,起着运输干线作用。

公路运输的特点见表1-1。

公路运输的特点　　表1-1

优　点	缺　点
1. 机动灵活,适应性强; 2. 可实现"门到门"直达运输; 3. 在中、短途运输中,运送速度较快; 4. 原始投资较少,资金周转较快; 5. 掌握车辆驾驶技术较易	1. 运量较小,运输成本较高; 2. 运行持续性较差; 3. 安全性较低,污染环境较大

1.1.2 铁路运输

铁路运输(见图1-2)是一种陆上运输方式,以两条平行的钢轨引导。

铁路运输的特点见表1-2。

铁路运输的特点　　表 1-2

优　　点	缺　　点
1. 运输能力大，适于大批量低值产品的长距离运输； 2. 单车装载量大，有多种类型的车辆，几乎能承运任何商品，几乎不受重量和容积的限制； 3. 车速较高，仅次于航空运输； 4. 铁路运输受气候和自然条件影响较小，在运输的经常性方面占优势； 5. 可以方便地实现驮背运输、集装箱运输及多式联运	1. 铁路线路是专用的，固定成本较高，原始投资较大，建设周期较长； 2. 铁路按列车组织运行，在运输过程中需要有列车的编组、解体和中转改编等作业环节，占用时间较长，因而增加了货物在途时间； 3. 铁路运输中的货损率较高，而且由于装卸次数多，货物损毁或丢失事故通常比其他运输方式多； 4. 除非托运人和收货人均有铁路支线，否则不能实现"门对门"的运输，通常要依靠其他运输方式配合才能完成运输任务

1.1.3　航空运输

航空运输（见图 1-3）是使用飞机、直升机及其他航空器运送人员、货物、邮件的一种运输方式。

图1-2　铁路运输

图1-3　航空运输

航空运输的特点见表 1-3。

航空运输的特点　　表 1-3

优　　点	缺　　点
1. 速度快、机动灵活，是现代旅客运输，尤其是远程旅客运输的重要方式，也是国际贸易中的贵重物品、鲜活货物和精密仪器运输所不可或缺的一种现代交通运输方式； 2. 径路短，航空运输是在三维空间进行的，它几乎不受地面任何障碍物的影响，能实现两点间的直线运输； 3. 基建成本低； 4. 客运能力大	1. 运输成本高； 2. 受天气状况影响大

1.1.4　水路运输

水路运输（见图 1-4）是以船舶为主要运输工具，以港口或港站为运输基地，以水域包括海洋、河流和湖泊为运输活动范围的一种运输方式。水路运输至今仍是世界许多国家最重要的运输方式之一。

水路运输的特点见表1-4。

水路运输的特点　　表1-4

优　点	缺　点
1. 运载能力大、成本低、能耗少、投资省，是一些国家国内和国际运输的重要方式之一； 2. 开发利用涉及面较广，如天然河流涉及通航、灌溉、防洪排涝、水力发电、水产养殖及生产与生活用水的来源等，海岸带与海湾涉及建港、农业围垦、海产养殖、临海工业和海洋捕捞等	受自然条件的限制与影响大，即受海洋与河流的地理分布及其地质、地貌、水文与气象等条件和因素的制约与影响。水路运输航线无法在陆地上任意延伸，所以，水路运输要与铁路运输、公路运输和管道运输配合，并实行联运

1.1.5　管道运输

管道运输（见图1-5）是用管道作为运输工具的一种长距离输送液体和气体物资的运输方式，是一种专门由生产地向市场输送石油、煤和化学产品的运输方式，是统一运输网中干线运输的特殊组成部分。

图1-4　水路运输

图1-5　管道运输

管道运输的特点见表1-5。

管道运输的特点　　表1-5

优　点	缺　点
1. 运量大。每年的运输量有数百万吨到数千万吨，甚至超过亿吨。 2. 占地少。运输管道通常埋于地下，其占用的土地少，对于土地的永久性占用仅为公路的3%，铁路的10%左右。 3. 管道运输建设周期短、费用低。国内外交通运输系统建设的大量实践证明，管道运输系统的建设周期与相同运量的铁路建设周期相比，一般要短1/3以上。 4. 管道运输安全可靠、连续性强。由于石油天然气易燃、易爆、易挥发、易泄露，采用管道运输方式，既安全又可以大大减少挥发损耗，同时由于泄露导致的对空气、水和土壤污染也可大大减少；此外，由于管道基本埋藏于地下，其运输过程受气候条件影响小，可以确保运输系统长期稳定地运行。 5. 管道运输耗能少、成本低、效益好。理论分析和实践经验已证明，管道口径越大，运输距离越远，运输量越大，运输成本就越低	1. 灵活性差。管道运输不如其他运输方式（如汽车运输）灵活，除承运的货物比较单一外，也不容随便扩展管线。 2. 管道运输常常要与铁路运输或汽车运输、水路运输相互配合才能完成全程输送

1.2 铁路发展概况

我国地域辽阔，人口众多，资源分布不均，地区经济发展不平衡。因此，铁路在我国交通运输体系中长期以来一直起着骨干作用。由于铁路的技术经济特性，铁路事业的发展对于中国当前实施的可持续发展战略具有重要意义。

1.2.1 我国铁路发展

我国第一条铁路是1876年英商在上海至吴淞间修建的，较之世界上第一条正式营业的铁路落后了51年，如图1-6所示。1876—1911年，清政府时期共建成铁路9100km，其中，京张铁路(北京至张家口)是第一条由中国人主持修建的铁路干线，如图1-7所示。1949年，中华人民共和国成立时，中国内地仅留下铁路22600km。旧中国铁路建设，不仅数量少、质量低，而且布局不合理，大部分在沿海地区，西南、西北地区几乎没有铁路。

图1-6 早期铁路

图1-7 京张铁路

中华人民共和国成立后，相继完成了成渝、天兰铁路的铺轨通车任务。至1976年年底，全国铁路营业里程为46262km。改革开放后，国民经济快速发展，铁路建设也得到迅速发展，到1990年年底，铁路营业里程达到53378km，电气化里程达到6941km，地方铁路达到4424km，逐步形成了“三横”、“五纵”的路线格局，如图1-8所示。

自2007年以来，铁路实现了快速、高效发展，截至2008年年底，营业里程达8万km。随着科技的不断发展，我国铁路建设也在技术创新上实现重大突破，成功搭建了时速250～350km高速铁路技术平台、时速200～250km既有线提速技术平台、高原冻土铁路技术平台和铁路重载运输技术平台以及具有代表性的有南疆铁路、西宁—拉萨铁路等，如图1-9、图1-10所示。青藏铁路的建成，突破了高原缺氧、多年冻土、生态脆弱三大建设难题，树立了近代铁路建设的里程碑，如图1-11所示。上海磁悬浮示范线的开通运营，标志着我国铁路建设已经进入世界先进行列，如图1-12所示。

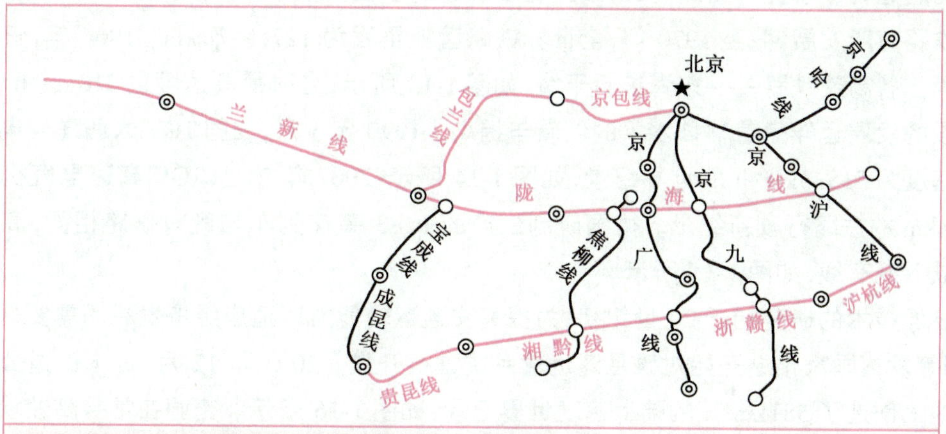

图1-8 纵横铁路

图1-9 南疆铁路

图1-10 西宁—拉萨铁路

图1-11 青藏铁路

图1-12 上海磁悬浮示范线

1.2.2 世界铁路发展

1840—1913 年，世界铁路发展最快，平均每年修建 2 万 km 以上。第一次世界大战前，美、英等国先后建成了各自的铁路网,对工业化发展起到了巨大推动作用。第二次世界大战后,其他国家铁路有所发展,截至1970年,全世界铁路营业里程为127.9万km。1964年,日本建成了世界第一条高速铁路——东海道新干线,如图1-13所示,当时最高速度达210km/h。自此,铁路建设的发展也伴随着科技水平的创新与提高。1990年5月,法国TGV大西洋号电动车组创造了速度为515.3km/h的世界纪录,如图1-14所示;2007年2月,TGV高速电气机车创下时速553km的铁路行驶新纪录。德国研制生产的ICE3高速列车与既有铁路相同,高速列车可直接驶入既有线,如图1-15所示。

磁悬浮技术的研究始于20世纪初,为提高交通运输能力以适应经济发展的需要,德国、日本、美国等发达国家相继开始对磁悬浮运输系统进行开发。2003年12月,日本铁道公司在山梨试验线上创造了581km/h的陆上速度世界纪录,如图1-16所示。德国在常导高速埃姆斯特试验线上,创造了450km/h的试验速度,如图1-17所示。

图1-13　东海道新干线

图1-14　法国TGV高速列车

图1-15　德国ICE3高速列车

图1-16　日本磁悬浮列车

图1-17　德国磁悬浮列车

1.3　我国铁路规划与建设

1.3.1　发展目标

为适应全面建设小康社会的目标要求，铁路网要扩大规模，完善结构，提高质量，快速扩充运输能力，迅速提高装备水平。规划到2020年，全国铁路营业里程达到12万km以上，复线率和电化率分别达到50%和60%以上，主要繁忙干线实现客货分线，基本形成布局合理、结构清晰、功能完善、衔接顺畅的铁路网络，运输能力满足国民经济和社会发展的需要，主要技术装备达到或接近国际先进水平。

1.3.2　规划方案

为满足快速增长的旅客运输需求，建立省会城市及大中城市间的快速客运通道，我国规划"四纵四横"等客运专线以及经济发达和人口稠密地区城际客运系统，建设客运专线1.6万km以上。

"四纵"客运专线：

(1)北京—上海：全长约1318km，纵贯京津沪和冀鲁皖苏四省，连接环渤海和长江三角洲两大经济区。

(2)北京—武汉—广州—深圳：全长约2260km，连接华北、华中和华南地区。

(3)北京—沈阳—哈尔滨(大连)：1700km，连接东北和关内地区。秦皇岛—沈阳已于2003年建成。

(4)杭州—宁波—福州—深圳：全长约1600km，连接长江、珠江三角洲和东南沿海地区。

"四横"客运专线：

(1)徐州—郑州—兰州：全长约1400km，连接西北和华东地区。

(2)杭州—南昌—长沙：全长约880km，连接华中和华东地区。

(3)青岛—石家庄—太原：全长约770km，连接华北和华东地区。

(4)南京—武汉—重庆—成都：全长约1600km，连接西南和华东地区。

以扩大西部路网规模为主，形成西部铁路网骨架，完善中东部铁路网结构，提高对地区经济发展的适应能力。规划建设新线约4.1万km。

加强既有路网技术改造和枢纽建设，提高路网既有通道能力。规划既有线增建二线1.9万km，既有线电气化2.5万km。

单元2　铁路设计概述

引子

铁路线路是由路基、桥隧建筑物和轨道组成的一个整体工程结构，它是机车车辆和列车运行的基础，直接承受机车车辆轮对传来的压力。为了保证列车能够按规定的最高速度安全平稳和不间断地运行，铁路运输部门能够质量良好地完成客货运输任务，铁路线路必须有一个合理的设计。

【工程实例】京张铁路是由当时的清政府委派詹天佑为京张铁路局总工程师(后兼任京张铁路局总办)领导建设，中国首条不使用外国资金及人员，由中国人自行完成设计与施工并投入营运的铁路。京张铁路连接北京丰台，经居庸关、八达岭、怀柔、宣化至张家口，全长约200km，于1905年9月开工修建，1909年建成，如图2-1所示。修建京张铁路时，詹天佑有多项创举。其中青龙桥段铁路穿越军都山，南口和八达岭的高度相差180丈(约600m)，坡度极大，在22km线路区段内用折返方法，设计、修建了著名的青龙桥车站"人"字形铁路轨道，如图2-2所示。京张铁路的建成，不仅为詹天佑在世界上赢得了声誉，更重要的是为整个中国铁路工程技术界在世界上赢得了地位。

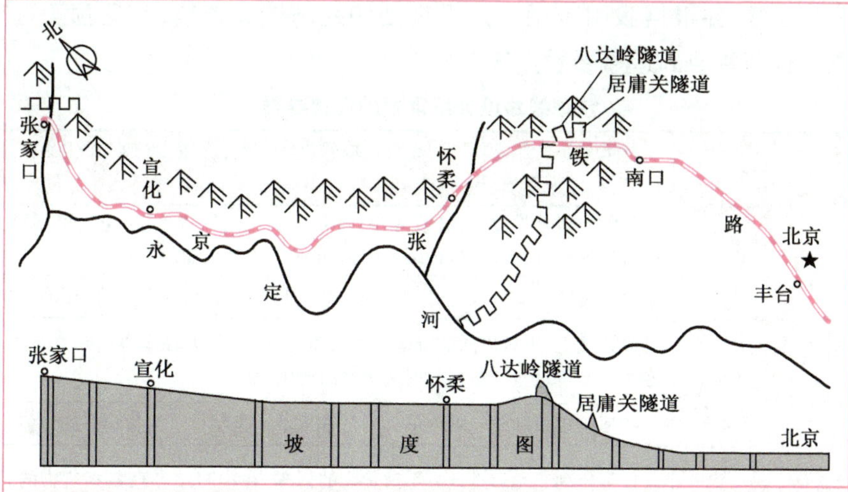

图2-1　京张铁路工程图

2.1　铁路能力及主要技术标准

2.1.1　客货运量

在铁路线路设计之前，首先要确定铁路的主要技术标准，主要技术标准又决定了铁路能力，而设计的铁路能力又必须满足预测运量的要求。因此，无论是新建铁路还是改建铁路，设计前都必须进行经济调查，以明确设计线的政治、经济和国防意义，确定设计线在铁路网中的地位和作用，并提供铁路总体设计和各种设施设计所需要的客货运量资料。客货运量的重要意义见表 2-1。由此可见，铁路设计必须十分重视客货运量的调查和预测工作。

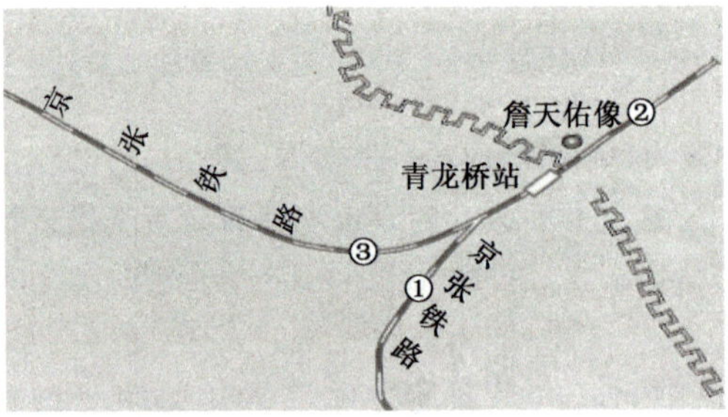

图2-2　青龙桥车站“人”字形路轨道

客货运量的重要意义　　表 2-1

1	客货运量是设计铁路能力的依据
2	客货运量是评价铁路经济效益的基础
3	客货运量是影响铁路线路方案取舍的重要因素

确定设计线客货运量时，首先要划定设计线的吸引范围，在吸引范围内进行经济调查，以确定近期的客货运量，并根据吸引范围的建设规划和经济统计资料，然后预测远期的客货运量。铁路线路设计所需要的运量参数见表 2-2。

铁路线路设计所需要的运量参数　　表 2-2

货运量	货运量是一年内单方向需要运输的货物吨数，应按设计线（或区段）分上、下行分别计算，单位为万吨/年
货物周转量	货物周转量是设计线（或区段）一年内所完成的货运工作量，可用单方向一年内各种货运量乘以相应的运输距离计算，单位为万吨公里/年
货运密度	货运密度是设计线（或区段）每公里的平均货物周转量，单位为万吨公里/年
货流比	设计线上、下行方向的货运量不均衡时，应区分为轻车方向和重车方向。货流比是轻车方向货运量与重车方向货运量的比值
货运波动系数	货运波动系数是一年内最大的月货运量和全年月平均货运量的比值
零担列车、摘挂列车、快运货物列车和旅客列车	1. 零担列车是运送地方零散货物的列车，在中间站办理零担货物的装卸，一般运行于一个区段内； 2. 摘挂列车是运送地方整车货物的列车，在中间站办理货车甩挂和到货场取送车作业，一般运行于一个区段内； 3. 快运货物列车是运送鲜活或易腐货物的列车，为缩短旅途时间，这种列车很少停站，而其他普通货物列车要停站待避，使其不停车通过； 4. 旅客列车是运送旅客的列车

设计线交付运营后，客货运量是随着国民经济的发展逐年增长的，设计线的能力必须与之适应。客货运量参数也需分设计年度。铁路的设计年度一般分为近期、远期。按照《铁路线路设计规范》(GB 50090—2006)(以下简称《线规》)，近期、远期分别为交付运营后第 10 年和第 20 年。必要时，也可增加初期，其为交付运营后的第 3 年或第 5 年。各期运量均应通过经济调查确定。

既有铁路的建筑物和设备，应根据设计年度的运量分期加强，使铁路设施的能力与运量增长相适应。这样，既能满足国民经济发展对铁路日益增长的运输要求，又可节约铁路建设的初期投资。对于可以逐步改、扩建的建筑物和设备，应按初期、近期运量和运输性质确定，并考虑预留远期发展的条件。对于不易改、扩建的建筑物和设备，应按远期运量和运输性质确定。

2.1.2　铁路通过能力

铁路每昼夜可以通过的列车对数(双线为每一方向的列车数)，称为铁路通过能力。

铁路的通过能力受区间、车站、机务设备和供电设备的限制。铁路所能实现的通过能力，取决于上述设备中最薄弱环节所限制的通过能力。设计铁路时，一般是根据区间通过能力来设计其他各种设备的能力，使之相互协调，且均不小于区间通过能力。

1)列车运行图

列车运行图是表示列车运行情况的示意图，它是组织铁路各部门共同完成国家运输任务的基础。

列车运行图如图 2-3 所示，横轴表示时间，每 10min 划一竖线；纵轴表示距离，每一车站中心画一横线。两站间的斜线为列车在该站间的运行线，斜率越陡，说明列车走行速度越快，走行时分越少。斜线与相邻两横线的交点分别表示列车的发车时间和到达时间；斜线与相邻两横线交点间的时段，表示列车在该站间的走行时分。例如，图 2-3 中的 1248 次列车通过 C 站的时间是 0h06min，到达 B 站的时间是 0h20min，其间走行时分为 14min。运行图还显示出列车的在站停留时间，例如，1248 次列车在 B 站从 0h20min 到达至 0h27min 发车，计停站 7min。

运行图中的列车编号：离北京渐远方向的列车编号为单数，向北京渐近方向的列车编号为偶数。前者为下行列车，后者为上行列车。

在铁路运营中，采用的是非平行运行图(见图 2-3)。因为铁路上开行的旅客列车、直通货物列车、摘挂列车和零担列车的速度各不相同，所以在运行图上各种列车在同一站间的运行线互不平行。非平行运行图只在实际运营中使用。

在铁路设计中，采用的是平行成对运行图(见图 2-4)。这种运行图假定在线路上运行的都是直通货物列车，往返成对且同一站间同一方向的列车运行速度相同，故其运行线相互平行。采用平行成对运行图，便于直接计算通过能力。

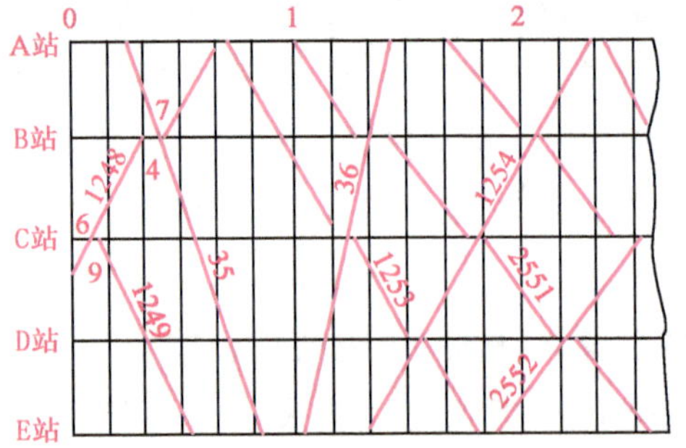

图2-3　非平行运行图

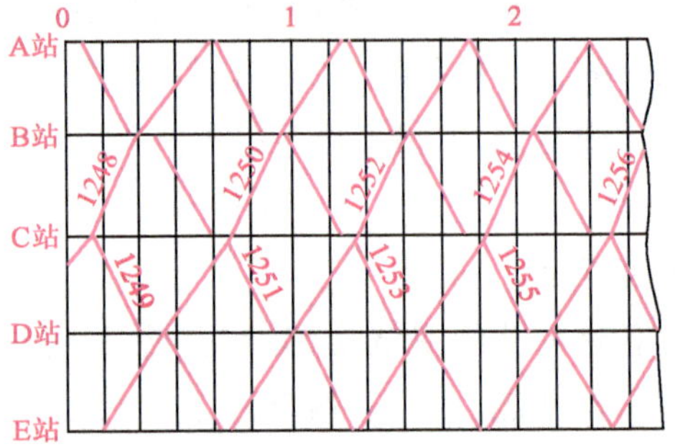

图2-4　平行成对运行图

2）列车运行速度

铁路线路设计中所涉及的列车运行速度如表 2-3 所示。

铁路线路设计中所涉及的列车运行速度　　表 2-3

旅客列车设计行车速度	旅客列车设计行车速度是根据运输需求、铁路等级、正线数目、地形条件及机车类型、线路平纵断面运营条件并考虑远期发展条件等综合因素比较确定，是确定设计线各种与客车速度有关的建筑物和设备标准的基本参数。设计线各路段中的旅客列车设计行车速度（简称路段设计速度或路段速度）的最大值称为设计线旅客列车最高设计行车速度
走行速度	走行速度是指普通货物（或旅客）列车在区段内运行，按所有中间车站不停车通过所计算的区段平均速度，可由牵引计算得到
技术速度	技术速度是指普通货物（或旅客）列车在区段内运行，计入中间车站停车的起停附加时分所计算的区段平均速度，可由牵引计算得到
旅行（区段）速度	旅行速度是指普通货物（或旅客）列车在区段内运行，计入中间车站停车的起停附加时分和中间车站停车时分所计算的区段平均速度
计算速度	计算速度是计算列车牵引质量所依据的速度，以最高级值满磁场牵引特性上持续电流所决定的速度作为最低计算速度，列车在区间的运行速度不能低于该计算速度

以上列车运行速度种类中，旅行速度在线路设计中用途广泛。运营部门可根据绘出的非平行运行图，用区段内普通货物（或旅客）列车的旅行时分推算旅行速度，设计部门则用旅速系数推算。旅速系数是指旅行速度和走行速度的比值。

2.1.3　铁路输送能力

铁路输送能力是指铁路单方向每年能运送的货物吨数。设计线各设计年度的输送能力不应小于经济调查得到的相应年度的货运量。计算铁路输送能力时，需将其他种类列车（旅客列车、快运货物列车、零担列车和摘挂列车）对数根据扣除系数和满轴系数折算为普通货物列车对数。折算的普通货物列车对数，还应考虑一定的通过能力储备量。

2.1.4 铁路等级

1) 铁路等级划分的重要性

我国疆域辽阔、地形复杂、人口资源分布很不平衡，工农业生产布局也不均衡，各地区经济、文化发展水平差异甚大。铁路的经济、文化、国防意义不同，其在运输系统中的地位与作用不同，所负担的运输任务、安全与旅客舒适度要求也不同。所以，有必要将铁路划分成不同等级，有区别地规划各级铁路的能力，制定建筑物和设备的技术标准。

2) 铁路等级划分

铁路修建的目的是满足社会旅客和货物运输需求，且修建铁路的经济效益也直接反映在客货运量上，运量大的铁路，铁路等级应高。具有路网性质、起骨干作用的铁路，意义重大，且一般运量也较大，运输质量（安全、舒适）要求高，铁路等级应高。《线规》规定：新建和改建铁路（或区段）的等级，应根据其在铁路网中的作用、性质、旅客列车设计行车速度和客货运量确定，并应符合铁路等级划分规定要求。铁路等级划分如表2-4所示。

铁 路 等 级 划 分　　表2-4

Ⅰ级铁路	铁路网中起骨干作用的铁路，或近期年客货运量大于或等于20Mt者
Ⅱ级铁路	铁路网中起联络、辅助作用的铁路，或近期年客货运量小于20Mt且大于或等于10Mt者
Ⅲ级铁路	为某一地区或企业服务的铁路，近期年客货运量小于10Mt且大于或等于5Mt者
Ⅳ级铁路	为某一地区或企业服务的铁路，近期年客货运量小于5Mt者

2.1.5 铁路主要技术标准

除铁路等级基本标准外，铁路主要技术标准还包括设计速度、正线数目、正线线间距、限制坡度、最小平面曲线半径、牵引种类、机车类型、机车交路、车站分布、到发线有效长度和闭塞类型等。这些标准是确定铁路能力大小的决定因素。一条铁路的能力设计，实质上是选定主要技术标准。同时，这些标准对设计线的工程造价和运营质量有重大影响，并且是确定设计线一系列工程标准和设备类型的依据。

铁路能力由货物列车牵引质量和通过能力决定，并受列车运行速度的影响。铁路主要技术标准对三者都有不同程度的影响。

2.2 铁路勘测设计

由于新建或改建铁路的工程量和投资量都很大，且技术复杂，牵涉面广，因此在建造一条铁路之前，必须进行深入细致的调查研究和勘测工作，并从若干个可供比较的方案中选出一个最优方案来进行设计。

铁路勘测可分为经济勘测和技术勘测。经济勘测的任务是调查铁路沿线的物产分布，客、货运量等，以便规划线路走向，推算线路应具有的运输能力，确定铁路等级和主要技术标准。技术勘测的任务是搜集铁路沿线的地形、地质、水文、气象、地震等资料，为铁路线路设计提供依据。技术勘测的分类如图 2-5 所示。

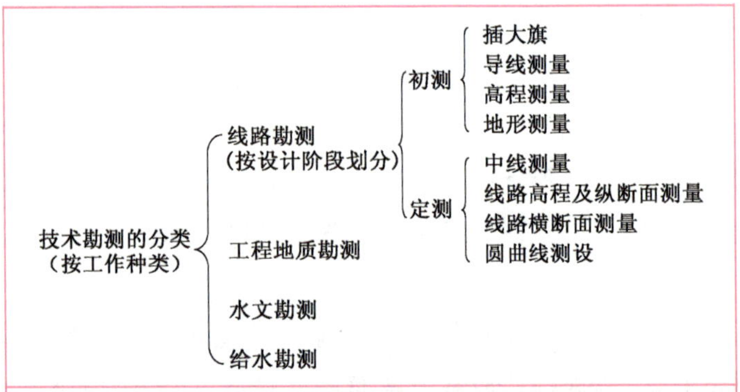

图2-5　技术勘测的分类

铁路线路设计是一项涉及面广、技术性强、关系到全局的总体性工作。其主要特点之一是分阶段进行的，其阶段划分如表 2-5 所示。

铁路勘测设计阶段划分　　表 2-5

勘测阶段名称	踏　勘	初　测	定　测	补 充 定 测
设计阶段名称	预可行性研究	可行性研究	初步设计	施工图
成果文件	项目建议书	可行性研究报告	初步设计文件	施工图文件

为了满足各勘测设计阶段不同的设计要求，在各阶段应使用相应精度的地形资料。

铁路线路设计的另一个显著特点是线路设计是在一个狭长的地带进行的，线路长度可达成百上千公里。因此，除了满足设计规范等条件外，还需要与沿线有关政府及大型企业协调，确定车站及线路位置，尽量适应地形及地方经济发展，吸引运量，提高效益。

2.3　铁路线形

铁路线形是指铁路线路中心线的空间位置和形状。线路中心线是用路基横断面上 *O* 点纵向的连线表示的。*O* 点为距外轨半个轨距的铅垂线 *AB* 与路肩水平线 *CD* 的交点，如图 2-6 所示。线路的空间位置是由它的平面和纵断面决定的。线路平面是线路中心线在水平面上的投影，如图 2-7a）所示，表示线路平面状况。线路纵断面是沿线路中心线所作的铅垂剖面展开后线路中心线的立面图，如图 2-7b）所示，表示线路起伏情况，其高程为路肩高程。

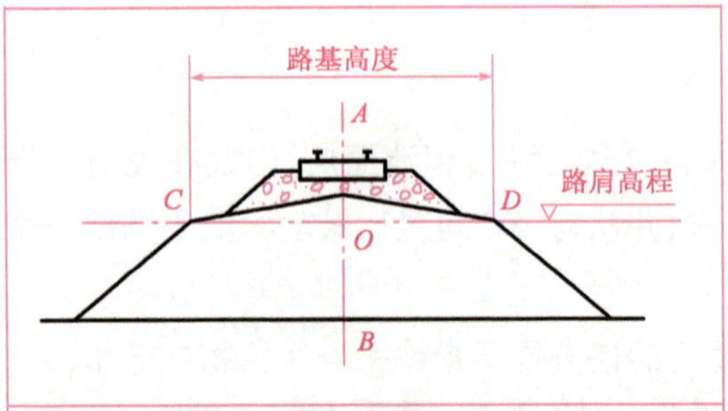

图2-6　铁路路基横断面

各设计阶段编制的线路平面图和纵断面图是线路设计的基本文件。各设计阶段的定线要求不同，平面图和纵断面图的详细程度也各有区别。图 2-8 为新建铁路概略的线路平面图和纵断面图。

概略平面图中，等高线表示地形、地貌特

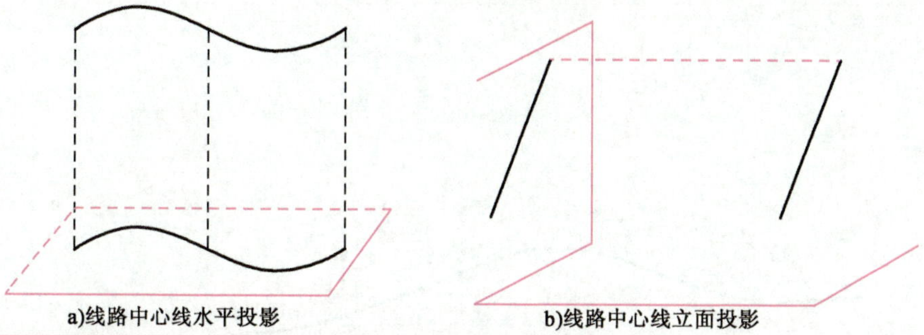

图2-7　线路的空间位置

征，村镇道路等表示地物特征。图中粗线表示铁路中心线，标出里程、曲线要素（转角 α、曲线半径 R）、车站和桥隧特征等资料。

概略纵断面图的上半部为线路纵断面示意图；下半部为线路基础数据，自下而上顺序标出线路平面、里程、设计坡度、路肩设计高程、工程地质概况等栏目。

2.3.1　平面

1）平面组成

线路平面由直线和曲线组成，铁路曲线由圆曲线和缓和曲线组成，所选平面曲线半径应与设计行车速度相匹配。

概略定线时，平纵面图中仅绘出未加设缓和曲线的圆曲线，如图 2-9a）所示。圆曲线要素为偏角 α、半径 R。偏角 α 在平面图上量得，曲线半径 R 由选配得出。

详细定线时，平纵面图中要绘出加设缓和曲线的曲线，如图 2-9b）所示。曲线要素为偏角 α、半径 R、缓和曲线长 l_0、切线长 T 和曲线长 L。偏角 α 在平面图上量得，圆曲线半径 R 和缓和曲线长 l_0 由选配得出，切线长 T 和曲线长 L 可由计算得出。

曲线各起讫点及其他主点（直缓点 ZH、缓圆点 HY、圆缓点 YH、缓直点 HZ）里程可按曲线关系推算。

纸上定线时，在相邻两直线之间需用一定半径的圆曲线连接，并使圆弧与两侧直线相切。曲线半径的选配，可使用与地形图比例尺相同的曲线板，根据地形、地质与地物条件，由大到小选用合适的曲线板，决定合理的半径。若地势开阔，可先绘出两相邻的直线段，然后选配中间的曲线半径，此为直线法，如图 2-10a）所示；若曲线毗连，则先在需要转弯处绘出恰当的圆弧，然后用切于两圆弧的直线相连接，此为曲线法，如图 2-10b）所示。选定曲线半径后，量出偏角，再计算曲线要素和起讫点里程。

2）直线

设计线路平面时，相邻两直线的位置不同，其间曲线位置也相应改变。因此，在选定直线位置时，要根据地形条件使直线与曲线相互协调，使线路的所处位置最为合理。

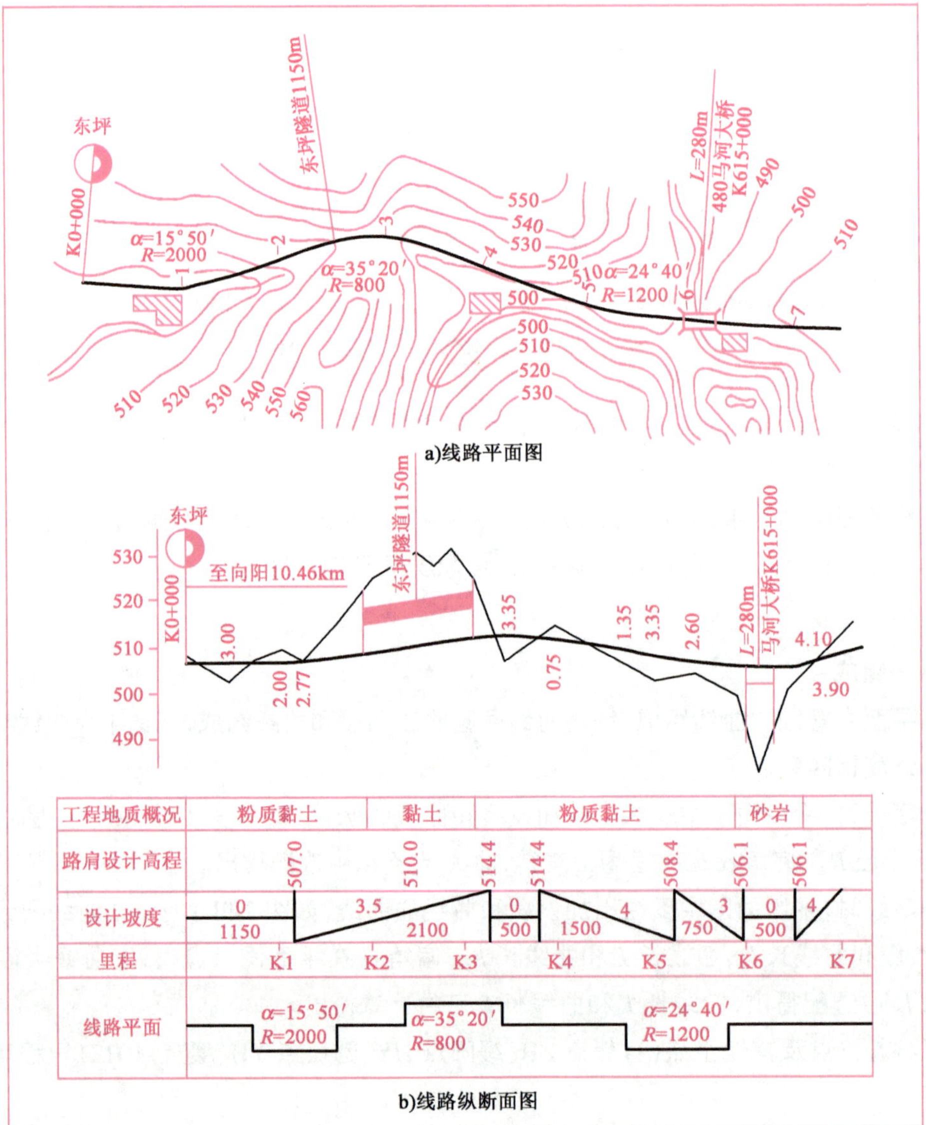

图2-8　新建铁路概略的线路平面图和纵断面图

设计线路平面，应力争设置较长的直线段，减少交点个数，以缩短线路长度、改善运营条件。只有遇到地形、地质或地物等局部障碍，引起较大工程时，才设置交点绕避障碍。

选定直线位置时，应力求减小交点转角的度数。转角大，则线路转弯急，总长增加；同时列车行经曲线所要克服的阻力功增大，运营支出相应增大。

在地形困难、曲线毗连地段的两相邻曲线间的直线段，即前一曲线终点（HZ_1）与后一曲线起点（HZ_2）间的直线，称为夹直线，如图 2-11 所示。两相邻曲线，转向相同者称为同向曲线，如图 2-11a）所示；转向相反者称为反向曲线，如图 2-11b）所示。

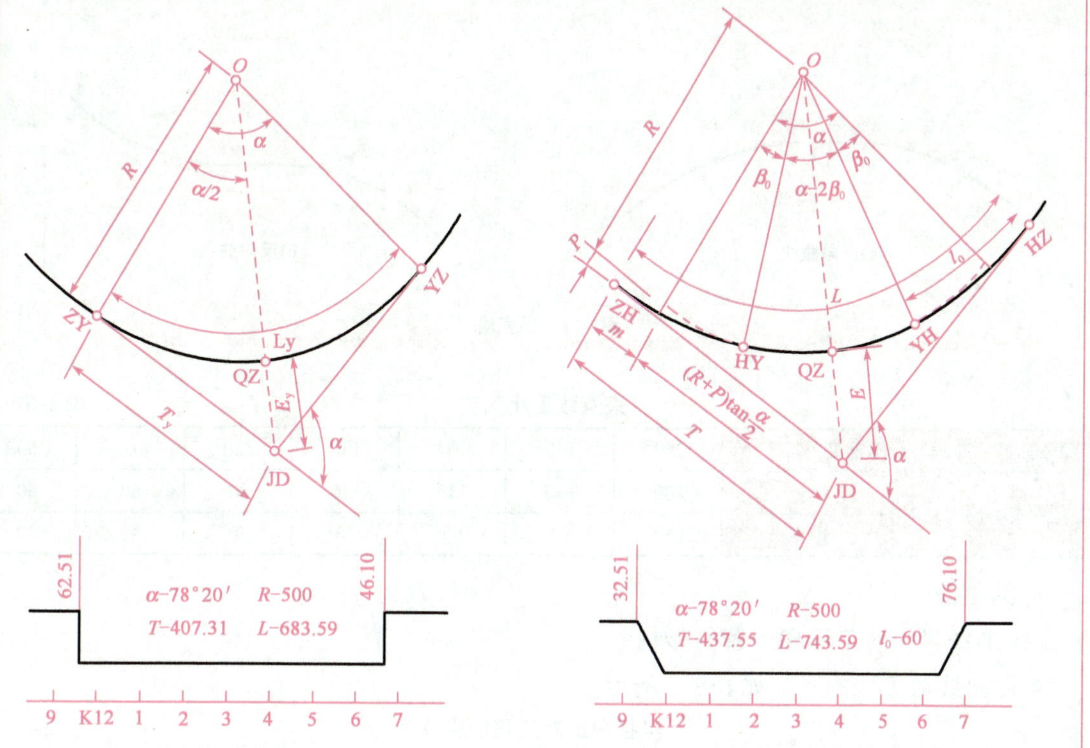

a)圆曲线　　　　b)圆曲线和缓和曲线

图2-9　铁路线路平面曲线图

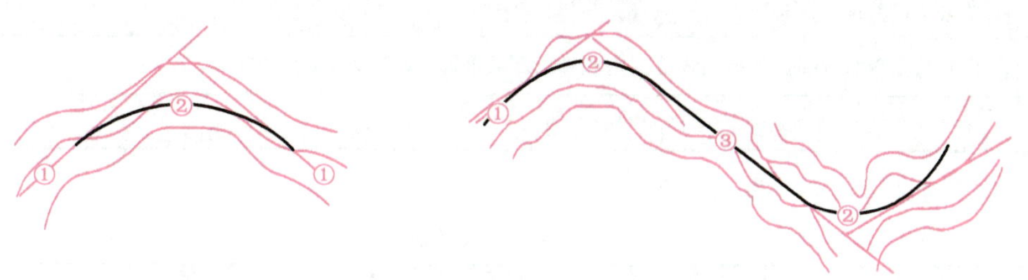

a)直线法　　　　b)曲线法

图2-10　纸上定线时曲线和直线的设置方法

夹直线长度力争长一些，以便为行车和维修创造有利条件。但为适应地形、节省工程数量，需要设置较短的夹直线时，其最小长度受下列条件控制：线路养护要求夹直线不宜短于2～3节钢轨；行车平稳要求夹直线长度不宜短于2～3节客车长度；客车通过夹直线时为保证缓直点和直缓点产生的振动不叠加，要求夹直线 $L_J = K \cdot v_{max}$。系数 K 的取值：v_{max} = 140km/h 时，一般取 0.8，困难取 0.5；$v_{max} \leqslant$ 120km/h 时，一般取 0.6，困难取 0.4。L_J 的计算结果应取整为 10m 整倍数。《线规》拟定的不同路段速度的夹直线最小长度如表 2-6 所示。

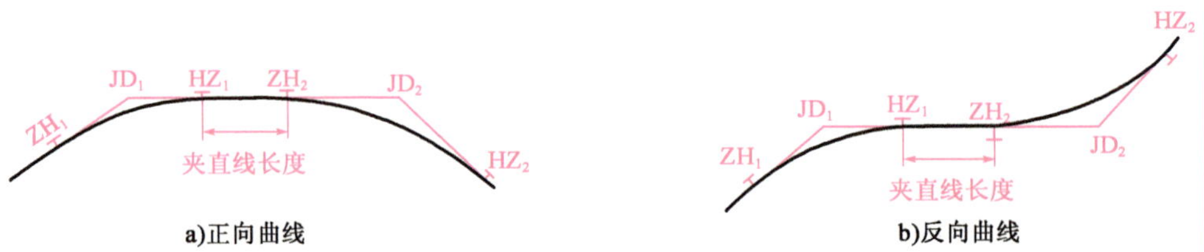

图2-11 夹直线

夹直线最小长度 表 2-6

路段旅客列车设计行车速度(km/h)		250	180	160	140	120	100	80
夹直线最小长度(m)	一般	200	130	130	110	80	60	50
	困难	150	90	80	70	50	40	30

3)圆曲线

(1)曲线半径对工程和运营的影响

半径曲线对工程的影响如表 2-7 所示。

半径曲线对工程的影响 表 2-7

序号	影响
1	列车在小半径曲线上运行时需要限制运行速度
2	地形困难地段,采用较小的曲线半径一般能更好地适应地形变化,减少路基、桥涵、隧道、挡墙的工程数量,对降低工程造价有显著效果,但也会增加线路长度
3	因轮轨黏着系数降低须在曲线范围内额外减缓坡度而引起线路的额外展长
4	小半径曲线上,车轮对钢轨的横向冲击力加大

曲线半径对运营的影响见表 2-8。

曲线半径对运营的影响 表 2-8

序号	影响
1	列车经行曲线时,轮轨间产生纵向滑动、横向滑动和横向挤压,使轮轨磨耗增加,曲线半径越小,磨耗增加越大
2	小半径曲线地段,轨距、方向容易错动,电力牵引时轨面更易出现波浪形磨耗,需要打磨轨面、倒轨、换轨,这必将增加维修工作量和维修费用
3	若小半径曲线限制旅客的行车速度,则列车在曲线前方要制动减速,曲线地段要限速运行,通过曲线后又要加速,又因线路加长、总转角增大使要克服的曲线阻力功加大,必然使机车额外做功,且增加运行时分和行车费用

(2)曲线半径的选用

线路平面的圆曲线半径应结合工程条件、路段设计速度及减少维修等因素,因地制宜,合理选用。

曲线半径宜采用以下序列值:12000m、10000m、8000m、7000m、6000m、5000m、4500m、4000m、3500m、3000m、2800m、2500m、2000m、1800m、1600m、1400m、1200m、1000m、800m、700m、600m、550m、500m。不同设计路段的曲线半径,应优先选用表2-9规定范围内的序列值;困难条件下,可采用规定范围内10m整倍数。

线路平面曲线半径优先取值范围 表2-9

路段设计速度(km/h)	350	250	200	160	140	120	100	80
曲线半径(m)	9000~11000	5500~8000	4500~7000	2500~5000	2000~4000	1600~3000	1200~2500	800~2000

(3)最小曲线半径的确定

最小曲线半径须根据设计线的具体情况,综合工程与运营的影响合理选定。

《线规》拟定的最小曲线半径见表2-10。

最小曲线半径 表2-10

路段旅客列车设计行车速度(km/h)			250~200	160	140	120	100	80
R_{min}(m)	工程条件	一般	3500	2000	1600	1200	800	600
		困难	3000	1600	1200	800	600	500

设计线选定的最小曲线半径,一般不应小于表2–10所列的规定值。特殊困难条件下,在列车进出站等必须加、减速地段,有充分技术经济依据时,可采用与行车速度相匹配的曲线半径。有技术经济比较依据,并通过鉴定批准,则可采用小于表2-10规定的最小曲线半径;但Ⅰ、Ⅱ、Ⅲ级铁路分别不应小于350m、300m、250m。

4)缓和曲线

在直线与圆曲线之间要设置缓和曲线,以保证行车平顺。缓和曲线的作用是:在缓和曲线范围内,其半径由无限大渐变到圆曲线半径,从而使车辆产生的离心力逐渐增加,有利于行车平稳;在缓和曲线范围内,外轨超高由零递增到圆曲线上的超高量,使向心力逐渐增加,与离心力的增加相配合;当曲线半径小于350m,轨距需要加宽时,可在缓和曲线范围内,由标准轨距逐步加宽到圆曲线上的加宽量。

缓和曲线长度影响行车安全性和旅客舒适度。拟定标准时,除要保证超高顺坡不致使车轮脱轨、保证超高时变率不致使旅客不适,同时还要保证未被平衡的离心加速时变率不致影响旅客舒适度度。《线规》规定的优先选用缓和曲线长度见表2-11。

线路设计时,应根据曲线半径、旅客列车的路段设计行车速度和工程条件,优先选用表2-11规定的缓和曲线长度值。困难时,可选用较小的缓和曲线长度值,但不得小于规范规定的最小值。

缓和曲线长度表(单位:m)　　　　表 2-11

路段旅客列车设计行车速度(km/h)		350	300	250	200 客	200	160	140	120
曲线半径(m)	14000	280	—	—	—	—	—	—	—
	12000	330	240	120	50	50	40	40	40
	11000	370	250	130	60	60	50	40	40
	10000	430	270	140	70	60	50	40	40
	9000	490	300	160	70	70	60	40	40
	8000	570	350	170	90	70	60	40	40
	7000	670	400	200	90	80	70	50	40
	6000	—	490	250	120	90	70	50	40
	5000	—	550	300	160	110	70	60	40
	4500	—	600	340	180	120	70	60	40
	4000	—	—	370	200	140	80	60	50
	3500	—	—	420	250	160	90	70	50
	3000	—	—	—	290	180	100	80	50
	2800	—	—	—	320	200	110	90	60
	2500	—	—	—	350	—	120	90	60
	2000	—	—	—	—	—	150	100	70
	1800	—	—	—	—	—	170	120	80
	1600	—	—	—	—	—	190	130	90
	1400	—	—	—	—	—	—	150	100
	1200	—	—	—	—	—	—	190	120
	1000	—	—	—	—	—	—	—	140
	800	—	—	—	—	—	—	—	180

设计线路平面时,若曲线偏角较小,设置缓和曲线后,圆曲线长度达不到规定值,则宜加大半径增加圆曲线长度。如条件限制,不易加大曲线半径或加大后仍不能满足要求时,则可采用较短的缓和曲线长度,或适当改动线路平面位置。

5)缓和曲线间圆曲线的最小长度

两缓和曲线间圆曲线的最小长度,应保证行车平稳,并考虑维修方便。

2.3.2 纵断面

线路纵断面是由长度不同、陡缓各异的坡段组成的。坡段的特征用坡段长度和坡度值表示。坡段长度为坡段两端变坡点间的水平距离。坡度值为该坡段两端变坡点的高差与坡段长度的比值,以千分数表示。坡度上坡取正值,下坡取负值。若坡度为 4‰,即表示每千米高差为 4m。线路纵断面设计主要考虑最大坡度、坡段长度、坡段连接与坡度折减等问题。

设计线选定的限制坡度,不应大于《线规》规定值,见表 2-12。

限制坡度最大值(单位:‰)　　表 2-12

铁路等级		Ⅰ			Ⅱ			Ⅲ		
地形类别		平原	丘陵	山区	平原	丘陵	山区	平原	丘陵	山区
牵引种类	电力	6.0	12.0	15.0	6.0	15.0	20.0	9.0	18.0	25.0
	内燃	6.0	9.0	2.0	6.0	9.0	15.0	8.0	12.0	18.0

限制坡度的最小值,《线规》未作规定,但通常取为 4‰。这是因为限制坡度若小于 4‰,虽然按限制坡度算得的牵引质量很大,但受启动条件和到发线有效长度(一般最长取 1050m)的限制而不能实现,而工程投资却可能有所增加,所以一般不采用小于 4‰的限制坡度。

相邻两坡段的坡度变化点称为变坡点。相邻两变坡点间的水平距离称为坡段长度(L_i),如图 2-12 所示。从工程数量上看,采用较短的坡段长度可更好地适应地形起伏,减少路基、桥隧等工程数量,如图 2-13 所示。但最短坡段长度应保证坡段两端所设的竖曲线不在坡段中间重叠。

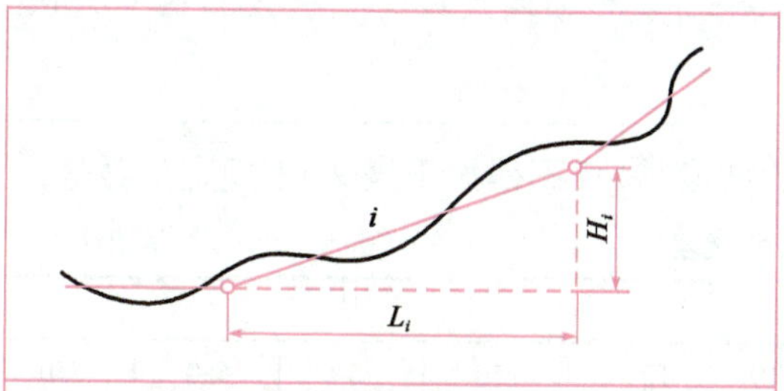

图2-12　坡长与坡度示意图

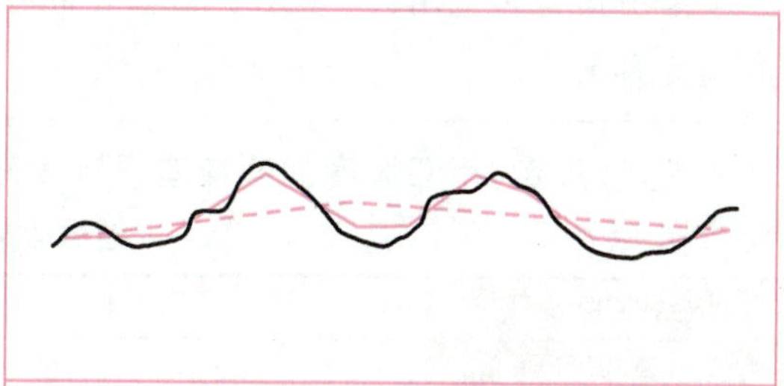

图2-13　不同坡长的纵断面

从运营角度看,因列车通过变坡点时,变坡点前后的列车运行阻力不同,车钩间存在游间,这将使部分车辆产生局部加速度,影响行车平稳,同时也使车辆间产生冲击作用,增大列车纵向力,因此坡段长度要保证不致产生断钩事故。

经过理论计算与实践验证,《线规》规定了一般路段的最小坡段长度,见表 2-13。

最小坡段长度表　　表 2-13

设计速度(km/h)	200	160	140				
远期到发线有效长度(m)	—	—	1050	850	750	650	≤550
最小坡段长度(m)	600(400)	400	400	350	300	250	200

凸形纵断面坡顶为缓和坡度代数差而设置的分坡平段,其长度不应小于 200m,如图 2-14 a)所示;凹形纵断面底部为缓和坡度代数差而设置的分坡平段,如图 2-14b)所示。

纵断面的坡段有上坡、下坡和平坡。上坡的坡度为正值,下坡的坡度为负值,相邻坡段坡度差的大小,以代数差的绝对值表示。相邻坡段的坡度差是以保证列车不断钩来制定的。

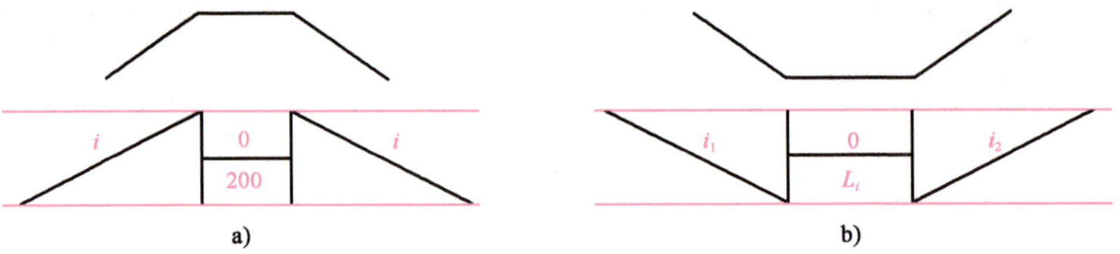

图2-14　分坡平段的坡段长度

20 世纪 60 年代前后，我国沿用国外的经验，曾规定坡度差不能大于限制坡度值的一半，但实际调查中发现，不少大于限制坡度值的坡度差，运营中并未发生断钩事故。因此，20 世纪 70～80 年代的《线规》规定：坡度差不应大于重车方向的限制坡度值。近十几年来，根据有关理论研究、模拟计算和现场试验发现，若按列车通过变坡点时产生的纵向力不大于车钩强度（即保证列车不断钩）进行计算，最大坡度差可以达到 2 倍限制坡度值。但考虑到远期列车牵引质量可能增大，最大坡度差应留有适当余量，以远期到发线有效长度作为拟定坡度差的参数。

《线规》规定，相邻坡度的连接宜设计为较小的坡度差，且不得大于表 2-14 规定的数值。

相邻坡段最大坡度差　　表 2-14

铁路等级		Ⅰ、Ⅱ				Ⅲ				
远期到发线有效长度（m）		1050	850	750	650	1050	850	750	650	550
最大坡度差（‰）	一般	8	10	12	15	10	12	15	17	20
	困难	10	12	15	18	12	15	18	20	25

为保证行车安全，驾驶员通视距离应不小于紧急制动距离。在凸形纵断面的坡顶，若坡度差过大，则驾驶员的通视距离缩短，必要时应加以验算。

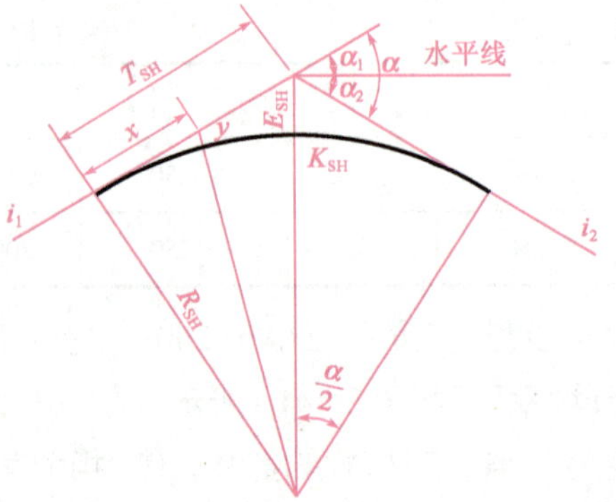

图2-15　竖曲线

在线路纵断面的变坡点处设置的竖向圆弧称为竖曲线，如图 2-15 所示。

在线路纵断面上，若各坡段直接连接成折线，列车通过变坡点时，产生的车辆振动和局部加速度增大，乘车舒适度降低；当机车车辆重心未到达变坡点时，将使前转向架的车轮悬空，悬空高度大于轮缘高度时，将导致脱轨，如图 2-16 所示；当相邻车辆的连接处于变坡点近旁时，车钩要上下错动，其值超过允许值将会引起脱钩，如图 2-17 所示。所以，当坡度差较大时必须在变坡点处用竖曲线把折线断面平顺地连接起来,以保证行车的安全和平顺。

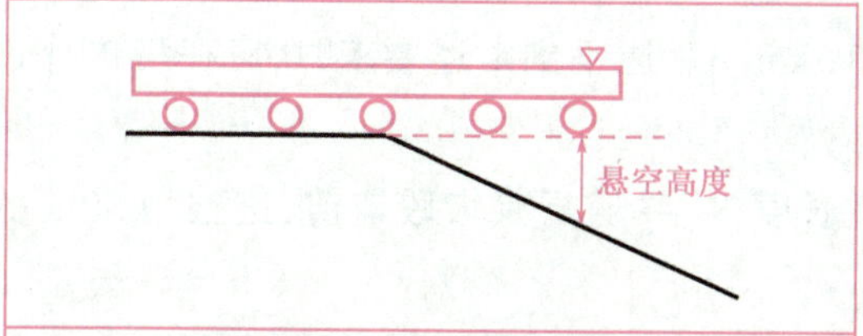

图2-16 车轮悬空示意图

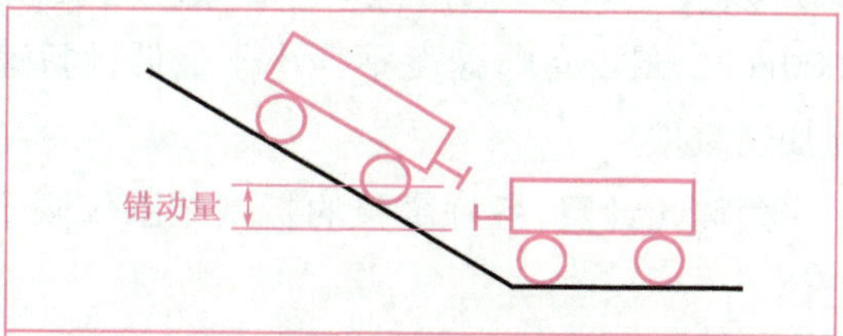

图2-17 车钩错动示意图

《线规》规定了相邻坡段的坡度差的设置条件:对路段设计速度为160km/h的地段,当相邻坡段的坡度差大于1‰时;对路段设计速度小于160km/h的Ⅰ级、Ⅱ级铁路,当坡度差大于3‰时;对Ⅲ级铁路,当坡度差大于4‰时,相邻坡段应以圆曲线型竖曲线连接。

《线规》规定,路段设计速度为160km/h的地段,竖曲线半径应采用15000m;当路段设计速度小于160km/h时,Ⅰ、Ⅱ级铁路竖曲线半径为10000m,Ⅲ级铁路竖曲线半径为5000m。旅客列车设计行车速度为160km/h的地段,竖曲线与平面圆曲线不宜重叠设置,困难条件下竖曲线可与半径不小于2500m的圆曲线重叠设置;特殊困难条件下,经技术、经济比选,竖曲线可与半径不小于1600m的圆曲线重叠设置。当路段设计速度大于120km/h时,竖曲线不应与缓和曲线重叠,变坡点离开缓和曲线的距离不应小于竖曲线切线长,如图2-18所示。

竖曲线不应设在明桥面上,变坡点距明桥面的距离不应小于竖曲线切线长。

竖曲线不应与正线道岔重叠,变坡点距车站站坪端点的距离不应小于竖曲线切线长。

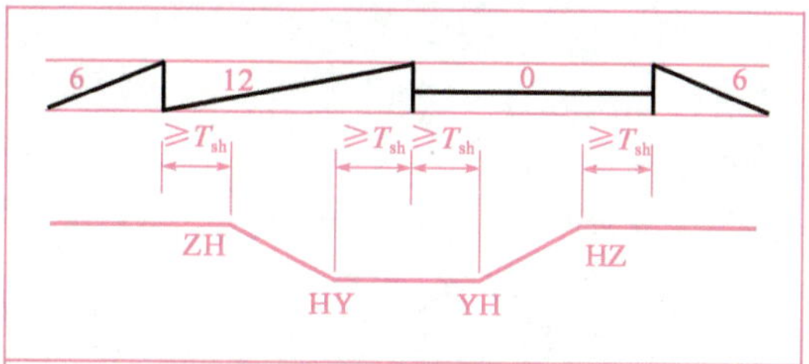

图2-18 变坡点距直缓点的距离

线路纵断面设计时,在需要用足最大坡度(包括限制坡度与加力牵引坡度)的地段,当平面上出现曲线或遇到大于400m的隧道时,因附加阻力增大,黏着系数降低,需将最大坡度值减缓,以保证普通货物列车按不低于计算速度或规定速度通过该地段。此项工作称为最大坡度的折减。

《线规》考虑了各种实际情况,得出了电力牵引和内燃牵引隧道内的最大坡度系数,见表2-15。

电力牵引与内燃牵引隧道内的最大坡度系数 表2-15

隧道长度	电力牵引	内燃牵引
401~1000	0.95	0.90
1001~4000	0.90	0.80
>4000	0.85	0.75

位于曲线地段的隧道，应先进行隧道折减，再进行曲线折减。内燃机车牵引列车通过长度小于或等于1000m的隧道时，最低运行速度不得小于机车的最低计算速度；隧道长度大于1000m时，最低运行速度不得小于最低计算速度加5km/h。达不到上述要求时，应在隧道外设计加速缓坡。

为简化计算，各种牵引的折减范围仅限于隧道长度内，并随折减坡段取值，进整为50m的倍数。

单元3 轨　　道

引子

路轨运输早于古希腊及罗马帝国时代出现，在石板路上刻出凹坑，以奴隶或马匹拖拉货车。木制路轨出现于中世纪末至16世纪中期的欧洲，而最早的商业路轨运输则出现于17世纪初的英国，用以将煤从矿区运送到驳船。木制的路轨容易损毁，于18世纪末出现了以铁打造的路轨，铁路诞生。

现代铁路路轨是以钢材为原料制成的，可以比其他物料承受更大的重量。铁路轨道由两条平衡的钢轨组成，与转辙器合作，使火车无须转向便能行走。轨道通常是将钢轨固定在轨枕上，轨枕之下称为道床。

3.1　轨道概述

轨道是铁路线路的组成部分，作为一个整体性工程结构，轨道铺设在路基之上，起着列车运行的导向作用，直接承受机车车辆及其荷载的巨大压力。在列车运行的动力作用下，它的各个组成部分必须具有足够的强度和稳定性，以保证列车按照规定的最高速度，安全、平稳和不间断地运行。

轨道是由钢轨、轨枕、联结零件、防爬设备、道床和道岔等组成的整体工程结构。它引导机车车辆的运行方向，并将列车的巨大压力通过车轮首先作用在钢轨顶面，再依次传到轨枕、道床和路基或桥隧建筑物，轨道的基本组成如图3-1所示。

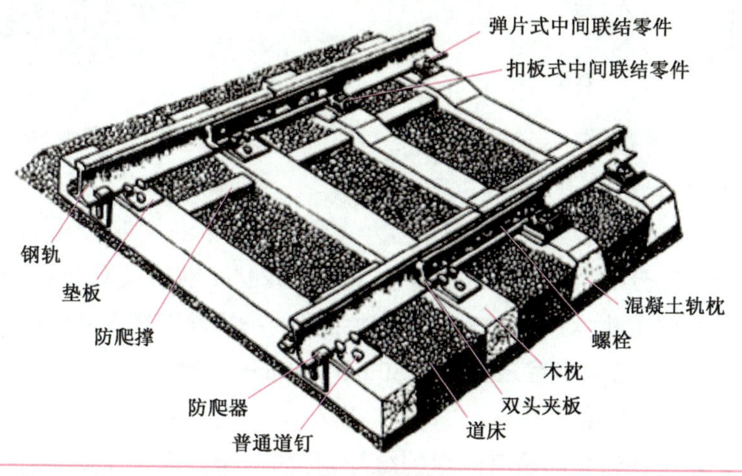

图3-1　轨道的基本组成

3.1.1 钢轨

1) 钢轨作用与特性

钢轨的作用是直接承受车轮传递的列车及其荷载的重量，并引导列车的运行方向。

以编组 60 辆 60t 敞车的车列为例，其载重加自重就有 5000t 左右，更不用说那些万吨甚至十几万吨的重载列车。如此巨大的压力首先就落在钢轨的双肩上，可见钢轨必须具备足够的强度、稳定性和耐磨性。

2) 钢轨断面形状

钢轨断面形状为工字形，由轨头、轨腰、轨底三大部分组成。这个看似简单的工字，不仅受力好、省材料，而且还具有最佳的抗弯性能，如图 3-2 所示。

3) 钢轨分类

钢轨的类型和强度以 kg/m 来表示。每米钢轨的质量越重，它所承受的荷载越大。世界上第一条铁路的钢轨为 18kg/m，最重的钢轨在美国，重达 77kg/m。

我国现行的钢轨标准主要有 75kg/m、60kg/m、50kg/m、43kg/m 等。50kg/m、60kg/m 钢轨是目前我国的主型钢轨，铁路正线和新建的城市轨道大都采用 60kg/m 钢轨。根据我国《铁路主要技术政策》的规定，年通过总质量等于或接近 25Mt 的线路，均应铺设 60kg/m 钢轨，重载运输铁路铺设 75kg/m 钢轨，一般干线应以 50kg/m 钢轨代替 43kg/m 钢轨。图 3-3 为 60kg/m 钢轨。

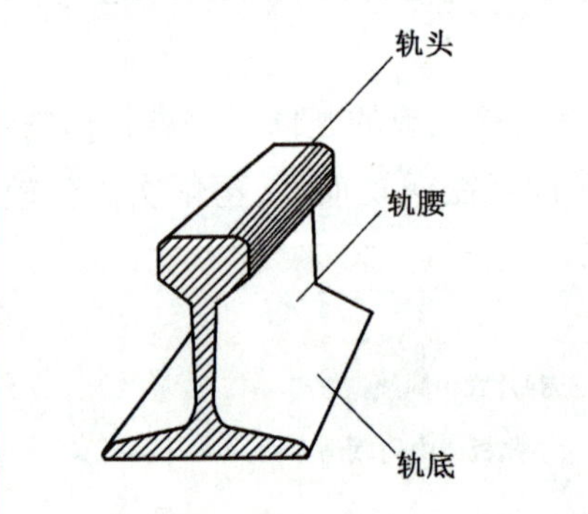

图3-2 钢轨断面形状

图3-3 60kg/m钢轨

4) 钢轨长度与轨缝

(1) 钢轨长度

我国钢轨标准长度分 12.5m 和 25m 两种，对于 75kg/m 钢轨只有 25m 一种长度。此外，还有用于曲线内股的缩短轨，对于 12.5m 标准轨系列的缩短轨有缩短 40mm、80mm、120mm 三种；对于 25m 标准轨的缩短轨有缩短 40mm、80mm、160mm 三种。

(2) 轨缝

普通线路上钢轨与钢轨之间留有一定的缝隙，称为轨缝。轨道上钢轨与钢轨之间用夹板和螺栓连接，称为钢轨接头。接头处轮轨动力作用大，养护维修工作量大，接头是轨道结构的薄弱环节之一。

随着轨温变化，钢轨将发生伸缩，这个伸缩量由钢轨螺栓孔、夹板螺栓孔与螺栓杆之间的间隙来提供，它们之间在构造上能实现的轨端最大缝隙称为构造轨缝。为便于钢轨的热胀，施工时在钢轨接头处预留适当的轨缝，这一缝隙称之为预留轨缝。

3.1.2 轨枕

1）轨枕的作用与特性

轨枕承受来自钢轨的各向压力，并弹性地传布于道床，同时有效地保持轨道的几何形位，特别是轨距和方向。轨枕应具有必要的坚固性、弹性和耐久性，并能便于固定钢轨，有抵抗纵向和横向位移的能力。

2）轨枕的类型

（1）木枕

轨枕采用木材制造，木材的弹性和绝缘性较好，受周围介质的温度变化影响小，重量轻，加工和在线路上更换简便，并且有足够的位移阻力。经过防腐处理的木枕，使用寿命也大大延长，一般在15年左右。图3-4为经过处理的木枕。

图3-4 经过处理的木枕

随着森林资源的减少和人们环保意识的增强，以及科学技术的发展，20世纪初，有些国家开始生产钢枕和钢筋混凝土轨枕，以代替枕木。然而，由于钢枕的金属消耗量过大，造价不菲，体积也笨重，没有推广开来，只有德国等少数国家还在使用。而许多国家从20世纪50年代起，开始普遍生产钢筋混凝土轨枕。

（2）混凝土枕

钢筋混凝土轨枕使用寿命长，稳定性高，养护工作量小，损伤率和报废率比木枕要低得多。在无缝线路上，钢筋混凝土轨枕比木枕的稳定性平均提高15%～20%，因此，尤其适用于高速客运线。图3-5为普通混凝土枕。

（3）混凝土宽枕

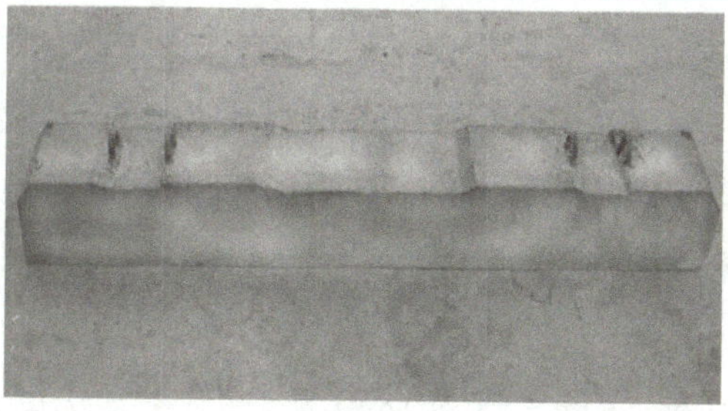

图3-5 普通混凝土枕

混凝土宽枕是一块预制的混凝土板，与混凝土枕外形相似，又称轨枕板，其制造工艺与混凝土枕基本相同。宽枕长度与普通混凝土枕长度相同，均为2.5m，而宽度约为后者的两倍。宽枕由于宽度较大，直接铺设在预先压实的道床面上，在制造中对其厚度的控制要求较严格。图3-6为混凝土宽枕。

铺设混凝土宽枕要求路基坚实稳定，排水畅

通，没有翻浆冒泥等病害。道床采用碎石，由底、面两层组成，道砟材料要求坚硬耐磨，道床要分层夯实整平。混凝土宽枕端部埋入道床深度为 8～10cm，其中部 60cm 范围内，道床顶面应低于枕底 5～10cm。混凝土宽枕优点见表 3-1。

混凝土宽枕在道床上是密排铺设，每公里铺1760块，每块枕上安装一对扣件，由于钢轨传来的力处于宽枕轴线的对称位置，可避免荷载的偏心。宽枕由于宽度较大，在纵横两个方向上都有弯矩作用，是一块支承在弹性基础上的板

图3-6　混凝土宽枕

混凝土宽枕优点　　表 3-1

序　号	优　　点
1	宽轨枕宽 55cm，支承面积较混凝土枕大一倍，使道床的应力大为减少。同时，每块宽枕的质量为 500kg 左右，可以减小道床的振动加速度，使道床的变形减小，残余变形积累过程延缓，轨道几何形位易于保持，整个轨道结构得到加强
2	轨枕与道床接触面上的摩阻力增大，提高了轨道的横向稳定性，道床阻力增加约 80%，有利于铺设无缝线路
3	宽轨枕密排铺设，枕间空隙用沥青混凝土封塞，把道床顶面全部覆盖起来，防止雨水及脏污侵入道床内部，从而有效地保持道床的整洁，延长道床的清筛周期
4	宽轨枕轨道的维修养护工作量很少，仅为混凝土枕轨道的 1/2～1/4，从而减轻和改善了养护工作条件，减少作业次数，节省养护费用。由于养护维修作业基本上可在轨道两旁进行，对行车干扰较少，比较适合于运输繁忙的铁路上使用
5	宽轨枕轨道外观整洁美观

3）轨枕长度及间距

（1）轨枕长度

轨枕因应用范围不同，长度也不同。在我国，普通轨枕长度为 2.5m，道岔用的岔枕和钢桥上用的桥枕，长度有 2.6～4.85m 等多种。

（2）轨枕间距

轨枕间距与每公里配置的轨枕根数有关。轨枕根数应根据运量、行车速度及线路设备条件确定，并和钢轨及道床等综合考虑，合理配套，以求在最经济的条件下，保证轨道具有足够的强度和稳定性。轨枕密一些，道床、路基面、钢轨及轨枕本身受力都可小一些；同时使轨距、方向易于保持，对行车速度高的地段尤为重要。但轨枕也不能太密，太密则不经济，而且净距过小，也会在一定程度上影响捣固质量。

我国铁路规定，对木枕轨道，每公里最多为 1920 根，混凝土枕为 1840 根，混凝土宽枕每公里铺 1760 块。轨枕每公里最少为 1440 根，轨枕的级差为每公里 80 根，轨枕数量越多，轨道强度越大。符合下列条件之一的地段，正线轨道应加强，每公里铺枕根数外，对于混凝土枕每公里增加 80 根，对于木枕每公里增加 160 根，当条件重合时，只增加一次，但不能超过前述允许最大铺设数量。

①在混凝土枕轨道 $R \leqslant 600m$ 的曲线（包括缓和曲线和圆曲线）或木枕轨道、电力牵引线 $R \leqslant 800m$的曲线地段；

②坡度大于 12‰的下坡制动地段；

③长度等于或大于 300m 的隧道内线路。

3.1.3 联结零件

联结零件包括接头联结零件和中间联结零件两类。

1）接头联结零件

接头联结零件是用来联结钢轨与钢轨之间接头的，包括夹板、螺栓、螺母和弹性垫圈等。钢轨接头处必须保持一定的轨缝，当气温发生变化时，轨缝可满足钢轨的伸缩。钢轨接头是线路上最薄弱的环节，它使行车阻力和线路维修费用显著增加，是线路维修工作的重点。接头联结零件如图 3-7 所示。

2）中间联结零件

中间联结零件（又称扣件）的作用是将钢轨紧扣在轨枕上。中间联结零件因轨枕的不同，有钢筋混凝土枕用的扣件和木枕用扣件两类。木枕用扣件包括普通道钉和垫板。钢筋混凝土用的扣件有扣板式、拱形弹片式和弹条式三种。弹条式扣件不仅比前两种使用的零件少，结构简单，而且弹性好，扣压力大，在主要干线上大量采用。图 3-8 为弹条Ⅲ型扣件。

图3-7 接头联结零件

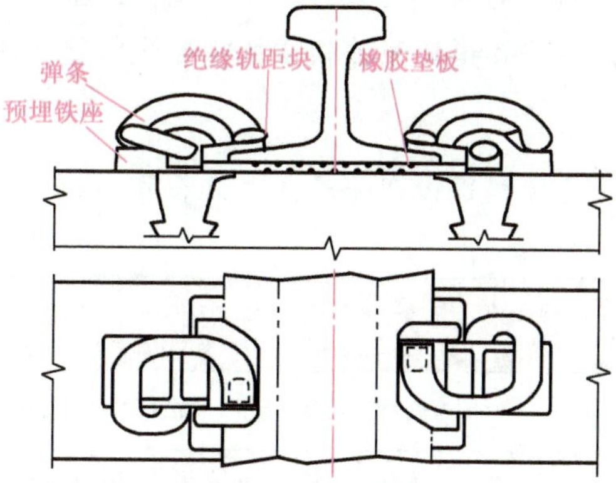

图3-8 弹条Ⅲ型扣件

3.1.4 防爬设备

列车运行时产生的纵向力，可使钢轨产生纵向移动，有时甚至带动轨枕一起移动，这种现象叫轨道爬行。轨道爬行经常出现在单线铁路的重车方向（运量大的方向）、双线铁路的行车方向、长大下坡道上及进站前的制动距离内。

轨道爬行往往引起轨缝不匀、轨枕歪斜等线路病害，对轨道的破坏性极大，严重时还会危及行车安全。因此，必须采用有效措施加以防止。通常的做法是，一方面加强钢轨与轨枕间的扣压力和道床阻力，另一方面设置防爬器和防爬支撑等防爬设备。

我国铁路广泛采用穿销式防爬器，如图 3-9 所示。它由带挡板的轨卡和穿销组成。安装时，将轨卡的一边紧紧地卡住轨底，另一边用楔形穿销楔紧，使整个防爬器牢固地卡在轨底上。

为充分发挥防爬器的防爬能力，常在轨枕间安装防爬支撑，将若干根轨枕联系起来，如图 3-10 所示。

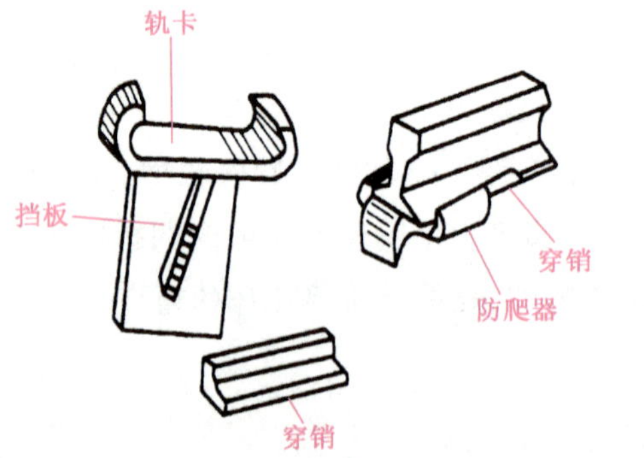

图3-9　穿销式防爬器

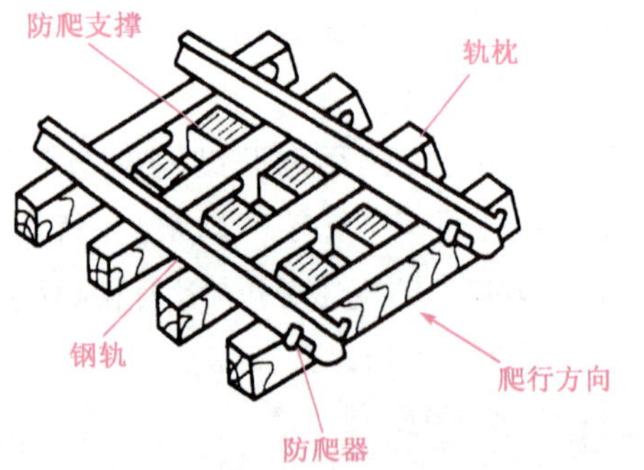

图3-10　防爬设备组成

3.2　有砟轨道

我们通常说的有砟轨道是指在路基上铺设石砟道床，在道床上铺设轨枕和钢轨的轨道形式。有砟轨道与无砟轨道的主要区别是道床。

3.2.1　道床的作用

道床是铺设在路基面上的石砟（道砟）垫层，其主要作用见表 3-2。

道床的主要作用　　表 3-2

序　号	主 要 作 用
1	固定轨枕的位置，阻止轨枕纵向或横向移动，保持轨道稳定和正确的几何形位
2	支承轨枕，把从轨枕上部的压力均匀地传递给路基
3	缓和机车车辆轮对对钢轨的冲击
4	调整轨道框架的水平和方向，保持线路良好的平面和纵断面
5	具有排水作用。道砟块状间的空隙使得地表水能够顺畅地通过道床排走，这样路基表面就不会长期积水

3.2.2 道床材料

1)道床材料种类

道床材料主要有碎石、筛选卵石、天然级配卵石、矿渣和砂子等。其中,道砟以质地坚韧的碎石为最好,筛选卵石次之,天然级配卵石的质量较差,粗砂和中砂只能作道床垫层(底砟)。矿渣按其颗粒大小可以代替道砟或底砟使用。

2)道床材料要求

道砟颗粒不宜过大,否则将不利于保持轨道弹性和进行捣固作业;也不宜过小,否则会影响排水。我国铁路的道砟标准粒径为20~70mm。

道床材料应当具有坚硬、不易风化、富有弹性并有利于排水的特点。

道床的断面呈梯形,其顶面宽度、边坡坡度及道床厚度等均按轨道的类型而定。

3.2.3 道床分类

道床分为普通有砟道床、沥青道床和混凝土整体道床。

有砟道床通常由具有一定粒径、级配和强度的硬质碎石堆集而成,在次要线路上,也可以使用级配卵石或粗砂;沥青道床是为了改善普通石砟道床的散体特性而加入乳化沥青或沥青砂浆的结构形式;混凝土整体道床常为现浇钢筋混凝土结构,常用于不易变形的隧道内或桥梁上。有砟道床与整体道床如图3-11所示。

a)有砟道床 b)整体道床

图3-11 有砟道床和整体道床

3.2.4 道床变形和保养

由于道床是散粒材料的集合体,在列车重复荷载作用下将不断产生残余形变而下沉,不易保持轨道的正常状态。根据下沉的进展速度,道床的下沉可分为初期和后期两个阶段。初期:下沉发展最为剧烈,主要由于道砟在列车作用下,道砟颗粒破坏,颗粒间摩阻力降低,导致道砟颗粒间隙减少而造成下沉。后期:通过大量运输的压实后,下沉量显著减少,进入缓慢发展的后期。

为防止道床的板结,须对道床进行定期的清筛。当残余形变积累达到一定程度后,就需要进行起道，使轨面恢复到原来的高程。

根据统计，在轨道的养护工作量中，这种道床作业约占全部工作量的70%左右。因此，减缓道床下沉、防止或减少道床污染，以延长道砟的使用寿命十分重要。一般采取适当措施，如铺砟时用高效滚压机最大限度地压实道床，采用优质道砟（石灰岩道砟一般易粉化，花岗岩、玄武岩较好）以及选用最佳的颗粒级配等，都能起到明显的效果。在某些特定条件的线路上，还可采用宽轨枕、整体道床及沥青道床等新型轨下基础。

3.2.5 道床改进

传统道床常用碎石做成，呈散粒状态，是一种极不稳定的结构。在行车的反复荷载作用下，产生残余下沉，通过一定运量后就会出现病害，必须加以整修。而随着运量及行车密度的增加，列车正常运行和轨道养护维修之间的矛盾将日益尖锐。到20世纪70年代，对道砟道床的重大改进主要有两种方案：一是将碎石道床更换成整体结构；二是保留碎石道床，在其间灌入沥青材料将其连成整体。前者称为整体道床，后者称为沥青道床。

1）整体道床

整体道床常用于隧道内部。在隧道基底上直接浇筑混凝土，以取代传统的碎石道床。结构形式有预埋混凝土短枕式、预埋短木枕式及整体浇筑式等三种，以第一种最常见。隧道整体道床主要由混凝土道床、隧道底部填充（隧道设仰拱时）、钢筋混凝土短枕、排水沟、人行道及其他附属设施组成。根据对排水要求的不同，分为中心水沟式及两侧水沟式。在整体道床的全长上，根据需要设置伸缩缝。伸缩缝与两端碎石道床连接处，应按规定设置道床弹性渐变的过渡段，以减少机车车辆进出整体道床时的猝然冲击。整体道床坚固耐久，外观整洁，基本上能达到少维修的目的，但必须正确处理好隧道水文地质条件与设计施工之间的关系。其缺点是造价高昂，且要求较高的施工精度和特殊的施工方法，在运营过程中一旦出现病害，整治非常困难。

2）沥青道床

沥青道床可用沥青混合料加热施工，也可用乳化沥青水泥砂浆、乳化沥青砂浆或稀释沥青不加热施工。沥青材料的灌入深度可仅达碎石道床的表面层，也可深入碎石道床的全部。沥青道床一般需要在其顶面设置由水泥沥青砂浆做成的调整层，以消除由于施工不当或轨枕厚度不一而发生的高低误差，并起一定的缓冲作用。沥青道床能增加线路强度，延缓轨道下沉，使道床稳定性有很大提高，从而大大减少线路维修工作量；在旧线上施工时，能在不中断行车的条件下进行。其缺点是对沥青材料的性能要求比较高，且必须配合使用能大幅度调整轨距及轨面高低的扣件，以适应改道及起道的需要。

3.3 无砟轨道

无砟轨道（见图3-12）是以混凝土或沥青砂浆取代散粒道砟道床而组成的轨道结构形式。

它具有轨道稳定性高、刚度均匀性好、结构耐久性强和维修工作量显著减少等特点，对于高速铁路较传统的有砟轨道有更好的适应性。在铁路上，砟是指作路基用的小块石头。传统的铁路轨道通常由两条平行的钢轨组成，钢轨固定放在轨枕上，其下为小碎石铺成的路砟。传统有砟轨道具有铺设简便、综合造价低廉的特点，但容易变形，维修频繁，维修费用较大。同时，列车速度受到限制。

我国现行铺设的无砟轨道主要有板式轨道和双块式轨道。

3.3.1 板式轨道

1）板式轨道的组成

板式轨道又称板式无砟轨道，是用双向预应力混凝土轨道板及CA砂浆（乳化沥青水泥砂浆）替换传统有砟轨道的轨枕和道砟的一种新型轨道形式，由板下混凝土底座、混凝土凸形挡台、CA砂浆垫层、轨道板、长钢轨及扣件等组成。

（1）混凝土底座

混凝土底座作为轨道板的基础，一是在隧道超挖回填和仰拱之间能用混凝土施工；二是可以获得厚度均匀的水泥沥青砂浆垫层，以使轨道弹性均匀；三是为了设置曲线超高。混凝土底座施工如图3-13所示。

图3-12 无砟轨道

图3-13 混凝土底座施工

（2）混凝土凸形挡台

混凝土凸形挡台是为了控制轨道板的纵、横向移动，其位置设在混凝土底座上，且在轨道板两端的中间，凸形挡台是圆柱体，半径为25cm，高为25cm。

（3）CA砂浆垫层

CA砂浆由乳化沥青、水泥、砂子、水及外加剂按比例拌和而成，具有一定的强度和弹性，起缓冲减振作用。

（4）轨道板

轨道板的外形尺寸为493cm×240cm×19cm，每25m长钢轨配置5块轨道板，板间留有

7cm 的调整缝和伸缩缝，每块板上布置 9 对扣件。板的两端各留有半径为 30cm 的半圆缺口，与设置在混凝土底座上的凸形挡台相嵌合，以阻止轨道板的纵、横向移动。轨道板上还设有定位螺母（卡）、起吊螺母（螺杆调节器）、砂浆注入孔等，以满足施工要求。

（5）扣件

无砟轨道的弹性几乎完全来自钢轨扣件系统，无砟轨道的精度也全靠扣件系统来保持和调整。现代钢轨扣件系统为能适应高速化、环保化、省力化和可调化四大基本准则，正在向着低刚度、长寿命、低成本及其相互协调的技术方向发展。铺设好钢轨扣件的无砟轨道如图 3-14 所示。CRTS Ⅱ 型板式无砟轨道如图 3-15 所示。

图3-14　铺设好钢轨扣件的无砟轨道

图3-15　CRTS Ⅱ 型板式无砟轨道

2）板式轨道的特点

（1）结构整体性能

板式轨道具有无砟轨道所具有的线路稳定、刚度均匀、线路平顺、耐久性高的突出优点，并可显著减少线路的维修工作量。

从轨道结构每延米重量看，板式轨道结构高度低，道床宽度小，重量轻，小于有砟轨道。框架式板式轨道为非预应力结构，便于制造，可节省钢筋和混凝土材料，降低桥梁的二期恒载，造价低廉，同时不降低轨道板实际承受列车荷载的有效强度，不影响列车荷载的传递。在隧道内应用时，可减小隧道的开挖断面。

（2）制造和施工

板式轨道结构中的轨道板为工厂预制，其质量容易控制，现场混凝土施工量少，施工进度较快，道床外表美观。由于其采用"由下至上"的施工方法（由于轨道板在工厂按设计线型进行生产和打磨，Ⅲ型板在预制时已考虑每块板的具体几何尺寸，因此无打磨工艺），施工过程中不需工具轨，在特殊减振及过渡段区域，通过在预制轨道板底粘贴弹性橡胶垫层，易于实现下部基础对轨道的减振要求（如日本板式轨道结构中的防振 G 型）。但在桥上铺设板式轨道时，受桥梁不同跨度的影响，需要不同长度的轨道板配合使用，无形中增加了制造成本；在曲线地段铺设时，线路超高顺坡、曲线矢度的实现对扣件系统的要求较高。此外，板式轨道结构中 CA 砂浆调整层的施工质量直接影响轨道的耐久性。板式轨道的制造、运输和施工的专业性较强，其工艺流程包括轨道板的制造、运输、吊装、铺设，CA砂浆的现场搅拌、试验、运输和灌注，轨道状态整理过程中的充填式垫板树脂灌注等。

(3) 线路维修

板式轨道CA砂浆调整层，受自然环境因素的影响较大，CA砂浆在结构凸形挡台周围及轨道板底边缘存在破损现象，特别是在线路纵向力较大的伸缩调节器附近，因此板式轨道在设计方面用强度高、弹性和耐久性好的合成树脂材料替代凸形挡台周围的CA砂浆。对于轨道板底的CA砂浆调整层，以灌注袋的形式取代初期的设模式的直接灌注，以减少CA砂浆层的环境暴露面，从而显著提高了板式轨道结构的耐久性，以实现无砟轨道结构少维修的设计初衷。(注：现在已有CRTSⅢ型板式无砟轨道，采用自密实混凝土，不存在沥青砂浆层)。

目前，国内使用的无砟轨道板主要有德国博格板、日本单元板、纵联式双向预应力混凝土轨道板以及在博格板和日本单元板这两类轨道板基础上的各种改进型轨道板。国内现有的无砟轨道板精调测量系统也是根据不同类型的轨道板，直接全套引进或参考德国博格板和日本单元板的精调测量系统进行的仿制和改进。

3.3.2 双块式无砟轨道

双块式无砟轨道主要由下部支撑体系(保护层或水硬性支承层)、现浇混凝土道床板、双块式轨枕、高弹性扣件、钢轨组成。这种结构形式的无砟轨道具有初期投资较小、制造施工方法简单等优点，比较适合我国的国情。双块式无砟轨道的双块式轨枕是在预制厂内预制的，其特点是轨枕通过钢筋桁架将混凝土块连接在一起。现场利用轨排或螺杆调节器等作为辅助工具将双块式轨枕调整到符合要求的平面(高程)位置，最后浇筑混凝土将轨枕连成整体，即完成双块式轨枕的施工。

3.4 轨道的几何形位

轨道的几何形位是指轨道各部位的几何形状、相对位置和基本尺寸，是线路上两股钢轨在平面和立面上的相互位置。在直线段，平面上左右两股钢轨要保持与轨道中线相等距离和一致的方向；在立面上，除了随着线路纵断面的变化保持一致高度外，在每一横断面上，左右两轨顶面应保持同一高度。在曲线段，外股相对于内股应保持一定的高差，两轨间的距离要比直线加宽。在不致影响列车安全与正常运行前提下，上述的标准要求都允许有一定的误差。

3.4.1 机车车辆的走行部分

轨道是机车车辆运行的基础，直接支承机车车辆的车轮，并引导其前进，因而机车车辆走行部分的几何形位与轨道的几何形位应密切配合。

1) 转向架

走行部是机车车辆在牵引动力作用下沿线路运行的部分。为了增加车辆的载重、长度与容积,走行部多采用转向架的结构形式。转向架是将两个或几个轮对用专门的构架(侧架)组成的一个小车。常见的四轴车的四根轴分别组成两个相同的转向架,车体支承在前后两个转向架上。为便于通过曲线,车体与转向架之间可以相对转动。图3-16是转K6型转向架实体图。

图3-16　转K6型转向架实体图

2)轮对

轮对是两个相同的车轮以过盈配合的方式压装在一根车轴上组成的。车轮与钢轨直接接触的部分主要是踏面和轮缘,如图3-17所示。

轮对的作用是保证机车车辆在钢轨上的运行和转向,承受来自机车车辆的全部静、动载荷,把它们传递给钢轨,并将因线路不平顺产生的载荷传递给机车车辆各零部件。此外,机车车辆的驱动和制动也是通过轮对起作用的。车轴和车轮的组装压力和压装过程要有严格要求,轮对内侧距离必须保证在(1353 ±3)mm的范围以内。为保证机车车辆运行平稳和降低轮轨相互作用力和运行阻力,车轴轴颈和车轮踏面的加工椭圆度和偏心度,以及轴颈锥度都不得超过规定限度。踏面内侧突起的部分称为轮缘,其作用是防止轮对脱轨,保证车辆在线路上安全运行。

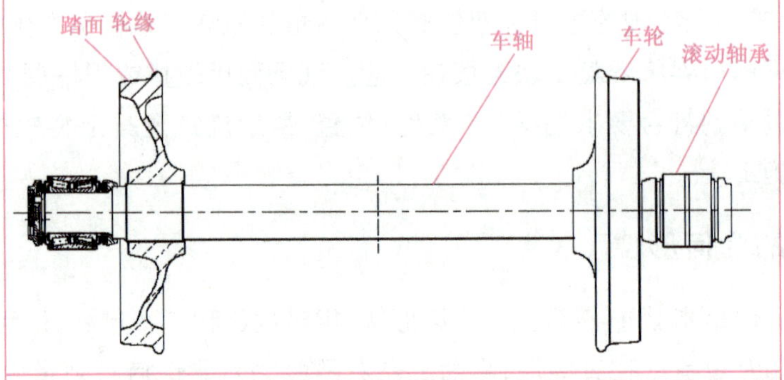

图3-17　轮对结构组成

一组轮对,车轮内侧的竖直面称为车轮内侧面,车轮外侧的竖直面称为车轮外侧面,车轮内侧面与外侧面之间的距离称为车轮宽度。通过踏面上距车轮内侧面一定距离的一点,划一水平线,称为踏面的测量线。由测量线至轮缘顶点的距离称为轮缘高度。由测量线向下10mm处量得的轮缘厚度,称为车轮轮缘厚度。轮对上左右两车轮内侧面之间的距离,称为轮对的轮背内侧距离。轮背内侧距离加上两个轮缘厚度称为轮对宽度。

现运行机车、车辆的轴箱,装在车轮外侧轴颈上,车轴受荷后向上挠曲,轮对宽度因此略有减小。轮对几何尺寸如表3-3所示。

轮对几何尺寸(单位:mm)　　表3-3

车　轮	轮缘高度	轮缘厚度 d		轮背内侧距离 T			轮对宽度 q		
		最大(正常)	最小	最大	正常	最小	最大	正常	最小
车辆轮	25	34	22	1356	1353	1350	1424	1421	1394
机车轮	28	33	23	1356	1353	1350	1422	1419	1396

3)机车车辆轴距

我国现行机车转向架一般装有三个轮对,称为三轴转向架。车辆一般装有两个轮对,称为二轴转向架。

(1)全轴距

同一机车或同一车辆最前位与最后位的车轴中心间水平距离,称为机车或车辆全轴距。全轴距是对同一车体而言,其长短一般受到车体长短的影响。

(2)固定轴距

为使全轴距较长的机车、车辆顺利通过曲线,将车轴分别安装在几个转向架上,同一转向架上始终保持平行的最前位与最后位车轴中心间的水平距离,称为固定轴距。固定轴距是对同一转向架而言,是机车车辆能否顺利通过小曲线半径的控制因素。

(3)定距

同一机车或车辆,其前后两转向架上中心之间的距离,称为机车或车辆定距。除长大车体外,机车车辆定距多在18m之内。

3.4.2　直线地段轨道的几何形位

1)轨距

轨距是指钢轨头部踏面下16mm范围内两股钢轨工作边之间的最小距离,如图3-18所示。

我国铁路轨距绝大多数为1435mm标准轨距,仅在云南省境内尚保留有1000mm轨距,台湾省铁路采用1067mm轨距,也有少数地方铁路和工矿企业铁路采用窄轨距。

为使机车车辆能顺利通过轨道,轨道的轨距必须略大于轮对宽度,有一定的活动量(游间),如图3-19所示。

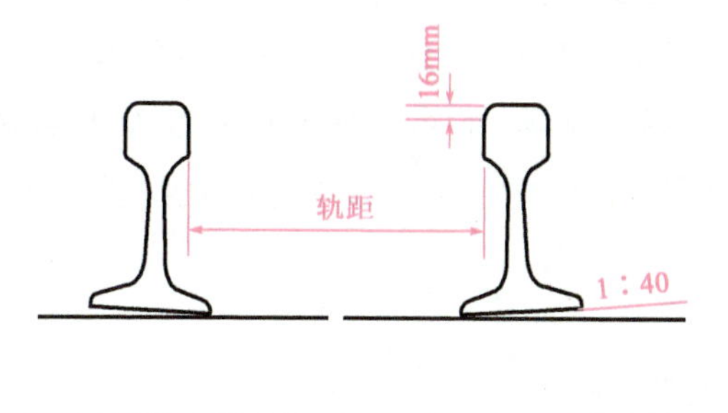

图3-18　轨距示意图

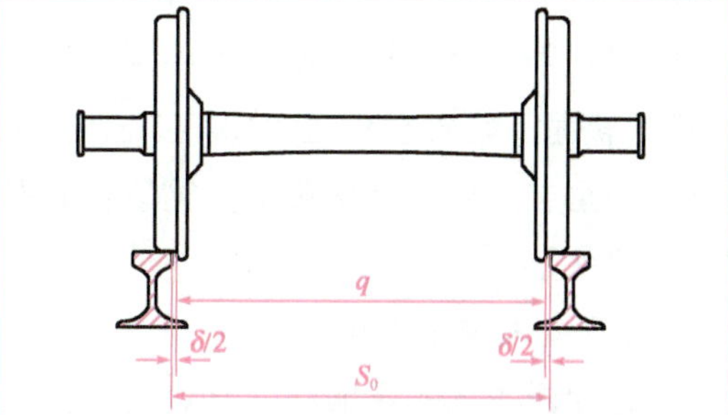

图3-19　轮对与钢轨的相互位置

$$轨距(S_0) = 轮对宽度(q) + 活动量(\delta)$$

在机车车辆运行的动力作用下，轨距可能产生一定的偏差。我国规定这种偏差是按线路允许速度等级划分的，《铁路技术管理规程》规定的线路、道岔轨距静态允许偏差如表 3-4 所示。

线路、道岔轨距静态允许偏差　　表 3-4

线路允许速度(km/h)	$v \le 120$	$120 < v \le 160$	$160 < v \le 200$
线路(mm)	+6 −2	+4 −2	±2
道岔(mm)	+3 −2	+3 −2	±2

2) 水平

水平是指线路左右两股钢轨顶面的相对高差。在直线地段，两股钢轨顶面应在同一水平面上，使两股钢轨所受荷载均匀，以保持列车平稳运行。我国《铁路线路维修规则》规定，两股钢轨顶面的水平允许有一定的偏差，正线及到发线不得大于4mm，其他站线不得大于5mm。

轨道不允许有三角坑存在，即在一段不太长的距离内，不允许左右两轨高差交替变化，以致引起车辆剧烈摇晃。对于不同线路种类，我国铁路规定，在 18m 距离内，不许有超过 4mm 的三角坑存在。过大的三角坑会使个别车轮悬空，轮缘爬上轨面，进而发生脱轨事故。

3) 前后高低

轨道沿线路方向的竖向平顺性称为前后高低。新铺或经过大修后的线路，即使其轨面是平顺的，但是经过一段时间列车运行后，由于路面下沉、道床捣固密实程度、扣减松紧和钢轨磨耗的不一致性，也会产生不均匀下沉，造成轨面前后高低不平顺。

轨道不平顺对机车车辆在空间三维方向上的激扰作用，分为垂向、横向和复合(垂向与横向复合)不平顺三类。

(1) 垂向轨道不平顺

包括高低不平顺、水平不平顺、扭曲不平顺、轨面短波不平顺、钢轨轨身垂向周期性不平顺等。

高低不平顺是指轨道沿钢轨长度方向，在垂向上的凹凸不平。水平不平顺是指轨道沿轨道各个横向截面上左右两股钢轨轨顶面高差的波动变化。扭曲不平顺是指左右两股钢轨轨顶面相对于轨道标准平面的扭曲，用相隔一定距离(国际上称为作用距离)的两个横截面的水平幅值的代数差度量。轨面短波不平顺是指钢轨轨顶面沿长度方向上的长度较短范围内的不平顺，包括轨面不均匀磨耗、波纹磨耗、擦伤、剥离掉块、焊缝不平、接头错牙等钢轨表面不平顺。钢轨轨身垂向周期性不平顺是指钢轨在轧制校直过程中，由于轧辊等影响造成轨身垂向周期性的弯曲变形。

(2) 横向轨道不平顺

包括轨道方向不平顺、轨距偏差、轨身横向周期性不平顺等。

轨道方向(轨向)不平顺是指轨头作用边沿钢轨长度方向的横向凹凸不平顺，相对于轨道中心线，可分左股和右股钢轨方向不平顺。轨距偏差是指轨道同一横截面，在轨顶面下16mm处，左右两根钢轨之间的最小内侧距离相对于标准轨距的偏差。钢轨轨身横向周期性不平顺是指钢轨在轧制校直过程中产生的轨身横向周期性弯曲变形。

(3)复合不平顺

复合不平顺是指在轨道同一位置或在影响机车车辆系统性能的长度范围内，共同存在垂向和横向轨道不平顺，形成的双向不平顺；存在两个以上垂向或横向不平顺，形成的单向叠加不平顺。对行车影响较大的主要包括轨向与轨向的逆相位复合不平顺、轨向与水平的逆相位复合不平顺、轨向与轨距的逆相位复合不平顺、水平与轨距的逆相位复合不平顺、高低与水平的逆相位复合不平顺、扭曲与水平的逆相位复合不平顺。

由于列车蛇行运动和动荷响应，一般将列车在运行过程中因空吊、暗坑等形成的动态水平，纳入水平不平顺进行管理；将列车在运行过程中因扣件离缝外挤、因调高垫片或超垫产生钢轨外翻等形成的动态轨距，纳入轨距偏差进行管理。

4)方向

轨道方向是指轨道中心线在水平面上的平顺性。经过运营的直线轨道并非直线，而是由波长为10～20m的曲线组成，因其曲线很小，偏离中心线不大，通常不易察觉。直线不直，必然引起列车的蛇形运动。相对轨距来说，轨道方向往往是行车平稳性的控制性因素。只有方向偏差保持在允许范围内，轨距变化对列车振动的影响才处于从属地位。

5)轨底坡

车轮轮箍和钢轨接触的面为1:20的圆锥面。为了使车轮压力的合力线更接近于钢轨中轴线，以减小偏磨，钢轨不是竖直铺设，而是略向轨道中心倾斜。这种倾斜度称为轨底坡。我国铁路过去采用1:20的轨底坡(直线地段)，自1965年起改为1:40，其原因是车轮踏面(轮箍和钢轨接触的面)经过一段时间的磨耗后，斜度已接近于1:40。

3.4.3 曲线地段轨道的几何形位

铁路线路平面由直线和曲线组成。曲线由圆曲线和缓和曲线组成。

1)圆曲线

当铁路线路遇到地形、地物等障碍时，为减少工程造价和运营支出，应设置曲线。

铁路线路在转向处所设的曲线为圆曲线，其组成因素有曲线半径(R)、曲线转向角(α)，曲线长度(L)、切线长度(T)，如图3-20所示。

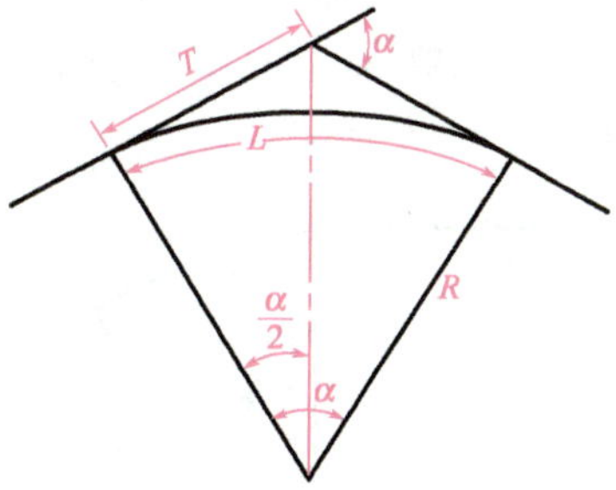

图3-20 圆曲线组成要素

曲线转向角的大小由线路走向、绕过障碍物的需要等确定。

圆曲线半径的大小，反映了曲线弯曲度的大小。圆曲线半径越小，弯曲度越大。一般情况下，曲线半径越大，允许行车速度越高，但工程费用也越高。而小半径曲线具有容易适应地形困难的优点，对工程条件有利。

因此，正确地选用曲线半径就显得十分必要。设计线路时，可根据具体条件，由大到小合理选用。曲线半径一般应取50m、100m的整数倍。为了保证线路的通过能力，并有一个良好的运营条件，区间线路的最小曲线半径应符合表3-5、表3-6的规定。

客货共线Ⅰ、Ⅱ级铁路区间线路最小曲线半径　　表3-5

铁路等级	Ⅰ			Ⅱ	
路段设计行车速度(km/h)	200	160	120	120	80
一般(m)	3500	2000	1200	1200	600
特殊困难(m)	2800	1600	800	800	500

客运专线铁路区间最小曲线半径和最大曲线半径　　表3-6

设计速度(km/h)	最小曲线半径(m)		最大曲线半径(m)	
	一般	困难	一般	困难
200	2200	2000	10000	12000
250	4000	3500	10000	12000
300	4500		12000	14000
350	7000		12000	14000

列车在曲线上行驶的速度越快，所产生的离心力越大，为了保证列车运行的安全、平稳和舒适，必须限制列车通过曲线时的速度。

2)缓和曲线

为了保证列车安全，使列车平顺地由直线过渡到圆曲线，或由圆曲线过渡到直线，以避免离心力的突然产生和消除，常需要在直线和圆曲线之间设置一条曲率半径变化的曲线，这个曲线称为缓和曲线，如图3-21所示。

缓和曲线的特征为：从缓和曲线所衔接的直线一端起，它的曲线半径ρ由无穷大逐渐减小到它所衔接的圆曲线半径R。它可以使列车在运行中离心力逐渐增加或减小，有效避免列车横向剧烈摇晃，使列车运行安全、平稳。

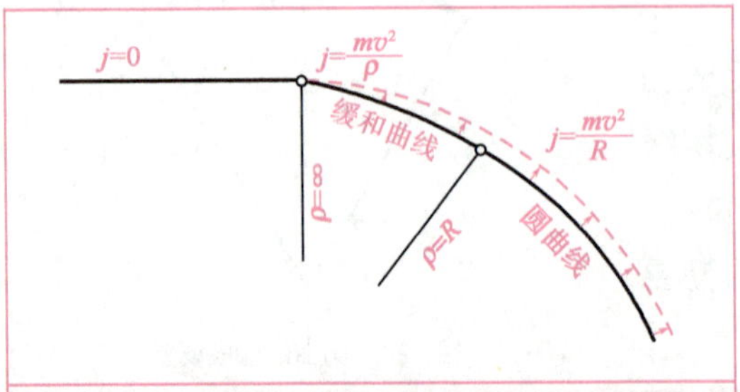

图3-21　缓和曲线示意图

3)曲线轨道构造特点

曲线轨道构造与直线地段有不同特点。曲线半径较小时，轨距适当加宽；外轨增设超高；曲线两端与直线连接处设置缓和曲线。

(1)轨距加宽

机车车辆走行部中只能保持平行而不能作相对运动的车轴中心线间的最大距离，称为固定轴距。如图3-22所示，由于机车车辆具有固定轴距，在曲线上运行时转向架的纵向中心线与曲线轨道中心线并不一致，因而引起转向架前一轮对外侧车轮轮缘和后一轮对的内侧车轮轮缘压挤钢轨，增加走行阻力。为了使机车车辆顺利地通过曲线，因此对小半径曲线的轨距要适当加宽，一般加宽方法为外轨不动，内轨内移。

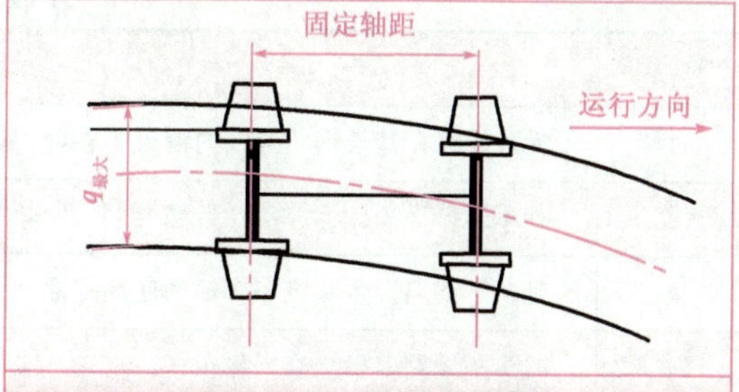

图3-22 轨距加宽原因示意图

我国《铁路技术管理规程》规定曲线轨距加宽值见表3-7。

曲线轨距加宽值

表3-7

曲线半径 R(m)	加宽值(mm)	曲线半径 R(m)	加宽值(mm)
$R \geqslant 350$	0	$R < 300$	15
$350 > R \geqslant 300$	5		

(2)外轨超高

当机车车辆在曲线上运行时，离心力的作用使曲线外轨承受了较大的压力，进而造成内、外轨磨耗不均匀现象，并使旅客感到不舒适。因此，需要将曲线上的外轨适当抬高，使机车车辆内倾，以平衡离心力的作用。外轨比内轨高出的部分称为超高，其方法是将曲线外轨下的道床加厚，使外轨高于内轨，如图3-23所示。

我国《铁路技术管理规程》规定，曲线地段外轨超高双线不得超过150mm，单线不得超过125mm。高速客运铁路，不得超过200mm。轨距加宽和外轨超高的设置办法，都是从缓和曲线的起点开始，逐渐增加，到圆曲线起点时，加宽和超高都应达到规定的值。

3.5 无缝线路

无缝线路也称为长钢轨线路，就是把不钻孔、不淬火的25m长的钢轨，在基地工厂用气压焊或接触焊的办法，焊成200～500m的长轨，然后运到铺轨地点，再焊接成1000～2000m的长度单元轨，单元轨与单元轨之间焊接铺到线路上就成为一段无缝线路。

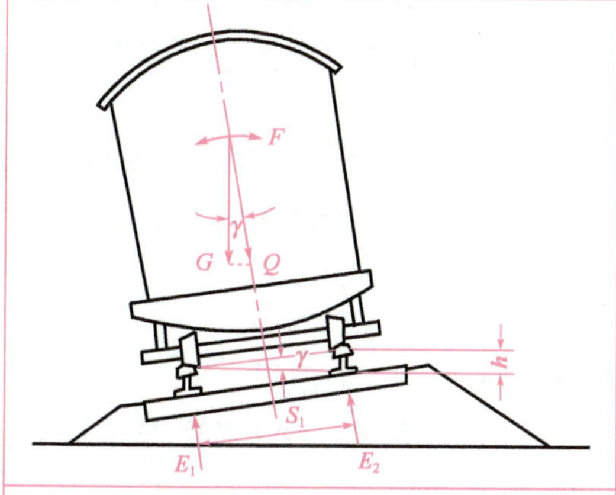

图3-23 外轨超高原理图

如果没有加工、运输、施工上的困难，从理论上讲，"无缝线路"可以无限长。这种彻底消灭轨缝的办法，我国铁路正应用在一些主要干道上。

3.5.1 无缝线路的特点

无缝线路的特点见表3-8。

无缝线路的特点　　表 3-8

序　号	特　　点
1	无缝线路在其长钢轨范围内消灭了轨缝，从而消除了车轮对钢轨接头的冲击
2	列车运行平稳，大大减少“咔嗒咔嗒”声响，旅客感到舒适
3	延长了线路设备和机车车辆的使用寿命
4	减少了线路养护维修工作量
5	能适应高速行车和重载的要求，是轨道现代化的发展方向

3.5.2　无缝线路的类型

1）按轨条长度分类

（1）普通无缝线路

普通无缝线路轨条长度为 1000～2000m，轨条和轨条之间用 2～4 根标准轨进行连接，并设置轨缝。

（2）区间无缝线路

随着胶接绝缘接头技术的推广应用及无缝线路施工技术的完善，为满足列车高速和重载的需求，尽量减少钢轨接头的存在，把原来 1000m～2000m 的长轨条焊接延长，使长轨条长度达到或接近两个车站之间的区间长度。这种形式的无缝线路叫区间无缝线路。

（3）跨区间无缝线路

当把区间无缝线路的长轨条延长与车站道岔焊连在一起，就形成跨越车站的跨区间无缝线路。

2）按温度应力放散分类

（1）温度应力式无缝线路

温度应力式无缝线路由焊接长钢轨及其两端若干根标准钢轨组成，用夹板及螺栓联结。其构造简单，铺设维修方便，但钢轨要承受很高的温度力，一般适用于常年轨温变化不大于 90℃ 的地区，也可铺设在大于这一轨温变化的地区，但要在一定轨温条件下，定期放散钢轨内部过高的温度力。

温度应力式无缝线路包括伸缩区、固定区和缓冲区三部分。伸缩区长度根据计算确定，一般为 50～100m。缓冲区一般由 2～4 对标准轨或厂制缩短轨组成，有绝缘接头时为 4 对，采用胶结绝缘接头时为 3 对或 5 对。

（2）放散温度应力式无缝线路

放散温度应力式无缝线路分定期放散式和自动放散式两种。

定期放散式无缝线路每年春秋季节适当温度下，更换不同长度的缓冲区钢轨，调节钢轨温度应力。其结构形式与温度应力式相同。

在温差较大的地区和特大桥梁上，为了消除和减少钢轨温度力对钢梁伸缩的影响，采用自动放散温度应力式无缝线路。自动放散温度应力式无缝线路是在焊接长钢轨间，设置桥用钢轨伸缩调节器，用以释放温度力。

3.5.3 温度应力和温度力

无缝线路铺设后，随着轨温的变化，长钢轨由于不能实现热胀冷缩，因而在其内部产生应力，称为温度应力。特别是在轨温很高或很低时，钢轨内将产生巨大的温度应力。对整个钢轨断面而言，由轨温变化而产生的力，相应称为温度力。钢轨温度变化1℃，每米钢轨就伸缩0.0000118m，称为钢轨的膨胀系数。

焊接长钢轨一经"锁定"，自由伸缩就受到两端接头阻力及沿线道床阻力的抵抗而不能实现或不能全部实现。此时，未能实现的自由伸缩将转化为数值相等但方向相反的温度应力，从而在钢轨内部产生温度应力。夏季轨温升高，钢轨势必伸长，但因不能实现而转化为压应变，在钢轨内部产生压应力。冬季轨温降低，钢轨势必缩短，但因不能实现而转化为拉应变，在钢轨内部产生拉应力。

选择适当的锁定轨温，对无缝线路的强度和稳定性具有很大影响。选择锁定轨温时，应使钢轨在冬季和夏季所受到的最大温度力尽量接近，一般采用稍高于本地区的中间轨温作为锁定轨温。例如，北京地区最高轨温为62.6℃，最低轨温为-22.8℃，中间轨温为19.9℃，而设计时的锁定轨温一般采用24℃。

3.5.4 轨道温度和锁定轨温

1）轨道温度

钢轨温度与气温不同。影响轨温的因素相多，它与气候变化、风力大小、日照强度、钢轨所处地段和测量部位有关。根据长期大量的测量结果，最高轨温一般要比当地最高气温高20℃左右，最低轨温与当地最低气温大致相同。无缝线路的钢轨温度力大小和分布与轨温变化幅度有直接的关系，而它又是影响无缝线路的强度和稳定性的主要因素，所以钢轨的温度变化幅度就成为无缝线路设计、铺设和维修养护的重要资料。在无缝线路设计时，一般取当地历年最高气温+20℃作为当地最高轨温，当地历年最低气温作为最低轨温。

2）中间轨温

中间轨温是最高轨温与最低轨温的平均值。

3）锁定轨温

锁定轨温在无缝线路设计时按照强度和稳定条件，并考虑施工、养护、管理等因素来选择一个铺设长轨的轨温范围，称为设计锁定轨温范围。在设计锁定轨温范围内，拧紧钢轨接头扣件和中间扣件，把钢轨锁定，此时的轨温称为锁定轨温。锁定轨温下，钢轨温度力为零。这样可以保证焊接长钢轨在最低轨温时各种应力共同作用下不破坏，在最高轨温时线路不胀轨跑道，使线路能正常运行。锁定轨温是管理和维修保养无缝线路的依据。如果不在设计锁定轨温范围进行铺轨，则必须按照设计要求调整钢轨内力或在放散温度应力后重新锁定。最适宜于铺设焊接长钢轨的轨温称为铺轨轨温。因为在铺轨过程中，轨温可能有波动，所以确定铺轨轨温时,容许有一个上下波动范围。

3.5.5 强度及稳定性

1)强度

为防止钢轨断裂,无缝线路应具有足够的强度。无缝线路强度计算的要求是在列车动力作用下,焊接长钢轨所受的弯曲应力、温度应力及制动力的总和,不超过钢轨用料的容许应力。

2)胀轨和跑道

无缝线路除满足强度要求外,还必须满足稳定性要求。实践和理论表明,无缝线路轨道臌曲在垂直面上发生的可能性很小,而总是在水平面上发生,并首先在轨道的原始弯曲处开始。当轨温不高,温度压力不大时,轨道的臌曲变形极小;随着轨温及温度压力的继续增大,轨道变形将随之逐渐增加,但不会引起突然破坏;一旦温度压力升高到某一临界值后,如压力稍有增大或受外力干扰时,轨道变形就会突然急剧增加,最终导致稳定性的完全丧失。轨道臌曲的渐变阶段称为胀轨,突变阶段称为跑道。

3)无缝线路稳定的基本要求

无缝线路的稳定问题是一个力学平衡问题。保证无缝线路稳定的基本要求在于尽可能地增加其保持稳定的因素,减少其破坏稳定的因素。主要措施有以下几种:

①提高无缝线路的轨道框架刚度,即采用重型钢轨、混凝土轨枕及强力扣件;

②提高道床横向阻力;

③保持线路方向良好;

④消灭钢轨硬弯,力求焊缝平直;

⑤保证路基无翻浆下沉等病害。

3.5.6 超长无缝线路焊接技术

超长无缝线路的铺设是以单元轨条为一段,依次分段焊连施工的。焊连时保证锁定轨温不超限(在设计中和轨温范围)是关键。所以,根据施工作业轨温和施工条件一般有连入法和插入法两种施工方法。

1)连入法

采用连入法施工时,是在一个天窗时间内把要铺设的单元轨条始端用焊接法与前一天铺设的单元轨条终端焊连,铺设时同时焊接同时放散,做到一步到位。即在认为锁定轨温相符的条件下,新轨引进换轨车龙门之后,换轨车边前进边进行长轨条的始端焊接。这种施工组织难度较大,一般适用于封闭线路铺设和轨温变化不大并与锁定轨温相同的条件。

2)插入法

插入法是在一个天窗时间内,与铺设普通无缝线路一样,在两单元轨条之间设一根缓冲轨(长度不短于6m),而在另一个天窗时间取出缓冲轨,插入经计算确定的轨长放散应力,然后进行最终焊接。第二次焊接作业，可以选在正在铺设新轨区间或相邻区间铺设新单元轨条时的同一个天窗时间内来进行。作业地点间隔以相互施工不发生影响为原则，最好不小于三个单元轨条长。这种施工方法原则上可以在任意轨温下铺设，施工难度较小，容易做到温度力均匀，符合设计中和轨温要求。

3）超长无缝线路管理

超长无缝线路的基本原理与普通无缝线路相同。因此，普通无缝线路的一切养护维修办法，都适用于超长无缝线路。但超长无缝线路因其轨条极长，也有一些不同于普通无缝线路的特点。

超长无缝线路一经锁定，其锁定状况因其超长而不易改变。如锁定轨温不准、轴向力分布不均时，只能进行局部调整，几乎无法进行整体放散。因此，“锁定轨温要准”对超长无缝线路来说格外重要。

3.6 道岔

道岔是使机车车辆从一股轨道转入或越过另一股轨道的设备，是铁路轨道的重要组成部分。道岔大量铺设在车站两端，以满足作业的需要。最常见的道岔是普通单开道岔。

3.6.1 普通单开道岔

普通单开道岔是最常用的道岔之一，主线为直线，侧线在主线的右侧或左侧。单开道岔是线路上铺设数量最多的道岔。普通单开道岔由转辙器、辙叉及护轨、连接部分所组成，如图3-24所示。

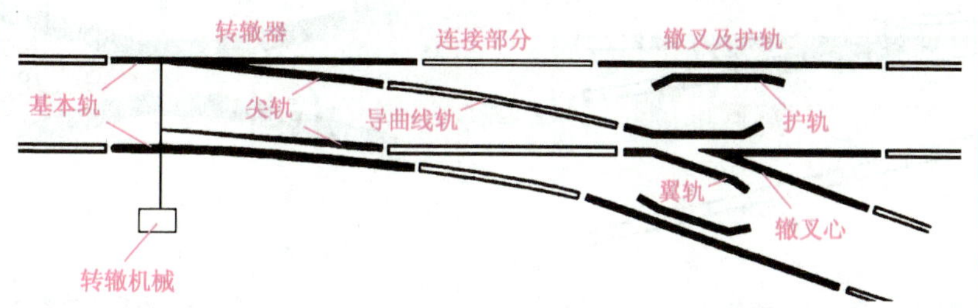

图3-24 普通单开道岔

1）转辙器

转辙器由两根尖轨、两根基本轨和转辙机械组成。尖轨是转辙器的主要部件，通过连接杆与转辙机械相连，故操纵转辙机械可以改变尖轨的位置，以确定道岔的开通方向。

2）辙叉及护轨

辙叉及护轨包括辙叉心、翼轨及护轨。其作用是保证车轮安全通过两股轨道的相互交叉处。

从两翼轨最窄处到辙叉心实际尖端之间,存在一段中断的空隙,称为辙叉的有害空间。当列车通过辙叉有害空间时,轮缘存在走错辙叉槽而引起脱轨的可能。因此,必须设置护轨,对车轮的运行方向实行强制性的引导。

道岔上的有害空间是限制列车过岔速度的一个重要因素。为了消灭有害空间,减轻车轮对翼轨和心轨的冲击,适应列车高速运行的要求,应采用活动心轨道岔(见图3-25)。辙叉心轨道岔的心轨和尖轨是同时被扳动的,当尖轨开通某一方向时,活动心轨的辙叉心轨就与开通方向一致的翼轨密贴,与另一翼轨分开,从而消灭了有害空间,有效地提高了列车过岔速度。

3)连接部分

连接部分是连接转辙器和辙叉及护轨的部分,使之成为一组完整的道岔。它包括两根直轨和两根导曲线轨。

3.6.2 道岔号数

道岔因其辙叉角的大小不同,有不同的道岔号(N),道岔号数表明了道岔各部分的主要尺寸。道岔号数是用辙叉角的余切值来表示的,如图3-26所示。其计算公式为:

$$N=\cot\alpha=\frac{FE}{AE}$$

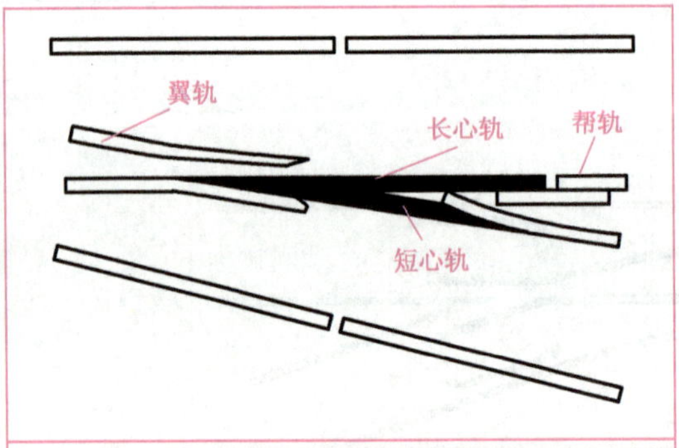

图3-25 活动心轨道岔

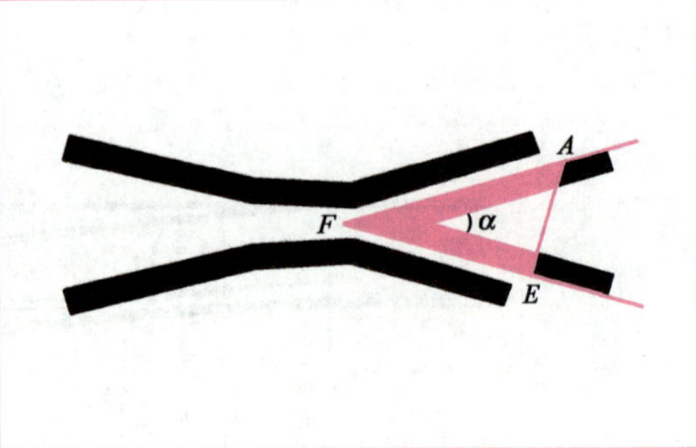

图3-26 道岔号数计算

由此可见,辙叉角越小,N值就越大,导曲线半径也越大,列车侧线通过道岔时就越平稳,允许的侧线过岔速度也就越高。目前,我国铁路主要线路上大多使用9号、12号、18号、30号道岔,其所允许的侧向通过速度分别为30km/h、45km/h、80km/h、140km/h。

3.6.3 其他类型道岔与交叉设备

道岔的种类很多,按照构造上的特点及所连接的线路数目,除普通单开道岔外,常用的还有对称道岔、三开道岔、交分道岔、菱形交叉等,如图3-27所示。

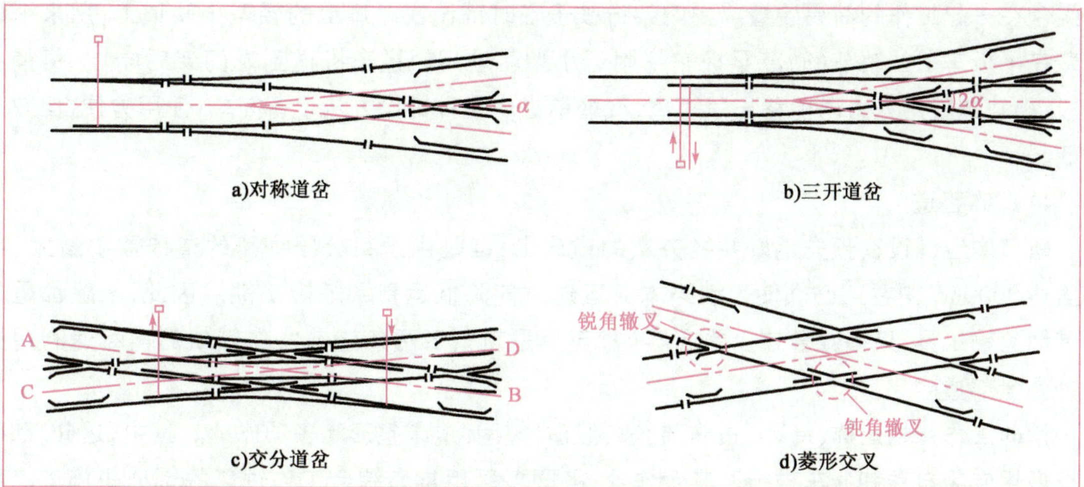

图3-27 常用道岔种类

3.7 轨道施工、检测、修理和养护

3.7.1 轨道施工

普通轨道施工主要包括轨节组装、轨节运输、轨节铺设和铺砟整道等四个基本环节。

1)轨节组装

轨节组装的基地尽量设在铺轨起点站附近。在有两个或多个接轨点时,根据需要可同时设置几个基地,以进行多头铺轨。铺轨基地主要由轨节组装流水线,轨料存放区和卸料线,轨节存放区和装车线,机车走行线,以及与上述各部分有关的作业机具和设备等组成。

2)轨节运输

在铺设过程中,轨节束必须从轨节运输列车逐渐向铺轨机移动,以不断向铺轨机供应轨节。为适应这一需要,必须用装有滚轮的特制平车。铁路新线很长时,轨节的运距很远。为节省滚轮平车,可仅在靠近铺轨前方的一段距离内方可使用这种特制平车,而在大部分运程中则用普通平车。采用这种措施时,必须设置将轨节束从普通平车倒装到滚轮平车的换装站,也可不设换装站,而把基地前移或在铺轨机后部使用龙门架倒装。

3)轨节铺设

轨节重量较大,必须用铺轨机吊铺。铺轨机的类型很多,但作业相似。新线铺轨都是借助于这类机械的起重和移送装置,把轨节从铺轨机后的轨节车上(或从已滑入轨节的铺轨机内)起吊,移送到前悬臂下,下落就位,连接到已铺好的轨节上。每铺完一节轨节,铺轨机就前移一节距离,如此循环前进。美、英等国常在铺设新线时,先使用木枕和轻轨的轨节,然后再换铺钢筋混凝土枕和重型钢轨,换铺工程中采用铺轨列车,连续完成从拆除、收集旧轨到换铺新轨等作业。

在少量新线铺轨工程或既有线换轨工程中,也可使用龙门架铺轨机,它是把龙门架和平板车组合在一起工作的简易装置。龙门架行驶于临时铺设在路肩上的轻型小轨道上，用来铺设装载在平板车上的轨节（轨节平板车从附近小型基地用轨道车推送到龙门架后端）。每铺设一段，小轨道就用人力向前移一段距离，交替前进。这种铺设方法设备简单，使用方便，但效率较低。

4）铺砟整道

轨节本应铺设在预先铺好并经夯实的道床上，但是由于每公里铁路的道砟需要量大（每公里达 2000m^3 左右），必须使用铁路本身运送方能降低运费和缩短工期。因此，一般都是先用其他运输工具，只铺数量较少的底层（甚至只是轨条下两条碴带），在铺轨后再尽速利用列车补齐全部道砟。

铺砟工作包括运砟、卸砟、布砟、起道、拨道、捣固、道床整形等多项作业。其中，运砟、卸砟作业多用专用自动卸砟车进行。其余作业，各国多采用具有综合工作性能的铺砟机施工。我国还没有定型的铺碴机械，但设计、试制、试用的机型已不少。在我国，铺砟工程主要还是应用各种养路机械，如起道机、道砟整形机、捣固机等（见轨道养护）分别进行。

3.7.2 轨道检测

轨道的几何形位按照静态与动态两种状况进行管理。静态几何形位是轨道不行车时的状态，采用道尺等工具测量，目前也有现代化静态几何形位采集设备。动态几何形位是行车条件下的轨道状态，采用轨道车测量。

1）道尺

道尺是铁路建设与铁路日常养护中的常用工具之一。有一些人把道尺叫轨距尺，这是不确切的，因为道尺不仅仅只测量轨距，还可测量水平。以前道尺是机械式的，现在我国铁路基本已经普及数字道尺，主要是因为数字道尺读数方便。数字道尺如图 3-28 所示。

（1）数字道尺

数字道尺由尺身、绝缘机构、把手、电池、电路板、固定测量头、活动测量头、倾角仪、轨距传感器等组成。

现在常用的有“0”级与一级道尺，普通线路上使用一级道尺，客运专线、高铁上使用“0”级道尺，“0”级道尺的轨距精度要求为≤ ±0.3，水平精度也要求为≤ ±0.3。

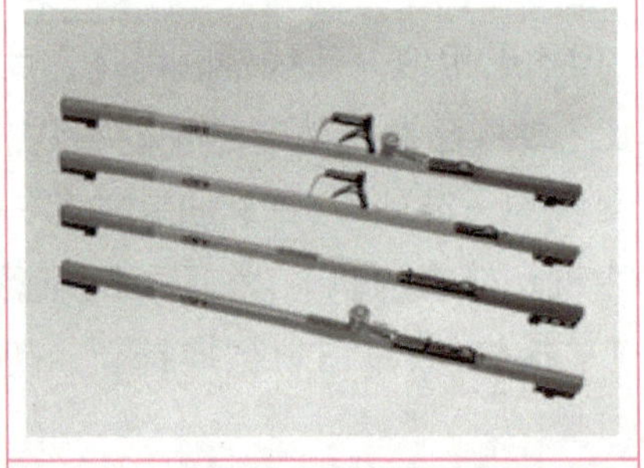

图3-28　数字道尺

由于我国的铁路建设要求高于国外，因此进口的道尺质量远不能满足我国铁路的需要，所以我国是国产的铁路道尺明显优于进口的。

（2）标准道尺

道尺是为轨道而设计，铁路轨道分标准轨与窄轨，因此道尺也分为标准道尺与窄轨道尺，也有设计成通用型的道尺。标准型的道尺不用特别说明，平时所说的道尺都是指标准道尺，如果是窄轨使用的才要指明是窄轨道尺。

(3)道尺使用方法

机械式道尺使用前进行计量、校对就可以使用,不要标定。数字道尺使用前一定要进行标定,待检定合格后才能测量、使用。

使用道尺测量时,先去除钢轨测量点处的渣子、污垢,开机5min待电子元件热稳定后,将固定端放于一轨的内测,收缩测量头后卡入另一根轨,左右轻微移动,找到最小轨距示值,此时看屏幕上的轨距、水平的显示数值。

(4)道尺的特点

机械式道尺主要是读数较困难,但其稳定性很好,价格上也很便宜。

数字道尺最大的优点是读数方便,但数字道尺与机械式道尺相比,最大的缺点是稳定性不好,另外价格昂贵。虽然我国的道尺也已经数字化,但是目前为止全世界还没有一把高度稳定的数字道尺,我国生产的数字道尺堪称世界上最先进的道尺,但尚存在零点漂移、示值漂移的问题,测量的真正精度只能达到±(0.4~0.5),因此道尺目前只能作为一种辅助测量工具。

2)轨道检测仪

轨道检测仪是通过预先输入的设计线型自动检测线路中线位置、轨顶高程以及轨距、超高等轨道静态参数,并自动进行记录整理的轻型轨道检测设备。它对于高速铁路长轨铺设、精调和后期维护有着重要意义。

轨道检测仪主要生产国有德国、瑞士以及我国。我国目前主要使用中铁工程设计咨询集团有限公司生产的轨道检测仪,如图3-29示。

3)轨道检查车

轨道检查车是用来检测轨道的几何形位和不平顺状况并评价轨道几何形位的特种车辆,简称轨检车。它是保障行车安全、平稳、舒适和指导轨道养护维修的重要工具。根据轨检车的记录,可以发现轨道平顺状态不良的地点,以便采取紧急补修或限速措施,并确定应进行计划维修的里程段落,编制维修作业计划。此外,根据轨检车的记录也可评定轨道的养护水平和整修作业质量。图3-30为CRH 0号高速综合检测车。

图3-29 中铁工程设计咨询集团有限公司生产的轨道检测仪

图3-30 CRH 0号高速综合检测车

3.7.3 轨道修理

在列车不间断地运行及自然和人为作用下,铁路线路会发生各种各样的变形或损坏(如钢轨磨损、轨枕腐朽、损坏、道床脏污、路基下沉、翻浆、轨道爬行及轨距超限等)，从而会影响列车正常运行，甚至威胁行车安全。因此，为了延长线路的使用寿命，确保列车安全正常运行，必须经常对线路进行养护与维修，以保证线路设施处于完好状态，这就是铁路工务部门的基本任务。

铁路线路维修分为综合维修、经常保养和临时补修。综合维修是按周期有计划地对线路进行综合性修理。通过综合维修，改善轨道弹性，调整轨道几何尺寸，整修和更换设备零部件，以恢复线路完好的技术状态；经常保养是根据线路变化情况，在全年度和线路全长范围内，有计划、有重点地养护，以保持线路质量经常处于均衡状态；临时补修主要是及时整修超过临时补修容许误差限度的轨道几何尺寸及其他不良处所，以保证行车平稳和安全。

3.7.4 轨道养护

我国铁路已经有130多年的历史，铁路轨道养护手段随着铁路事业的整体进步，亦得到了飞速发展，从纯粹的人力到小型机械化，再到大型机械化，养护手段发展的历史，就是铁路百年史的缩影。

1)人力养护

我国早年的铁路养路水平很低，至少到20世纪60年代以前，铁路线路养护基本上靠人力。养路工人的工作量极其繁重，最主要的原因是铁路线路养护的工作对象过于笨重粗大。我们可以按照最低的标准进行简单换算：按照每米50kg计算，一条12.5m长的钢轨重达625kg，而按照每个工人在正常情况下能够搬得动50kg重的东西换算，仅搬动一条12.5m长的钢轨就需要10多个工人。更换一公里钢筋混凝土轨枕，就需要10辆50t的车皮来运输；清筛一公里道床，就需要800~1000个工人劳作一天。有人计算过，捣固枕木时用的洋镐重达4kg多，一个工人每天大概要举起2500次之多，累计举重至少10t之多。

人力养护线路劳动强度大，工作效率低，作业质量不高。随着铁路事业的发展，我国铁路养护工作在20世纪60年代之后，迈出了艰难的步伐。

2)小型机械养护

20世纪60~80年代，铁路养护进入小型机械化时代。

捣固镐和清筛机是我国最早采用的专门用于线路捣固和清筛作业的小型养路机械之一。

捣固镐具有“一操一”、“一操四”等机型，就是一人可操作一把或四把捣固镐。这种机型一直被持久保留下来并使用至今，被称作小型液压捣固机，由电动机或内燃机作为液压系统的动力，在养路工人的操作下，对轨枕进行捣固。机械可架在轨道上推行，两台为一组，一次完成一根轨枕的捣固。

小型枕底清筛机是不需封锁线路，而只需列车慢行通过的一种小型养路机械，适应当时国内铁路作业方式的特殊要求。机械安装在轨道下，通过电动机驱动，实现对线路道砟的挖掘、清筛、输送回填等功能。

专用于起道、拨道、钢轨打磨、调直的机械，也是我国在20世纪60年代后使用较多的一种小型养路机械设备。

到了20世纪80年代，我国铁路养护作业机械化程度已经达到30%左右。这些养路设备的使用，不仅提高了作业效率，而且减轻了养路工人的劳动强度。为了适应发展步伐，工务段普遍设立了机械化工队和养路工区，配备了以单项、小型为主的养路机械，如捣固机、扒砟机、边坡回填机、液压起道机等，这是当时机械化作业的重要力量。

3）大型机械养护

20世纪80年代末至今，我国铁路养护走向大型机械化时代。

进入20世纪80年代之后，随着我国铁路运输密度的加大，繁忙干线的维修工作采用传统的方式和手段已无法完成。与此同时，轨道结构的日益现代化也向养路机械的作业质量提出了更高的要求。在这种形势下，我国养路机械化工作不可避免地迎来了变革。

1983年6月，由当时的铁道部工务局等单位组成的中国铁路大型养路机械考察订货组，赴奥地利、瑞士和德国对欧洲铁路大型养路机械的运用情况进行了考察，并于同年7月中旬在奥地利同普拉塞公司签署了RM80型道清筛机、08-32型起拨道抄平捣固车、DGS62N型道床动力稳定车以及SSP103型配砟整形车各1台的订货合同。同年10月，铁道部利用日元贷款再次订购了同样型号的捣固车3台、稳定车2台、配砟车2台。1984年下半年，这批由奥地利进口的大型养路机械相继到达天津新港，配属给沈阳铁路局锦州第一线路大修段4台、北京铁路局北京机械化养路队7台。1985年，北京局使用大型养路机械在京秦线进行了线路维修试验，共完成线路维修302.2km；沈阳局使用大型养路机械在沈山线、大郑线进行了线路大修试验，共完成线路大修34km。两项试验取得了圆满成功，从而开创了我国铁路大型养路机械作业的新局面，受到全路工务职工的热烈欢迎。

大型养路机械化设备的引进，在极大地提高铁路线路养护的效率和质量的同时，也使原有的铁路养护作业体制发生了变革，而变革结果就是使在繁忙线路开“天窗”作业成为共识，并使我国铁路养护作业正式进入了大型机械化时代。

在引入大型机械之前，我国铁路养护作业无论是单线还是双线，一般都是采用在列车间隔时间内进行作业的办法，在列车到来前通知人员和机械迅速撤离轨道，但有时会因撤离不及时而发生事故。线路修理与安全行车的矛盾日益突出，铁路养护不得不考虑解决办法和寻找新的出路。

经过长达几年的论证和慎重考虑，铁道部最终决定采用高效、大型的养路机械开“天窗”进行线路作业，这既是解决我国运输繁忙线路维修作业的有效手段，也是现代化铁路线路维修发展的方向。所采用的新设备、新办法，对提高线路质量、保证运输安全和扩能具有保障作用。

经过全路近30年的不懈努力，我国大型养路机械从无到有、从小到大并形成一定规模，主型机械齐全，附属设备配套，在装备有捣固、清筛、动力稳定、配砟整形等机型的基础上，还陆续装备了钢轨打磨车、道岔打磨车、道岔捣固车、大修列车、道岔铺换设备等新型机械。

为适应大型养路装备的组织需要，全路范围内陆续成立了大型养路机械段，全部采用大型养路机械进行线路的大型维修作业。装备规模的扩大，极大地提高了大型养路机械的作业能力，并发挥了其特有的作用。具体为：保证了线路大修、维修工作的正常需要；在灾害抢险中为尽快开通线路发挥重要作用；使新建线路提高开通速度成为可能；在全路五次大提速工程中，顺利完成了线路改线、调整超高等大量工程任务；线路达到目标速度等。

20世纪90年代以来20余年间，我国大型养路机械国产化工作也取得了可喜的进展，具备生产各类大型养路机械的能力。国产YD32Ⅳ道砟捣固车如图3-31所示。

图3-31　YD32IV型道砟捣固车

阅读材料

无砟轨道施工技术

近年来，伴随着我国综合国力的全面提升，我国高速铁路建设取得历史性跨越，进入全面建设时期。无砟轨道是一种稳定性高、轨道刚度均匀、具有较强的结构耐久性、容易维护、可降低桥梁二期恒载、减少隧道净空开挖、综合效益高的轨道结构形式。因此，对无砟轨道施工技术进行研究是很有必要的。

1）无砟轨道施工技术难点

与普通铁路有砟轨道相比，高速铁路无砟轨道系统的施工工艺更为复杂，技术含量更高，其难点主要体现在以下四个方面。

(1)轨道基础地基沉降变形规律难以控制(线下工程工后沉降难以控制)

无砟轨道整体形态是通过扣件系统进行维持,因此,必须采取技术经济合理的处理措施保证轨道地基的稳定性。

(2)精密测量技术

传统的测量技术已经无法满足高速铁路无砟轨道系统的施工建设需求,需要采用高精度的现代工程测量方法来保证无砟轨道线路的平顺性。

(3)轨道平顺度控制

高速铁路与普通有砟铁路的最显著区别是需要一次性建成可靠、稳固的轨道基础工程和高平顺性的轨道结构。轨道的高平顺性是实现列车高速运行的最基本条件。

(4)无砟道岔施工

道岔区无砟轨道施工应严格按相关规程进行,在保证无砟轨道的道岔间无缝的同时,还要注意与不同区间、不同标段间无缝线路施工相互协调。

2)无砟轨道施工关键技术

(1)无砟轨道测量

无砟轨道施工阶段测量主要包括三项内容:线下施工阶段测量、无砟轨道铺设阶段测量及竣工阶段测量。线下施工阶段测量的主要工作是控制网的复测和控制网加密。对于无砟轨道铺设阶段测量,关键工作就是CPⅢ控制网的布设,平面测量要求满足五等导线精度,线路起闭于CPⅠ或CPⅡ控制点;导线长度不超过2km,点间距为150~200m,距线路中线3~4m,需要在线下施工完成后无砟轨道铺设前进行施测,控制点需要用钢筋混凝土包桩,以保证其精度不受环境影响;高程测量采用起闭于二等水准点的精密水准测量施测,水准线路不超过2km。竣工阶段测量主要是维护基桩测量和轨道几何形状测量。

(2)水硬性混凝土支承层铺设

水硬性混凝土应按设计方案配比,集中拌和,用运输车运输、倾倒。摊铺时,沿测定位桩拉线,控制摊铺机走行方向;注意控制并调整摊铺机的碾压力、集料投料速度等工艺参数;同时,及时拉线检查支承层的顶面高程。在支承层水硬性混凝土摊铺完毕12h内,用锯缝机在支承层表面锯切间距为5m、深度为10cm的伸缩缝,同时修整支承层边缘轮廓尺寸。最后,在支撑层上覆盖保湿棉垫,在保证混凝土上表面湿润且不受阳光直射和风吹的前提下覆盖养生3d。

(3)轨道安装定位

轨道安装定位的主要工序为:首先铺设轨枕、安装工具轨,然后进行轨道调整定位,再进行轨道电路参数检查,最后进行轨道精确调整和固定。施工时,一般以100m作为一个施工单元组织施工。

①铺设轨枕、安装工具轨。轨枕铺设使用散枕机施工,散枕机通过挖掘机特殊改装而成,挖掘机上安装专用液压轨枕夹钳进行轨枕的吊装,并按照正确的轨枕间距直接将轨枕摆放到位。

②轨道调整定位。轨道调整定位施工采用专用支撑架、双向调整轴架完成,支撑架间隔2.5m设置,双向调整轴架每隔3根轨枕对称设置,双向调整轴架基座预先安装在钢轨底面。

支撑架内安装钢轨夹钳和竖直调整装置。首先使用水准仪测量轨道面高程;然后起落竖直调整装置,使轨顶标高满足设计值,允许误差为±10mm;再用扳手上紧双向调整轴架的竖直螺栓,螺栓端头与垫板顶死。

在每一组双向调整轴架基座间安装传力杆后,用扳手旋转传力杆,逐点调整轨道至设计中线位置,容许偏差为±5mm,并用全站仪精确测量复核。轨道调整定位合格后,再细调定位支座的预埋位置钻孔,安装定位支座。

③轨道精确调整和固定。轨道精确调整应在道床板混凝土浇筑前1.5～2h前进行，按照细调定位支座位置划分检测断面，使用轨检小车和全站仪逐一检测每一个检测断面线路的水平、高低、轨向等几何形位和中线位置，并根据轨检小车输出的检测数据确定检测断面处轨道精确调整的量值。

用扳手微动调整双向调整轴架的竖直螺栓丝杆，调整线路的几何行位，直至满足设计要求。在细调定位支座上安装螺旋调整器，旋转调整手柄，使调整刻度达到调整量值，并确认轨道中线位置调整到位。将U形卡板插入细调定位支座内卡紧，然后将卡板与轨枕的钢筋桁架焊牢，完成轨道固定。

(4)道床板混凝土浇筑

混凝土入模后，立即插入振动棒振捣。对轨枕底部位置混凝土要加强振捣，确保混凝土的密实性。捣固时防止振动棒触碰双向调整轴架的竖直螺栓和其他固定装置。道床板混凝土表面用平板式振动器振平并以人工抹平，确保道床板的顶面高程、平整度和排水坡度符合设计标准。同一配比每班次应制作5组试件。

道床板混凝土浇筑2～5h后，松开双向调整轴架的竖直螺栓和其他固定装置。混凝土浇筑完成后应立即进行表面覆盖。混凝土终凝后喷洒养护剂养护14d左右，防止其表面产生裂纹。双向调整轴架的竖直螺栓取出后，遗留的螺栓孔应采用高强度的砂浆封堵。

单元4　路　基

引子

观赏4-1图时,你是否留意到铁路的变化?例如,路线有些部分高出原地面,需要填筑;有些部分低于原地面,需要开挖;有些路基边坡上种有植被等。这些内容都是铁路路基中的一部分,本单元将重点介绍铁路路基横断面基本形式、路基基本构造、路基施工、路基排水及防护加固工程。通过本单元的学习,学生能够了解常见的路基横断面形式、路基构造、路基施工工艺、路基排水及防护加固措施。

图　4-1

4.1　路基构造

4.1.1　路基横断面基本形式

铁路路基是指经开挖或填筑而形成的直接支承轨道和列车荷载的土工结构物,主要由松散的土(石)材料构成。它是铁路工程的重要组成部分,与桥梁、隧道相连,共同组成一个线路整体。路基横断面是垂直线路中心线而截得的断面。因地形条件的不同,有路堤、路堑、半路堤、半路堑、半堤半堑、不挖不填六种形式,如图4-2所示。

4.1.2　路基横断面基本构造

路基主要由路基本体、路基排水建筑物、路基防护与加固建筑物三大部分组成。

1)路基本体

路基本体是直接铺设轨道结构并承受列车荷载的部分。它是路基工程中的主体建筑物,其构成部分如图4-3所示。

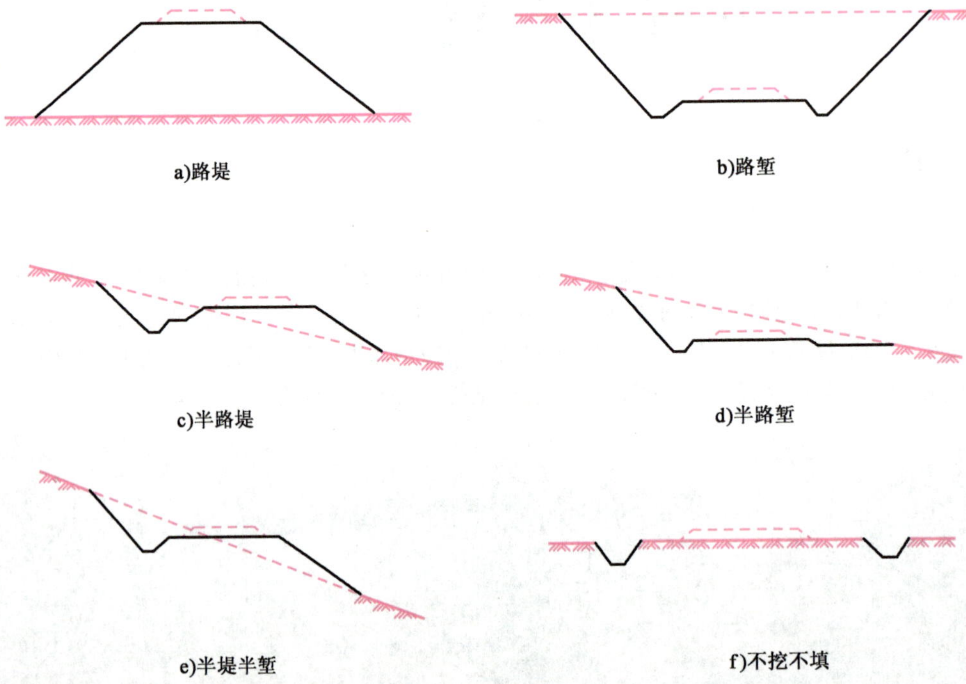

图4-2　路基基本横断面形式

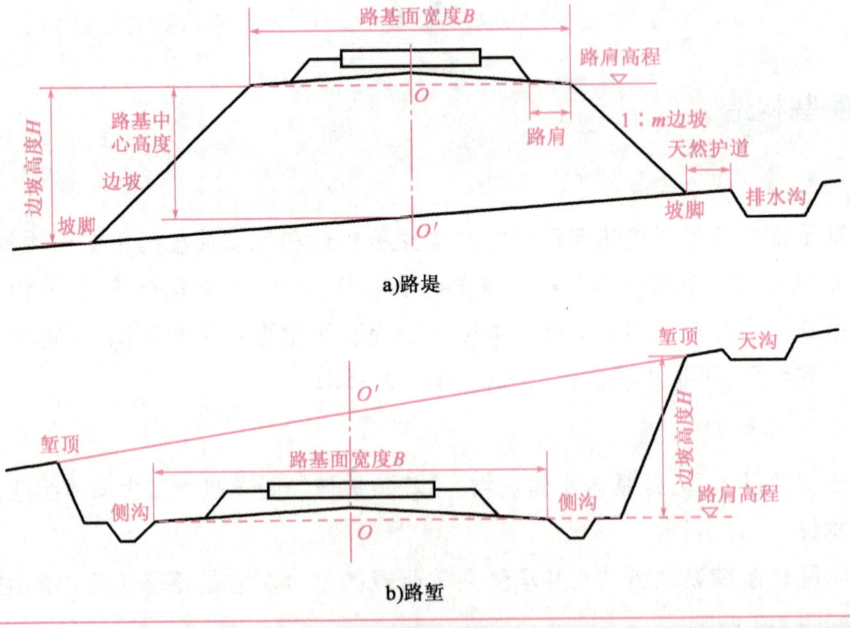

图4-3　路基本体示意图

(1)路基面

路基本体中能直接在其上面铺设轨道，并为确保线路正常运营而构筑的构造面，称为路基面，或称为路基顶面。在路堤中，路基面即为路堤堤身的顶面，也称路堤顶面；在路堑中，路基面即为堑体开挖后形成的构造面。

(2)路肩

铁路路基顶面中道床覆盖以外的部分，称为路肩。路肩的作用是保护路堤受力的堤心部分，防止道砟失落，保持路基面的横向排水，供养护维修人员作业行走、避车，放置养护机具，防洪抢险临时堆放砂石料，其上设各种标志、通信信号、电力给水设备等。

(3)边坡

在路堤的路肩边缘以下和路堑路基面两侧的侧沟外，因填挖而形成的斜坡面，称为路基边坡。边坡与路基顶面的交点称为顶肩。边坡与地面的交点，在路堤中称为坡脚，在路堑中称为路堑堑顶边缘。

(4)路基基床

路基面以下受到列车动荷载作用，以及受水文、气候四季变化影响的深度范围，称为路基基床。路基基床分为表层及底层。我国Ⅰ级铁路表层厚度为0.6m，底层厚度为1.9m，总厚度2.5m。Ⅱ级铁路表层厚度为0.5m，底层厚度为1.5m，总厚度为2.0m。

(5)路基基底

路基基底即为路基的基础。在路堤中，路基基底是指填土的天然地面以下受填土自重及轨道、列车动载影响的土体部分。在路堑中，路基基底是在地层内以开挖方式构成的路堑路基面下的天然地层。基底部分土体的稳固性对整个路基体以至轨道的稳定性都极为关键。

2)路基排水设备

路基排水是为确保路基本体的稳固性而采用的必要的、经济合理的附属工程。其排水设备分为地面排水设备和地下排水设备两种。

3)路基防护与加固

常用的防护设施是坡面防护和冲刷防护。常用的加固设施是挡土墙、抗滑桩、锚杆锚索等，其他附属设施还有取土坑、弃土堆、平台、护道等。

4.1.3 路基横断面形状和尺寸

1)路拱

为了排水的需要，路基面形状应设计为三角形路拱。路拱是坡度为4%的人字排水坡，在曲线加宽时，仍应保持路基面的三角形形状。

2)路基面的宽度

路基面的宽度等于道床覆盖的宽度加上两侧路肩的宽度之和，用B表示，如图4-3所示。

3)路基高程

线路中心线O处的设计高程，称为路基高程。在线路设计中，路基的设计高程常用路肩高程表示。

4)路基高度

路基高度是指路基中心线的地面高程与该处的路肩高程之间的竖直距离 OO'，也就是纵断面图上线路中心线所表示的填挖高度，对于路堑则称为路堑深度。

5)路基边坡高度

路基边坡高度是指坡顶与坡脚的高程差，如果左右两侧的边坡高度不等，则规定以大者代表该横断面的边坡高度用 H 表示，如图 4-3 所示。

6)边坡坡度

边坡坡度是以边坡断面上任取上下两点间的高差与水平距离之比来表示，边坡斜率是坡度的倒数，以 m 表示。在路基工程中，以 $1:m$ 方式表示坡度。边坡的坡形常修筑成单坡形、折线形和阶梯形。

4.1.4 铁路路基标准图式

在设计路基时，为了减少或避免做许多重复性的设计、计算工作，将各种在设计中常遇到的设计要求和设计条件相同或相似的路基，设计成可以共用的设计图式加以认定，便成为可直接引用的标准图式。

路基标准图式有两种：一是在一般情况下，路基可以按照《铁路路基设计规范》(TB 10001—2005)进行设计而形成的图式，这种图式有很强的通用性；二是就某些特定的条件或特定的要求而制订的图式，在一定范围内有通用性。

4.2 路基施工

4.2.1 路基施工质量要求

路基必须具有足够的稳定性、坚固性与耐久性，即在其本身静力作用下地基不应发生过大沉陷，在车辆动力作用下不应发生过大的弹性或塑性变形，路基边坡应能长期稳定而不坍塌，同时还要经受各种自然因素的破坏。图 4-4 为因雨水冲刷而垮塌的为阿里山铁路路基。

4.2.2 路基施工常用土方机械的种类及组合方法

图4-4 因雨水冲刷而垮塌的阿里山铁路路基

1)常用土方机械的种类

土方路基的施工机械如图 4-5a)、b)所示。

2)常用土方机械的组合方法

(1)取土场取土的机械组合方法

包括挖掘机挖、装，运输车运；挖掘机集土，装载机装，运输车运；推土机集土，装载机装，运输车运等。

(2)取土坑取土的机械组合方法

①路旁取土坑取土的方法：推土机推运；铲运机铲运；挖

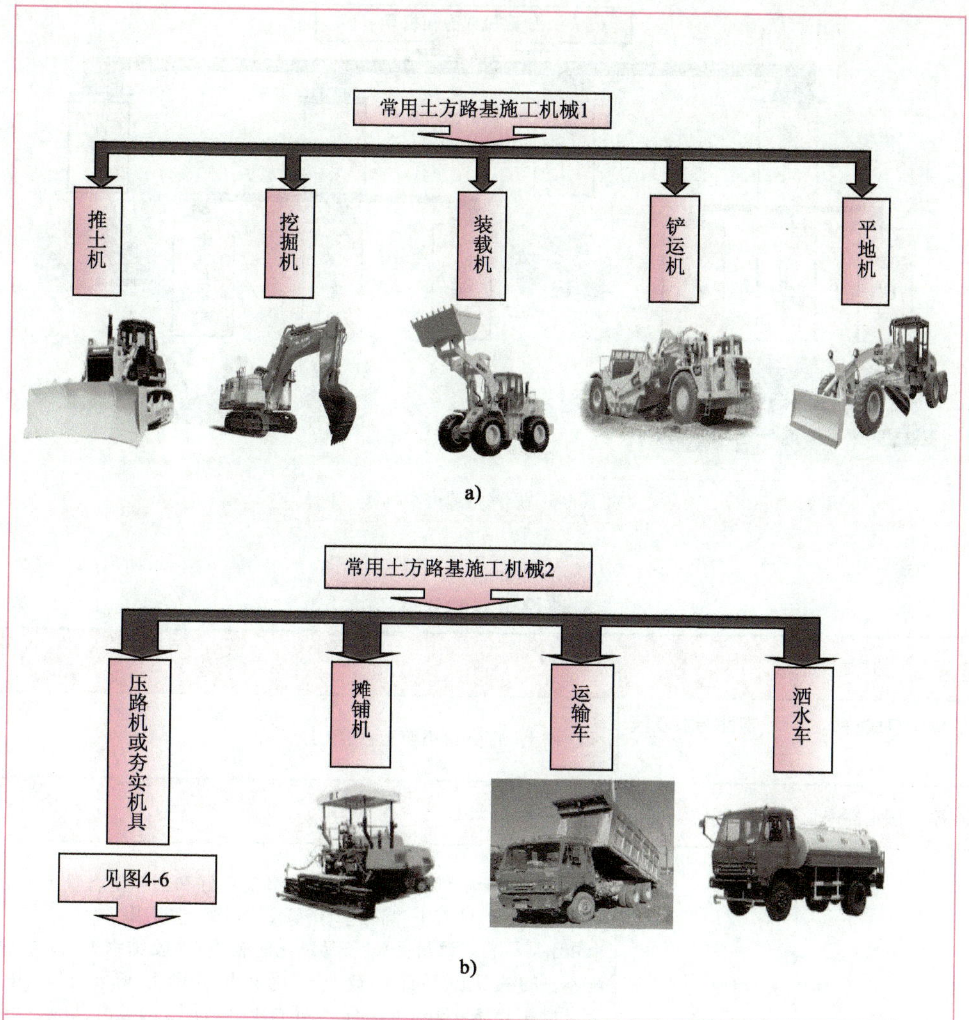

图4-5 土方路基的施工机械

掘机挖运等。

②较远地方取土的方法：推土机推送；铲运机铲运；挖掘机挖、装，小型运输车运；推土机集土、装载机装、小型运输车运等。

(3)土质路堑开挖的机械组合方法，同上述(1)、(2)

(4)碾压机械的组合方法

包括推土机摊平填土，平地机找平，压路机碾压；推土机摊平填土，推土机找平，压路机碾压；摊铺机摊铺、压路机碾压等。

4.2.3 路基填料分类

路堤填料的分类见表4-1。

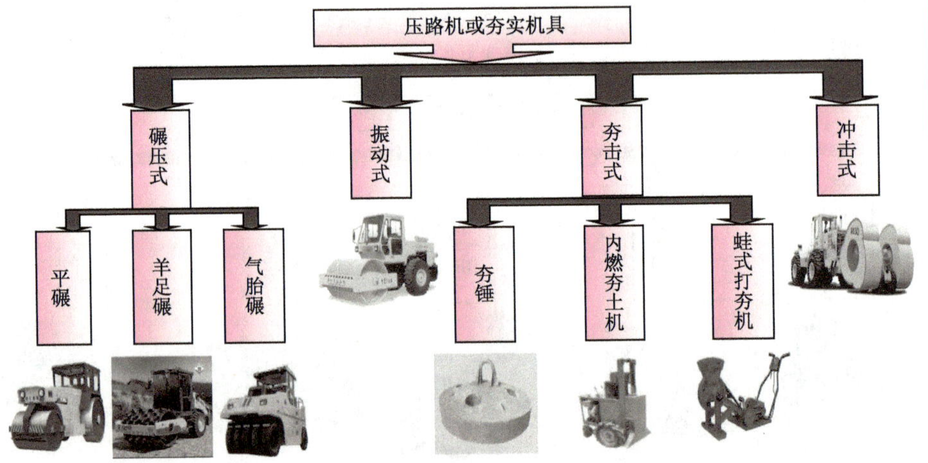

图4-6 压路机或夯实机具

路堤填料的分类 表4-1

分类依据	种类
土石的颗粒组成、颗粒形状、塑性指数及液限等	巨粒土(岩块)、粗粒土、细粒土
土质类型和渗水性	渗水土、非渗水土
填料的性质及使用性	A组——优质填料,包括硬石块,级配良好和细粒土含量小于15%的漂石土、卵石土、碎石土、圆砾土、角砾土、砾砂、粗砂、中砂; B组——良好填料,包括不易风化的软块石(胶结物为硅质或钙质),级配不良的漂石土、卵石土、碎石土、网砾土、角砾土、砾砂、粗砂、中砂,细粒土含量在15%~30%的漂石土、卵石土、碎石土、圆砾土、角砾土和细砂、黏砂、砂粉土、砂黏土; C组——一般填料,包括易风化的软块石(胶结物为泥质),细粒土含量在30%以上的漂石土、卵石土、碎石土、圆砾土、角砾土和细砂、粉砂、砂粉土、砂黏土; D组——不宜使用的差质填料,包括强风化的软块石,黏粉土和黏土; E组——严禁使用的劣质填料,包括有机土

4.2.4 路基施工主要内容

(1)不良地质地基处理。

(2)路堤本体填筑。

(3)基床底层施工。

(4)基床表层施工。

(5)路堑(土质路堑、石质路堑)开挖。

(6)过渡段(路桥过渡段、路隧过渡段、涵洞过渡段)施工。

(7)路基防护加固施工。

(8)路基排水系统施工。

(9)站后附属工程接口。

(10)取、弃土场清理、防护、植被恢复。

(11)相应的改河、改路工程。

4.2.5　施工准备

施工准备的内容包括测量放线、征地拆迁、工程调查、土质调查鉴定、现场核对和图纸审核、技术储备、编制施工组织、修建临时设施、各种材料的选择和鉴定、各种机械设备进场、设置临时排水系统、安全技术培训、试验段填筑压实工艺性试验、开工报告、建立技术档案等。

4.2.6　基床以下路堤填筑施工

1)地基处理

天然地基基本承载力:Ⅰ级铁路不小于0.18MPa,Ⅱ级铁路不小于0.15 MPa。天然地基基本承载力符合要求时,只需做好临时排水设施,清表处理,否则应进行换填、改良或加固处理。地基处理的类型及内容见表4-2。

地基处理的类型及内容　　表4-2

类　型	内　容	
稳定斜坡上地基表层的处理	清除草皮	地面坡率缓于1:10时,路堤可直接填筑在天然地面上,路堤高度小于基床厚度的地段,应清除地表草皮
		原地面坡率位于1:10~1:5地段,应清除地表草皮
	挖台阶	原地面坡率位于1:5~1:2.5地段,应将原地面进行挖台阶处理,台阶宽度不小于2m。当基岩面上的覆盖层较薄时,宜先清除覆盖层再挖台阶;当覆盖层较厚且稳定时,可予保留,即在原地面挖台阶后填筑路堤,如图4-7所示
		地面横坡陡于1:2.5地段的陡坡路堤,必须检算路堤整体沿基底及基底下软弱层滑动的稳定性,抗滑稳定安全系数不得小于1.25。当符合要求时,应在原地面设计台阶,否则应采取防渗、加固措施。陡坡路堤靠山侧应设排水设施
地下水影响路堤稳定性时地基处理	将水排至基底范围以外或在路堤底部填筑渗水填料;水田地段应排水疏干后挖除地表30cm厚种植土;报废的水塘应排水疏干,保留的水塘采用围堰内抽水;挖除表层50cm厚的淤泥,用土回填至原地面,回填土分层压实	
洞穴的一般处理方法	墓穴、地窖、枯井等人为洞穴,应先清除覆盖层和洞内淤积物,采用水泥土或是灰土回填夯实;石质洞穴则用片石混凝土或钢筋混凝土回填,并视具体情况压浆处理	

续上表

类　型	内　容
地基表层为松软土层、腐殖土、松散土层时的地基处理	地基表层为松软土层、腐殖土时，应清除
	地基表层为良好松散土层，其天然密度小于《铁路路基设计规范》(TB 10001—2005)的规定时，若松土厚度不大于0.3 m，应将原地表碾压密实；若松土厚度大于0.3m，应将松土翻挖，分层回填压实或采取其他加固措施
地基表层为软弱土层时，天然地基基本承载力不符合要求时的地基处理	根据软弱土层的性质、厚度、含水率、地表积水深度等，采取排水疏干、挖除换填、抛填片石或砂砾石 、重锤夯实、排水固结、挤密法和化学加固法等地基加固措施

注：软土或其他类型厚层松软地基上的路基须进行路基稳定性、沉降检算，当稳定安全系数、工后沉降不满足规定时，要进行地基处理。

目前，新建的一些客运专线采用强夯、CFG桩、灰土挤密桩、桩网、桩板等地基加固措施。其中，CFG桩如图4-8所示。

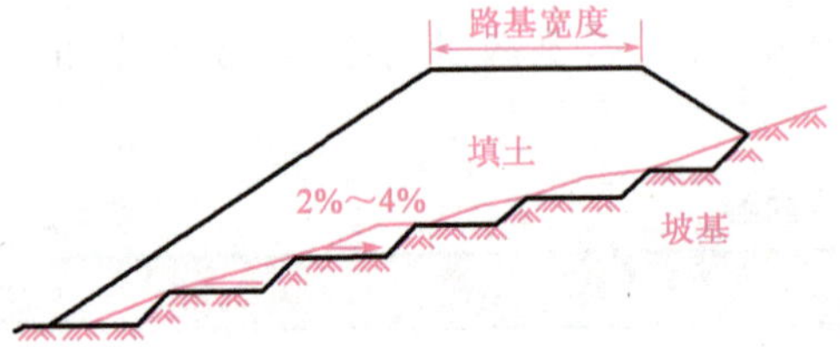

图4-7　斜坡挖台阶地基

图4-8　CFG桩

2)填料选择

路堤基床以下部位填料宜选用A组、B组、C组填料。当选用D组填料时，应采取加固或改良措施；严禁采用E组填料。填料的最大粒径不大于300 mm或摊铺厚度的2/3。路堤浸水部位的填料，宜选用渗水土填料。当采用细砂、粉砂作填料时，应采取防止振动液化的措施。

3)基床以下土质路堤施工

(1)施工工艺

路堤基床以下部位填筑前，应根据所选机械和填料种类进行现场填筑压实工艺性试验。试验段长度不小于100m。

基底以下路堤填筑施工按照"三阶段、四区段、八流程"施工工艺进行，如图4-9所示。

(2)施工要点

①测量放样。根据设计资料复测导线、加密导线点，保证道路施工全过程中相邻导线点能互相通视 。导线复测完成后，及时恢复路线中桩，拉出边桩，现场用白灰撒出路基坡脚线、边

沟等具体位置。

②分层填筑。

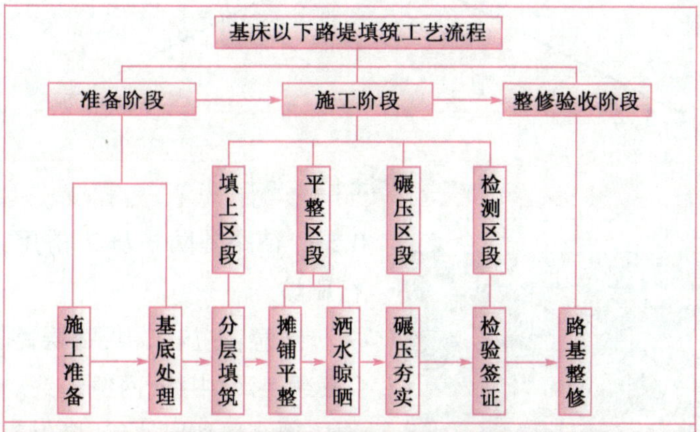

图4-9 基床以下路堤填筑工艺流程

a. 确定分层填筑方案 要保障路堤的填筑质量，应严格按照横断面全宽度、逐层铺填并夯实路基，先水平填筑低处，再填筑高处，如图4-10所示。

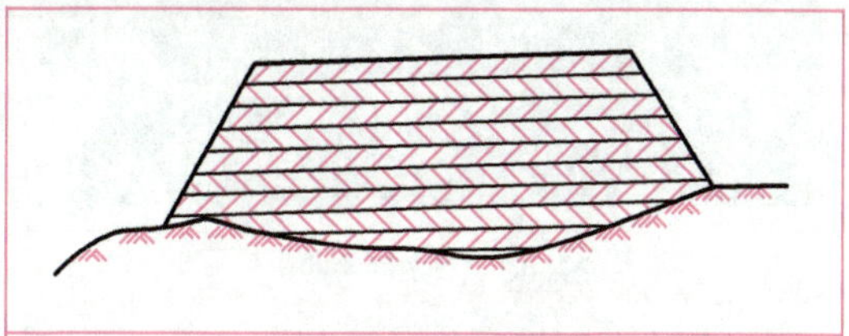
图4-10 分层填筑

b. 确定填料填筑原则 填料必须符合设计要求，同一作业区用不同填料填筑时，各种填料要分层填筑，每一层的全宽应采用同一种填料，不得混填。

不同种类的填料分层填筑时，当渗水土填在非渗水土上时，则非渗水土层顶面应向两侧做成不小于4%的排水坡，如图4-11所示。反之，非渗水土填在渗水土上时，则渗水土层面应做成平面或者凸形，如图4-12所示。如果两类填料的颗粒大小相差悬殊，则应在两类填土交界处铺设垫层，以防止上层细粒土落入下层内。

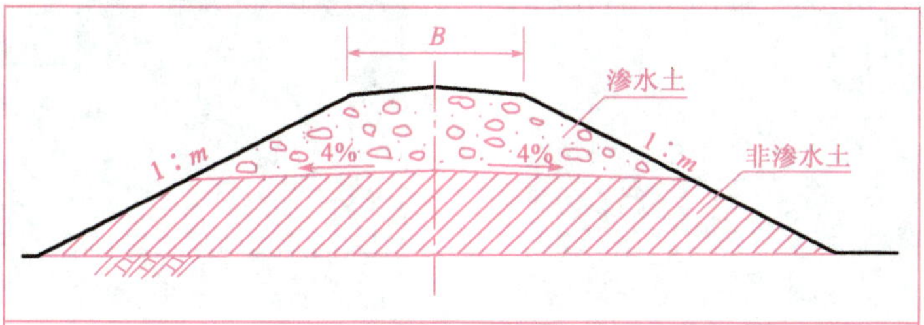

图4-11 渗水土填在非渗水土上

c. 分层厚度的控制 分层填筑厚度由规范或试验段工艺试验决定，填料摊铺前先插杆挂线，在标杆上标出刻度以便量测松铺厚度和压实厚度。石灰网格线如图4-13所示，每一网格卸一车土，以控制摊铺厚度，每层填筑按松铺厚度一次到位。

d. 分层宽度的控制 为确保边坡压实与路堤全断面一致，边坡侧要每层各超填0.3～

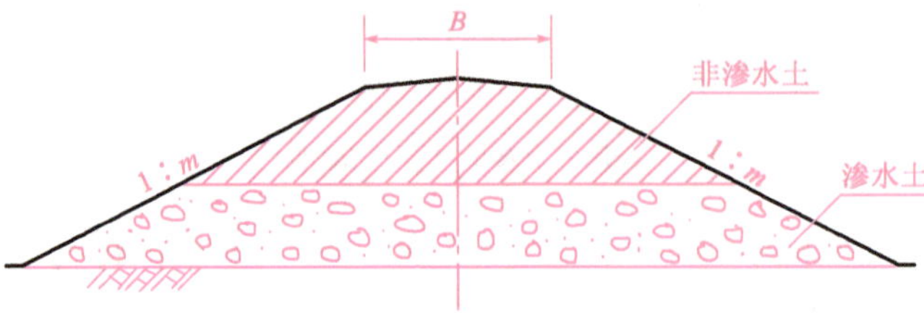

图4-12　非渗水土填在渗水土上

图4-13　石灰网格线

0.5m，待路基防护施工前用人工配合挖掘机进行刷坡。

注意：在施工中，每层路基填筑应始终坚持"三线"，即中线、两侧边线。每层路基填筑压实完毕均测量放出边线，撒上石灰，且用石灰划网格，以控制上层填土，确保路基侧面边坡的坡率。此外，在"三线"上直线地段，每隔20m插一小红旗，明确中线、边线的控制点。

③摊铺平整。填筑段在卸土的同时，使用推土机进行初平，再用平地机进行平整，如图4-14、图4-15所示。填层面目视平顺，做成由路基中心向两侧的4%的横坡。对粗粒土和软块石应防止产生颗粒的分解沉积和离析，平地机行驶路线从两侧纵向行驶，逐步向路基中心刮平，同时用人工配合填平凹坑，以保证压实质量。

图4-14　推土机粗平

图4-15　平地机精平

④洒水或晾晒。路堤填筑时，随时检测填料含水率。当含水率较低时，加水闷料，当含水率超过规定值时，在路堤填料上用铧犁、旋耕犁翻晒，并适当减小填层松铺厚度，降低填料的含水率，使填料含水率始终控制在最佳含水率，以保证最佳压实效果。如图4-16所示为洒水车洒水。

⑤碾压密实。

a. 压实方法 填土的压实方法有碾压法、夯实法和振动法三种。碾压法的碾压机械有平碾、羊足碾和气胎碾等几种。平碾又称光面碾压路机,适于黏性土。羊足碾适用于对黏性土的压实。夯实法是利用夯锤自由下落的冲击力来夯实土壤,适用在工程量小或作业面受限的地段。振动法对于非黏性土效果较好,还适用于对爆破石渣、碎土或轻亚黏土的压实。

b. 分层碾压 路基土用压路机分层碾压,见图 4-17。压实厚度、碾压遍数、碾压速度、压路机组合应采取由规范或试验获取的合理数据,沿线路方向分层碾压。例如,新建铁路武汉至广州客运专线V标段,根据试验段总结的工艺采取的压路机碾压遍数组合方式为:静压一遍 + 弱振一遍 + 强振三遍 + 静压收面,以达到路基本体压实度要求。

图4-16 洒水车洒水

图4-17 压路机分层碾压

c. 压实原则 压实原则是指"先轻后重、先慢后快、先边后中、曲线地段先内侧后外侧"的原则。另外,在碾压过程中,应始终保持压路机行驶方向的直线性。到达碾压地段的尽头时,应迅速而平稳地换向,并使左右相邻两压实带有 1/3 的重叠,以保证碾压质量。此外,含水率严格控制在施工允许的最佳含水率范围内。

⑥检测签证。路基填土压实的质量检验随分层填筑碾压施工分层检测。在填料质量、填筑厚度、填层面拱度、平整均匀度等符合规定标准的基础上,采用灌砂法、环刀法、核子密度湿度仪和 K30 荷载板等按规定频率进行压实系数 K_h 和地基系数 K_{30}、相对密度、孔隙率的测定,达到规范及设计标准后方可进行下一层的填筑,如图 4-18 ~ 图 4-21 所示。

⑦路基整修。路基整修包括路基高度、宽度、横坡、平整度、边坡等整修内容。路堤按设计标高填筑完成后,进行修整和测量。恢复中线,每 20m 设一桩,进行水平高程测量,计算修整高度,施放路肩边桩,修筑路拱,并用平碾压路机碾压一遍,使路基面光洁无浮土,横向排水坡符合要求。对于细粒土边坡,依据路肩边线桩,用人工按设计坡率挂线刷去超填部分,进行整修拍实。整修后的边坡达到转折处棱线明显、直线处平直、曲线圆顺,并做到坡面平顺没有凹凸,压实度合格。

图4-18　灌砂法现场试验

图4-19　核子密度湿度仪现场试验

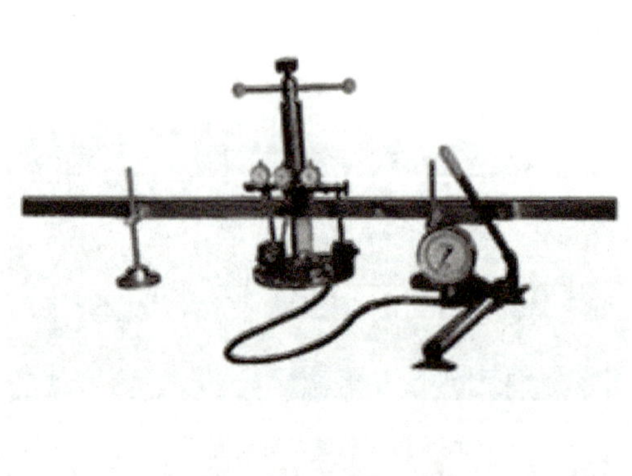

图4-20　K30荷载板

图4-21　K30荷载板现场试验

(3)施工质量控制

施工中应检查核对填料试验与实际使用情况,当实际使用的填料发生变化时,应另取样做土工试验鉴定。在每一层的填筑过程中,应确认填料质量、含水率、铺土厚度、填料表面平整度符合设计和有关规定后再进行碾压。其压实标准见表4-3。

路堤基床以下部分填料的压实标准　　表4-3

填筑部位	填料类别 / 铁路等级 / 压实标准	细粒土、粉砂、改良土		砂类土(粉砂除外)		砾石类		碎石类		块石类	
		Ⅰ级	Ⅱ级	Ⅰ级	Ⅱ级	Ⅰ级	Ⅱ级	Ⅰ级	Ⅱ级	Ⅰ级	Ⅱ级
不浸水部分	压实系数 K	0.9	0.9	—	—	—	—	—	—	—	—
	地基系数 K_{30} (MPa/m)	80	80	80	80	110	110	120	120	130	130
	相对密度 D_r	—	—	0.7	0.7	—	—	—	—	—	—
	孔隙率 n(%)	—	—	—	—	32	32	32	32	—	—

续上表

填筑部位	压实标准 \ 铁路等级 \ 填料类别	细粒土、粉砂、改良土		砂类土（粉砂除外）		砾石类		碎石类		块石类	
		Ⅰ级	Ⅱ级	Ⅰ级	Ⅱ级	Ⅰ级	Ⅱ级	Ⅰ级	Ⅱ级	Ⅰ级	Ⅱ级
浸水部分及桥涵两端	压实系数 K	—	—	—	—	—	—	—	—	—	—
	地基系数 K_{30}（MPa/m）	—	—	（80）	（80）	（110）	（110）	（120）	（120）	（130）	（130）
	相对密度 D_r	—	—	—	（0.7）	—	—	—	—	—	—
	孔隙率 n(%)	—	—	—	—	（32）	（32）	（32）	（32）	—	—

注：1. 括号内为砂类土（粉砂除外）、砾石类、碎石类、块石类中渗水土填料的压实标准。

2. 路堤与桥台、路堤与涵洞、路堤与硬质岩石路堑连接处过渡段填料的压实标准应满足《铁路路基设计规范》（TB 10001—2005）第7.5.3条的规定。

4）基床以下填石路堤施工

（1）施工工艺

填石材料要符合规范要求，使用前要做土工试验。路堤填筑前要进行现场填筑压实工艺性试验。基床以下填石路堤填筑按"三阶段、四区段、八流程"施工。其中，三阶段：准备阶段→施工阶段→竣工验收阶段；四区段：填筑区、平整区、碾压区、检测区；八流程分为：施工准备→基底处理→边坡码砌→分层填筑→摊铺整平→碾压夯实→检查签证→边坡整修。以此分层重复填筑至路堤成型。

（2）施工要点

①边坡码砌。选用较大和整齐的石块随填方分层向上码砌，以保证靠近边坡的填料碾压密实。边坡码砌方法有台阶式和栽砌式两种，如图4-22所示。边坡码砌尺寸要求：码砌边坡的路基每侧加宽0.2m，码砌后的边坡坡率应符合设计要求，坡面为大致平整或有规则的台阶。码砌厚度为2m，自下而上逐渐减薄为1m。

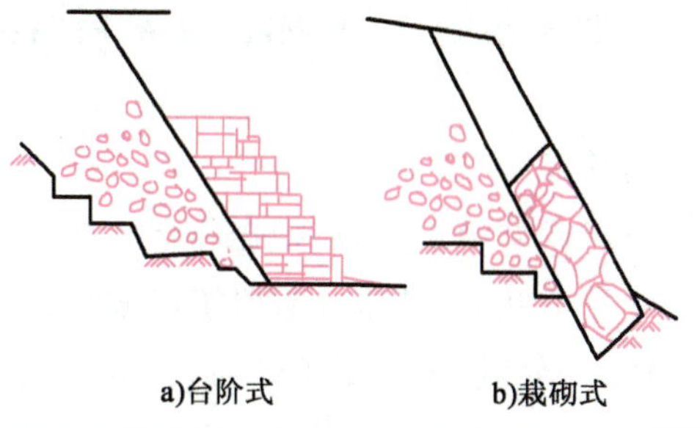

图4-22 边坡码砌的两种方法

②分层填筑或特殊情况下填筑。一般情况下，对风化石块和不易风化的石块填筑路堤时，均应采用按横断面全宽、纵向分层填筑压实，分层厚度一般为0.5m左右。填筑时，每填筑一层石块后，再用碎石砟铺垫其上，将缝隙填塞紧密，在填筑到离路堤顶面距离为30cm的范围内，应使用小于15cm的碎石填筑，其断面与填土路堤相同。每层填料应用不同粒径的石块混合填筑，石块最大粒径不得大于层厚的2/3，较大的石块须破碎后方可填入。填筑时，安排好运行路线，专人指挥卸砟，水平分层填筑，先低后高，先两侧后中央。

在陡坡地段,施工困难或爆破石方量大时,对不易风化石块填筑的路堤,除了对在路基面以下 1.2 m 以内和路基底部(路堤 $H/3$ 以下部分,一般采用 3 ~5 m)两部分进行分层铺平外,填石路堤中间部分可以先码砌两侧边坡,然后在两侧码砌边坡之间,用倾填的办法进行填筑。填腹工作紧随着边坡的码砌进行,随码随填,如图 4-23 所示。

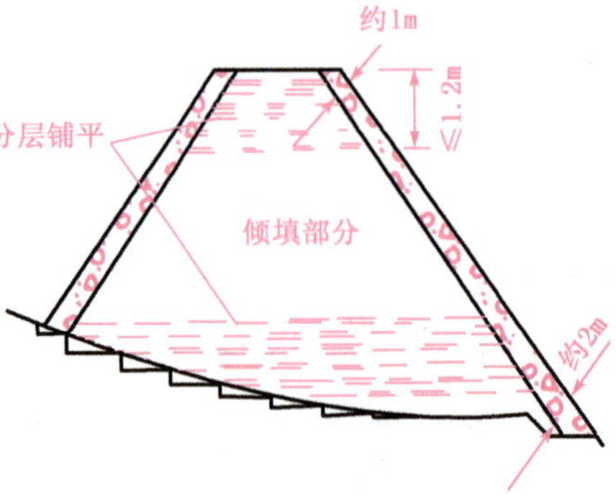

图4-23 不易风化石块填筑的路堤

③摊铺平整。对分层填筑段,填料卸下后,先用大型推土机摊铺,使之大致平整,岩块之间无明显的高差,大石块要解体,然后配合人工找平,在每层的表面填筑厚 10cm 左右的砾石或粒径不大于 10cm 的碎石,达到层面基本平整,无孤石突出,以保证碾压密实。

④振动碾压。碾压时必须采用振动压路机碾压。每层碾压后,在 2.0m × 1.0m 范围内,层面高差不得超过 0.1m。其余施工要点大致与土质路堤相同。

4.2.7 路堤基床底层填筑

1)填料选择

①Ⅰ级铁路应选用 A、B 组填料,否则应采取土质改良或加固措施。

②Ⅱ级铁路可选用 A、B、C 组填料。当采用 C 组填料时,在年平均降水量大于 500 mm 地区,其塑性指数不得大于 12,液限不得大于 32%,否则应采取土质改良或加固措施。

③填料的最大粒径不应大于 200 mm 或摊铺厚度的 2/3。

④高度小于基床厚度的低路堤,基床底层厚度范围内天然地基的静力触探比贯入阻力 P_0 值:Ⅰ级铁路不得小于 1.5 MPa,Ⅱ级铁路不得小于 1.2 MPa;天然地基基本承载力:Ⅰ级铁路不小于 0.18 MPa,Ⅱ级铁路不小于 0.15 MPa,否则应进行换填、改良或加固处理。

2)施工工艺

基床底层填筑前,应根据所选机械和填料种类进行现场填筑压实工艺性试验。试验段长度不小于 100m。基床底层填筑仍按"三阶段、四区段、八流程" 组织施工,施工工艺流程图同基床以下路堤填筑施工工艺图,见图 4-9。每个区段的长度应根据机械的能力、数量而定,一般在 200m 以上或以结构物为界。各区段和流程内严禁交叉作业。

3)施工要点

①施工要点基本同基床以下部分路堤施工。

②分层厚度应根据压实机具的能力、填料种类、压实密度等通过现场工艺试验确定。采用碎石类土填筑时,分层最大压实厚度不应大于 35cm;采用砂砾类土、改良后的细粒土填筑时,分层最大厚度不应大于 30cm。分层填筑的最小厚度不宜小于 10cm。

4）施工质量控制

施工中，使用填料变化时，应取样进行土工试验以鉴定填料。在每一层的填筑过程中，应确认填料质量、含水率、铺土厚度、填料表面平整度符合设计和有关规定后再进行碾压。已完成基层表层后，严格控制车辆通行。基床底层压实标准见表4-4。

基床底层压实标准 表4-4

填筑部位	填料类别 / 铁路等级 / 压实标准	细粒土、粉砂、改良土		砂类土（粉砂除外）		砾石类		碎石类		块石类	
		Ⅰ级	Ⅱ级	Ⅰ级	Ⅱ级	Ⅰ级	Ⅱ级	Ⅰ级	Ⅱ级	Ⅰ级	Ⅱ级
基床底层	压实系数 K	(0.93)	0.91	—	—	—	—	—	—	—	—
	地基系数 K_{30}（MPa/m）	(100)	90	100	100	120	120	130	130	150	150
	相对密度 D_r	—	—	0.75	0.75	—	—	—	—	—	—
	孔隙率 n(%)	—	—	—	—	31	31	31	31	—	—

注：细粒土、粉砂、改良土一栏中，有括号的仅为改良土的压实标准，无括号的为细粒土、粉砂、改良土的压实标准。

4.2.8 路堤基床表层填筑

1）路堤基床表层填料选择

①Ⅰ级铁路应选用A组填料（砂类土除外），当缺乏A组填料时，在经济比选后可采用级配碎石或级配砂砾石。

②Ⅱ级铁路应优先选用A组填料，其次为B组填料。对不符合要求的填料，应采取土质改良或加固措施。

③填料的颗粒粒径不得大于150 mm。

④基床表层与上部道床碎石及下部基床底层之间颗粒均应满足较粗填料的D_{15}粒径与较细填料的d_{85}粒径之间符合$D_{15}<4d_{85}$（两层渗水土之间）或$D_{15}\leqslant 0.5$mm（渗水土与非渗水土之间）的要求。否则，基床表层应采用颗粒级配不同的双层结构，或在两层之间铺设起隔离作用的土工合成材料。当路堤填料为化学改良土时，可不受此限制。

⑤高度小于基床厚度的低路堤，基床表层厚度范围内天然地基的土质及其密度应符合基床表层填料的规定。

2）施工工艺

填筑前，应根据所选机械和填料种类进行现场填筑压实工艺性试验。试验段长度不小于100m。路堤基床表层填料选择A、B组填料或改良土时，施工工艺同基床底层施工。路堤基床表层填料选择级配碎石或级配砂砾石时，施工可按验收基床底层、搅拌运输、摊铺碾压、检测修整“四区段”和运输、拌和、摊铺、碾压、检测试验、修整养护“六流程”的厂拌法施工工艺组织施工。摊铺碾压的长度应根据机械的能力和数量确定，各区段内严禁交叉作业。基床表层厂拌法施工工艺流程图如图 4-24 所示。

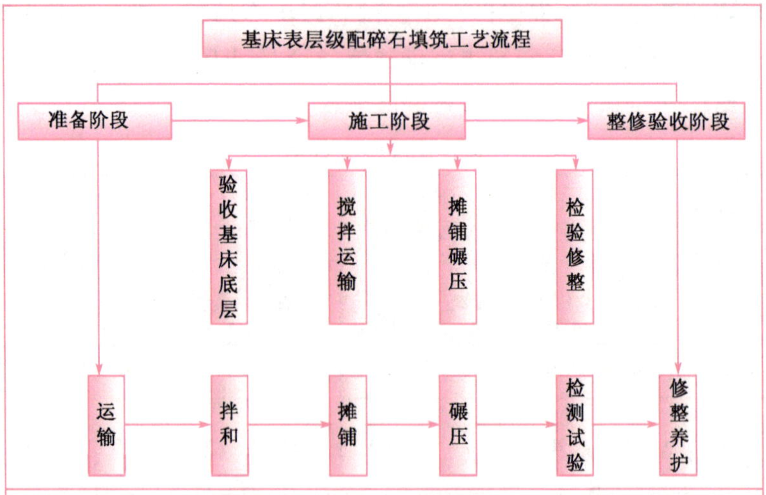

图4-24　基床表层厂拌法施工工艺流程

3）施工要点

分层填筑最大厚度不得大于 30cm，最小厚度不小于 15cm。每层摊铺厚度按工艺试验确定，参数严格控制。材料用摊铺机或平地机摊铺，平地机摊铺时用石灰画方格网控制填料量，并人工及时消除粗细集料离析的现象。碾压时，确保最佳含水率，并采用“先静压、后弱振、再强振”的方式，最后静压收光。横向接缝处，填料应翻挖并与新铺填料混合均匀后再碾压。纵向应避免接缝。已完成基层表层后，严格控制车辆通行。路基基床表层施工如图4-25所示。

4）施工质量控制

施工过程中，应随时在拌和场和施工现场取具有代表性的样品进行试验，严格分层填筑。基床表层压实标准见表 4-5、表 4-6。

4.2.9　路堤预留沉降量及观测

图4-25　路基基床表层施工

预留沉降量又称沉落量，填筑路堤时应根据路堤高度、填料种类、压实条件、地基情况，施工季节及延续时间等因素，估计填筑后路堤和地基的总沉降，预先加筑沉降量，并考虑与桥台及两端线路纵坡顺接，适当调整预留量，待路堤竣工铺轨时，再根据路面沉降观测推算的剩余沉降量修正预留量。路堤预留沉降量设置如图 4-26 所示（保持设计坡脚不变，使施工边坡略陡于设计边坡，路基面不小于设计宽度）。

基床表层压实标准　　表4-5

填筑部位	压实标准（填料类别 / 铁路等级）	细粒土、粉砂、改良土		砂类土（粉砂除外）		砾石类		碎石类		块石类	
		Ⅰ级	Ⅱ级	Ⅰ级	Ⅱ级	Ⅰ级	Ⅱ级	Ⅰ级	Ⅱ级	Ⅰ级	Ⅱ级
基床底层	压实系数 K	—	0.93	—	—	—	—	—	—	—	—
	地基系数 K_{30}（MPa/m）	—	100	—	110	150	140	150	140	—	—
	相对密度 D_r	—	—	—	0.8	—	—	—	—	—	—
	孔隙率 n(%)	—	—	—	—	28	29	28	29	—	—

级配碎石或级配砂砾石的基床表层厚度及压实标准　　表4-6

填　料	厚度(m)	地基系数（MPa/m）	孔 隙 率(%)	适 用 条 件
级配碎石或级配砂砾石	0.6	≥150	<28	路堤
级配碎石或级配砂砾石	0.5	≥150	<28	软质岩、强风化硬质岩及土质路堑
中粗砂	0.1	≥130	<18	

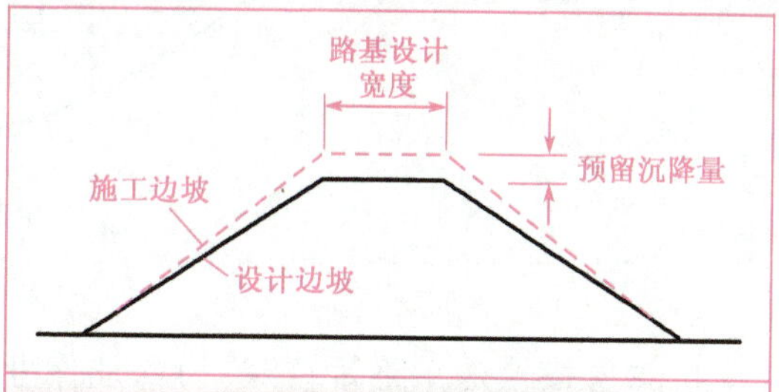

图4-26　路堤预留沉降量

在当前沿用的常规施工的技术条件下，仍然必须保证土质路堤的预留沉降量。预留沉降量的取值可参见规范，填石路堤的沉降量，只在施工中保持了分层填筑、填塞空隙，数值较小。由于影响预留沉降量的因素很复杂，不宜机械地规定，因此，应在施工期间选定代表性断面进行沉降观测，观测点宜分别埋设在路堤基床以下部分堤高的1/3处、2/3处和基床底面。根据观测结果，可适当调整预留沉降量。如果填筑至基床底面时，观测点的时间—填筑高度—沉降量曲线表明沉降已趋于稳定，预留沉降加高量可减少或只按基床高度加高。

交付铺轨时，预留沉降加高的路基面应与邻接的填挖交界或桥台，以及预留沉降量较小的地段保持平顺连接。为达到平顺连接目的，必要时，预留沉降高度应作适当调整。预留沉降加高的路基面的抬高，应向邻接的填挖交界或桥台，以及预留沉降量较小的地段顺坡递减，递减的纵坡不宜大于线路的最大限制坡度，困难条件下不得超过最大限制坡度加2‰。

在不适宜预留沉降高度的地段，如站场等，应考虑加强压实以提高填筑层密度，或采取预压加速沉降等措施。

4.2.10　路堑施工

1）土质路堑

（1）土质路堑开挖方法

土质路堑开挖方法有横挖法、纵挖法、混合开挖法。

①横挖法

横挖法是从路堑的一端或两端按路堑横断面全高和全宽，逐渐地向前开挖路堑的方式。它分为单层横挖法和多层横挖法，因工作面小，仅适用于短而浅路堑。

a. 单层横挖法　路堑深度不大，一次挖到设计高程的开挖方法，如图4-27a）所示。

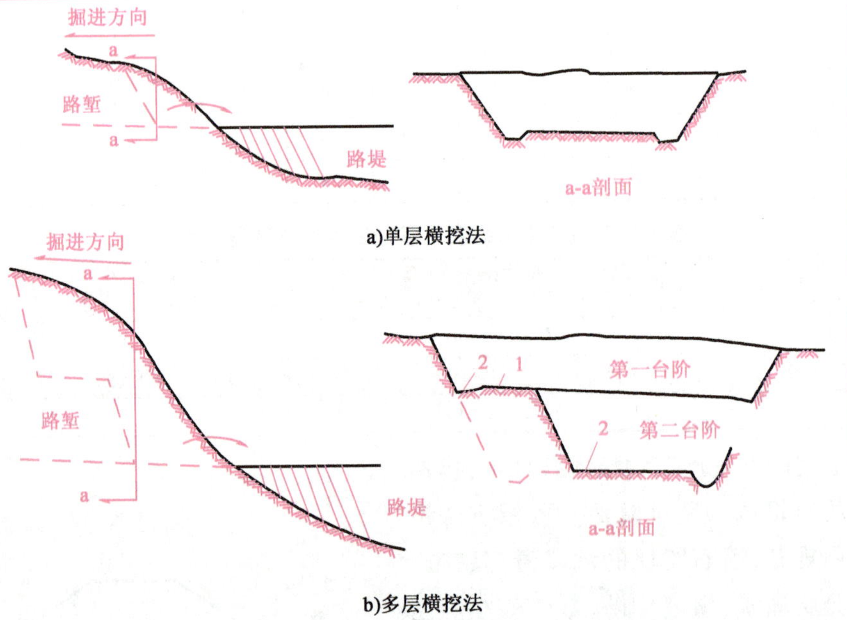

图4-27　路堑横挖法

b. 多层横挖法　路堑较深，为增加作业面而在不同高度上分成几个台阶同时开挖的方法。这种开挖法，每一开挖层都有单独的运土通道和排水设施，可容纳更多的施工机械，形成多向出土以加快工程进度，如图4-27b）所示。

②纵挖法

可分为分层纵挖法、通道纵挖法、分段纵挖法。

a. 分层纵挖法　沿路堑全宽以深度不大的纵向分层挖掘前进的路堑开挖方式。这种施工方法适宜于宽度和深度均不大的长路堑，如图4-28a）所示。

b. 通道纵挖法　先沿路堑纵向分层，每层先纵向挖掘一条通道，然后将通道向两侧拓宽，上层通道拓宽至设计边坡后，再开挖下层通道，按此方法直至开挖到挖方路基顶面高程，称为通道纵挖法。这种施工方法适用于较长、较宽、较深而两端地面坡度较小的情况，如图4-28b）所示。

c. 分段纵挖法　沿路堑纵向选择一个或几个适宜处，将较薄一侧路堑横向挖穿，将路堑在纵向按桩号分成几段，各段再拉槽纵向开挖的方式，称为分段纵挖法。这种挖法适用于路堑过长、弃土运距过远的傍山路堑或一侧路堑壁不厚的路堑开挖，如图4-29c）所示。

③混合开挖法

这是一种将横挖法与纵挖法混合使用的路堑开挖方法。

(2)路堑开挖施工工艺流程(见图4-29)

(3)施工要点

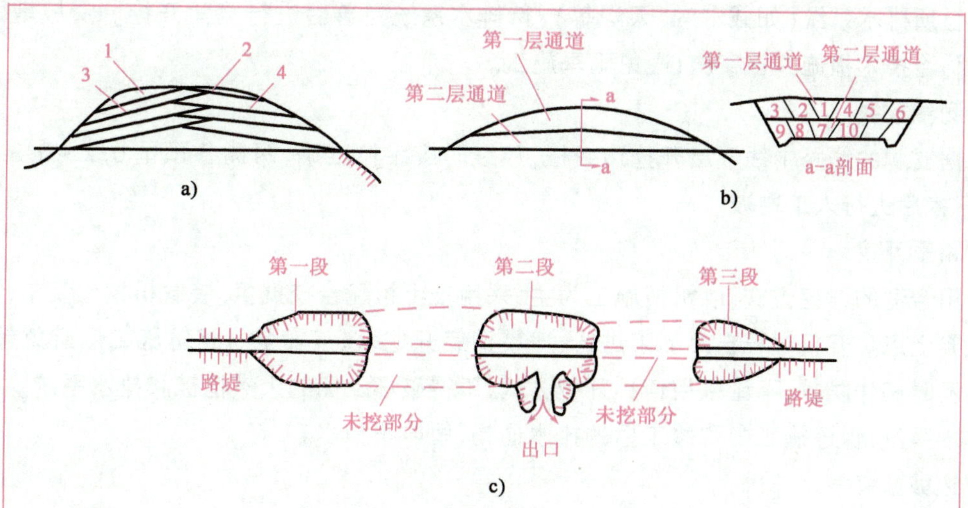

图4-28 路堑纵挖法

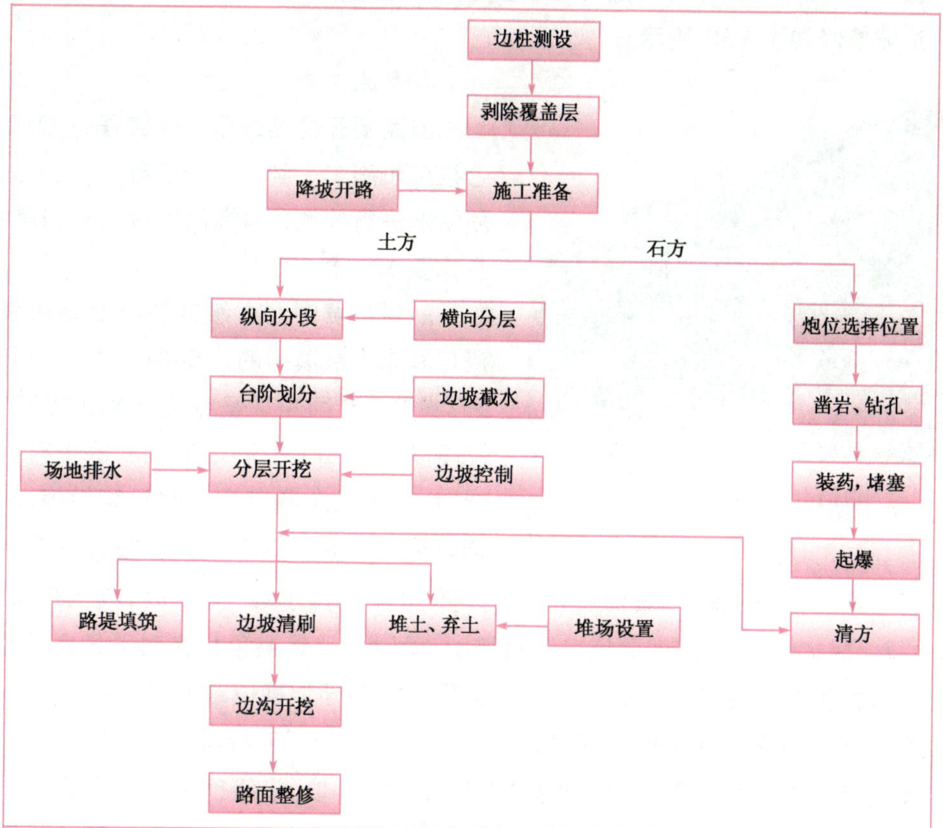

图4-29 路堑开挖施工工艺流程

①施工准备

路堑施工前，必须先做好土体稳定性分析，复核设计边坡是否满足稳定性要求。按设计位置做好堑顶排水系统（如截水沟、天沟等），待排水系统完善后进行路堑开挖。滑坡地段施工前应有防治技术措施并已实施，避免雨季施工。

②测量放线

根据复测的线路中线放出开挖边线桩，放线时应定位准确，两侧各预留0.2~0.3m不开挖，待开挖后进行人工刷坡。

③路堑开挖

选用合适的开挖方式，以机械施工为主，采用推土机配合挖掘机、装载机挖土装车，自卸汽车运至弃土点。开挖过程自上而下进行，严禁掏底开挖，以策安全。路堑施工应避免超欠挖，开挖后及时施作防护，不论采用何种开挖方式，不得破坏上侧的天然植被和排水系统。要做好临时排水系统，保证施工中和竣工后的排水通畅，堑内不积水。

④边坡整修

当机械开挖至靠近边坡0.2~0.3m时，不再开挖，并预留一定厚度的保护层。在施作边坡防护时，改为人工修坡刷坡。开挖与边坡整修同步进行，采用分级开挖、分级支护、分级加固的方法。边坡整修如图4-30所示。

图4-30　边坡整修

⑤基床处理

当路堑开挖接近到设计高程时，采用人工配合推土机施工。到达设计高程后，及时对基底土质情况进行检测，内容包括材料和强度的检测，具体要求如下。

a. 材料要求　Ⅰ级铁路路堑基床表层土不满足基床表层填料的选择要求时，应进行换填处理，施工工艺同路堤基床表层施工工艺；Ⅱ级铁路基基床表层土不满足基床表层填料的选择要求时，应采取换填或土质改良等措施，施工工艺同路堤基床表层施工工艺。经检测基床底层原地层土质符合要求，不换填时，表面应做成向两侧4%的排水坡，施工时，其上应保留10~20cm厚的原土保护层，待基床表层施工时再挖除，同时应尽量避免机械对基床底层原地层的扰动破坏。经检测基床底层原地层土质不符合要求时，应予以换填或改良。

b. 强度要求　基床表层土的天然密度不应小于规定的压实标准，否则应采取压实措施。基床底层厚度范围内天然地基的静力触探比贯入阻力P_0值：Ⅰ级铁路不得小于1.2 MPa，Ⅱ级铁路不得小于1.0 MPa；天然地基基本承载力：Ⅰ级铁路不小于0.15 MPa，Ⅱ级铁路不小于0.12 MPa，否则应进行加固处理。

c. 基床加固措施 就地碾压，换土或土中加入石灰、水泥、砂、炉渣等改良土，加强排水，设置土工合成材料，以及采取综合措施。

2) 石质路堑

(1) 石质路堑开挖方式

根据岩石的类别、风化程度、节理发育强度、施工条件及工程量大小等，可分为爆破法、松土法或破碎法三种开挖方式。

其中，爆破法又分为中小型爆破和大爆破两种，使用频率最高的是中小型爆破。中小型爆破又分为裸露药包法、浅孔爆破、深孔爆破、药壶爆破、猫洞爆破、微差爆破、光面爆破、预裂爆破等。松土法是充分利用岩体的各种裂缝和结构面，先用推土机牵引松土器将岩体翻松，再用推土机或装载机与自卸汽车配合将翻松的岩块搬运到指定地点。图4-31为推土机牵引的松土器。凡能用松土法开挖的石方路堑，就不用爆破法施工。随着大功率施工机械的应用，松土法越来越多地应用于石质路堑的开挖。破碎法是利用破碎机凿碎岩块，然后进行挖运等作业，是爆破法和松土法的辅助作业方式。

天然石质路堑自上而下可分为土质覆盖层、严重风化层、轻微风化层、未风化层等，开挖时，应掌握竖向分层，以便采用不同的方法和机械设备。

①土质覆盖层开挖

土质覆盖层应按土质路堑开挖方法施工。

②严重风化层开挖

严重风化的石质，岩石结构松散，强度低，一般可采用松土器勾松或浅孔爆破松动后，配合机械挖除。

图4-31 推土机牵引的松土器

③轻微风化层开挖

轻微风化的岩层，岩层结构较完整，有一定的强度，需采用爆破法，靠近堑坡处采用浅孔光面爆破方法挖除。

④未风化层开挖

未风化的岩层，结构完整坚固，石质强度高，可采用浅孔爆破、深孔爆破，并兼用微差、光面、预裂等爆破技术开挖。

(2) 施工工艺(见图4-29)

(3) 施工要点

①施工准备

应进行施工爆破区安全管理，同时应检查堑顶坡面，发现危石、裂缝或其他不稳定因素时，必须先行妥善处理。测量放样要求同前。

②路堑开挖

采用爆破施工时，爆破施工应以小型松动爆破为主，不得影响周围环境及路堑边坡、山体稳定。炮孔选位应合理，炮孔间距要准确，并严格检查孔位、孔深、倾角、装药量、堵塞长度等是否符合设计要求以及孔内是否有堵塞、有水。同时要根据钻孔的实测记录，填写孔网参数表，并认真进行装药量计算。

装药时，要有明确分工，专人负责，按设计药量严格控制装药数量。每孔放一标签，标签上注明每孔的孔深、装药长度、装药结构、堵塞长度。爆破器材应检查试爆，不得在雷雨雾大风天气装药。若在装药过程中出现问题，应立即停止装药，及时报告，并研究处理办法。加强堵塞质量，堵塞长度要严格按照设计长度进行。堵塞材料采用钻岩粉或黏土，并分层捣实堵紧。引爆前要发出引爆信号，要避免出现瞎炮，一旦出现瞎炮必须尽快处理。

路堑开挖应自上而下，严禁掏底开挖。如坡脚出现超挖，应用浆砌圬工补齐或按设计坡率刷坡，消除超挖现象。岩层走向、倾角不利于边坡稳定及施工安全的地段，应顺层开挖，不得挖断岩层，同时应采取减弱施工振动措施，在设有挡墙（上挡）的地段，应采取马口开挖并设置临时支护。开挖后，当发现土石分界位置与设计不符时，应及时提出变更申请，尽早完善变更手续。爆堆的位置、高度应符合爆破任务的要求，爆破后的岩块块度应适于装运和利用。采用爆破工艺施工，应严格遵守《爆破安全规则》，严禁违章作业。要加强人员的安全教育，操作人员须持证上岗，对周围村庄、居民、过往车辆等要有安全保护（预防）措施。

③边坡整修

路堑坡面应平顺，无明显的局部高低差，凸悬危石、浮石等应及时清除，出现坑穴、凹槽时，应及时用强度为 M7.5 砂浆砌片石嵌补平整。

④基床处理

路堑施工接近堑底时，应鉴别核对土石，按设计断面测量放样。对强风化硬质岩石、软质岩石路堑基床处理同土质路堑基床处理。对硬质岩石路堑、完整未风化的岩层基底不需特殊处理，只需将凹凸不平处以混凝土或级配砂砾石、级配碎石填平。路拱坡面设 4% 人字排水坡，路堑路基面应平顺，肩棱整齐。

4.2.11 过渡段

对于Ⅰ、Ⅱ级铁路，路堤与桥台、路堤与涵洞连接处应设置过渡段。一次铺设无缝线路的Ⅰ级铁路，路堤与路堑连接处应铺设过渡段。

①路堤与桥台过渡段设置如图 4-32a）所示。过渡段应采用级配碎石填筑。

②一次铺设无缝线路的Ⅰ级铁路，路堤与路堑连接处应铺设过渡段。

a. 当路堤与路堑连接处为坚硬岩石时，在路堑一侧应顺原地面纵向开挖台阶，台阶高度为 0.6m 左右，并应在路堤一侧设置过渡段，如图 4-32b）所示。过渡段应采用级配碎石填筑。

b. 当路堤与路堑连接处为软质岩石或土质路堑时，应顺原地面纵向挖成 1:1.5 的坡面，坡面上开挖台阶，台阶高度为 0.6m 左右，如图 4-32c）所示。其开挖回填部分材料、基床表层填

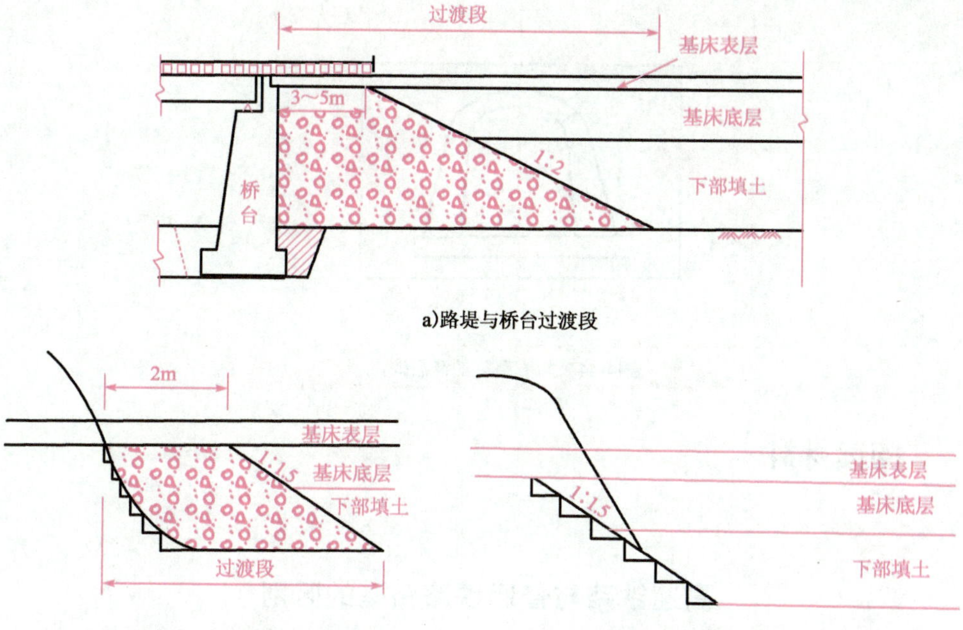

a)路堤与桥台过渡段

b)路堤与硬质岩石路堑过渡段

c)路堤与软质岩石、土质堑过渡段

图4-32 路堤与构造物过渡段

料及压实标准与相邻路堤相同。基床表层以下应选用 A 组填料。

③路堤与涵洞连接处过渡段。涵管处路堤缺口的填筑，应从涵管两侧每边不少于 2 倍涵管孔径的宽度起，水平分层对称地向上填筑并仔细夯实，以免由于单侧填土形成偏压而把涵管推坏。涵管缺口填土程序如图 4-33 所示。

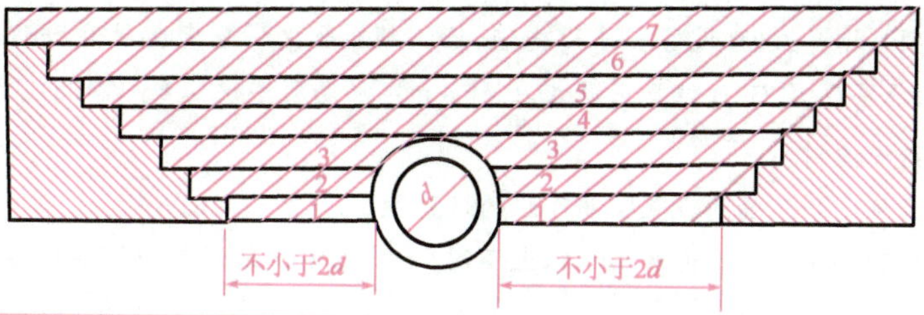

图4-33 涵管缺口填土程序

填涵管缺口所用土质应为含黏土 10% 以内的沙质土，不宜使用黏土填筑，以保证路基内水分能及时排出。与缺口填土接壤处的已成路堤应挖成台阶，以保证衔接良好。

如涵管位于填石路堤地段，为保证各部分受力均匀，涵管顶上至少 100cm 高及涵管中线两侧 2 倍涵管孔径的范围内，应以粒径小于 15cm 的石块填筑，如图 4-34 所示。

路堤与桥台、路堤与硬质岩石路堑、路堤与涵洞连接处过渡段基床表层填料及压实标准与相邻路堤相同。基床表层以下应选用 A 组填料。当过渡段浸水时，浸水部分的填料要满足渗水土的要求。

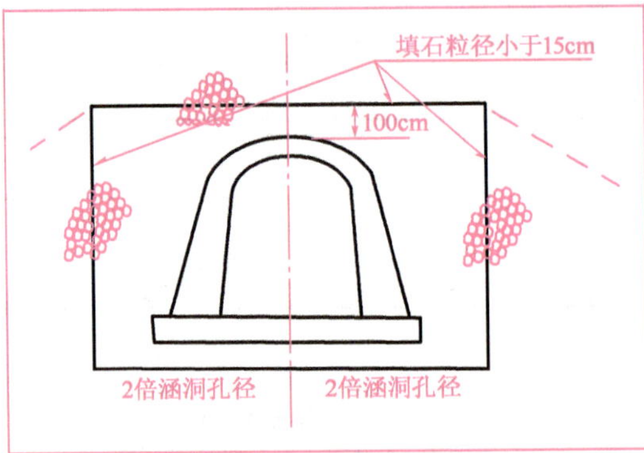

图4-34　填石路堤的涵洞缺口

阅读材料

高速铁路与普通铁路路基的区别

①高速铁路路基为多层结构系统，基床加厚，既有有砟轨道，也有无砟轨道。对于有砟轨道，在道床和土路基之间，已抛弃了将道砟层直接放在土路基上的结构形式，做成了多层结构系统。基床表层增设了加固防水层，在土体路基上还采取了土工合成材料防水或沥青防水措施。

②高速铁路控制变形是路基设计的关键。为减小路基的工后沉降，软弱地基地段高速铁路路基一般采用堆载预压措施；路基填筑需进行沉降观测，沉降观测期贯穿于施工及堆载预压全过程。

③高速铁路地基处理类型多。

④高速铁路填料要求高。基床表层一般为级配碎石、级配砂砾石，基床底层及以下部分路堤采用A组、B组填料或改良土。

⑤高速铁路检测项目增多，检测设备和手段先进，检测频率加大。基床表层采用动态模量控制；压实质量标准提高，并且采用压实度K(%)、地基系数K_{30}(MPa/m)、动态变形模量E_{Vd}(MPa)、变形模量E_{V2}(MPa)、孔隙率n(%)等多重指标控制。

⑥高速铁路路桥及横向构筑物间设置较高等级的过渡段。

⑦高速铁路使用的配套机械与普通铁路有很大不同，如路基填筑采用重型压实设备，级配碎石及改良土采用厂拌法等。

以上变化都是由客运专线所要求的技术状态决定的，要保证列车在200～350km/h速度高速行驶时的安全性和舒适性。

4.3　路基排水及防护加固

裸露的路基，除受到所处环境的地质及水文条件的影响外，还不断受到自然风化和雨水的冲刷破坏及人类活动的影响，因而往往会出现不同情况的变形，进而发展成严重的路基病害，如图4-35、图4-36所示。所以路基应有良好、完善的排水系统和防护加固工程，以便保证路基的稳定性。

4.3.1 路基排水

路基排水是为使路基经常处于干燥、坚固稳定的状态而修建排泄或拦截建筑物，使地面水和地下水能顺畅流走，以及疏干其土体或降低其水位的排水措施。

图4-35 来宾至合山铁路被雨水冲毁

图4-36 浙江萧甬铁路路基下沉

常用的路基排水设施有排水沟、侧沟、天沟、截水沟、矩形水槽、跌水、缓流井、急流槽等。

1）路基排水设施

（1）排水沟

排水沟位于路堤护道外侧，用以排除路堤范围内的地面水及截排自田野方面流向路堤的地面水，如图4-37所示。当地表较平坦时，设于路堤两侧；当地表较陡时，设于迎水一侧。当有取土坑时，取土坑可以代替排水沟。排水沟均应设置在路堤天然护道外。

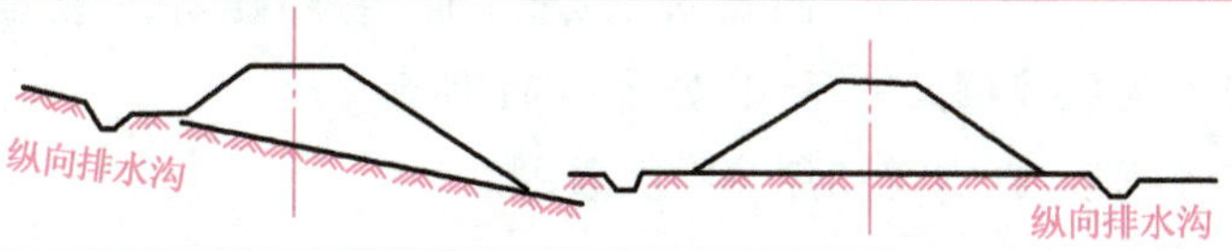

图4-37 排水沟

（2）侧沟

侧沟是路堑地段用以排除路基和路堑边坡坡面的地表水，设于路基两侧或一侧（半路堑），如图4-38所示。

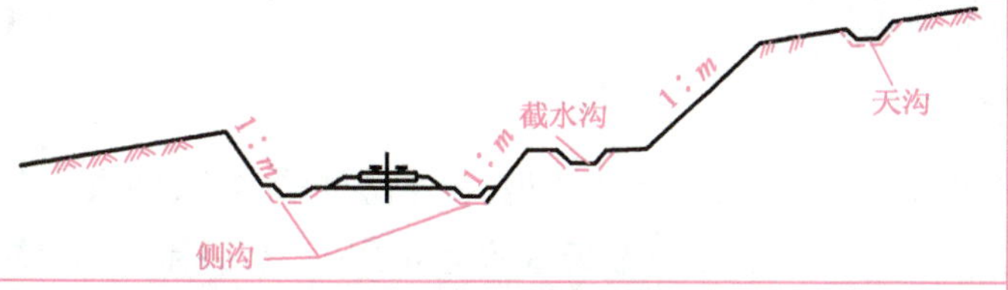

图4-38 侧沟、天沟和截水沟断面图

（3）天沟

天沟位于路堑堑顶边缘以外，可设置一道或几道，用于截排堑顶上方流向路堑的地表水，如图4-38所示。

(4)截水沟

截水沟设在路堑边坡的平台或排水沟、天沟所在部位以外必须截除地表水的地方，用以截排边坡平台以上坡面的地表水，或排水沟、天沟以外流向路基的地表水，如图4-38所示。

(5)矩形水槽

在土质或地质不良地段，水沟易于变形且不能保持稳定，以及受地形、地物或建筑限界的限制，不能设置占地较宽的梯形水沟时，均宜采用矩形水槽。例如，位于潮湿松软土层或易发生病害地段的水沟，采用矩形水槽可以保持稳定并防止渗漏；又如，个别设计较深的侧沟及位于横坡较陡的山坡上的天沟或截水沟，因受水沟顶宽控制，亦宜采用矩形水槽。

(6)跌水

跌水通常设在坡度陡的排水地段，跌水主槽底部是呈台阶状的急流槽，其构造有单级和多级两类，每级高差为0.2~2.0m，利用台阶跌水消能。一般用作铺砌防护，如图4-39所示。

(7)缓流井

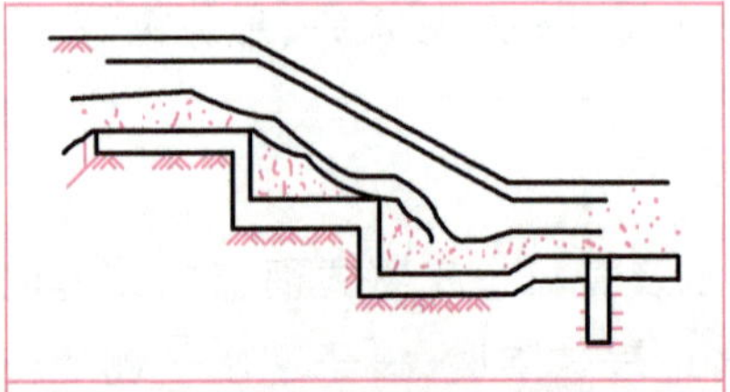

图4-39 跌水

沟底纵坡较陡的水沟，可设计成两段较缓坡的水沟用缓流井连接起来。两段水沟的落水高差最大可达15m。缓流井如图4-40所示。

(8)急流槽

急流槽是用片石、混凝土材料筑成的，槽身一般为矩形，用来衔接两段高程较大的排水设施。主槽纵坡大，水流急，出口设有消力池、消能槛等消能装置，沟底纵坡可达1:2。设在路堑边坡上的急流槽又称吊沟，如图4-41所示。

图4-42、图4-43分别为截水沟和急流槽实景图。

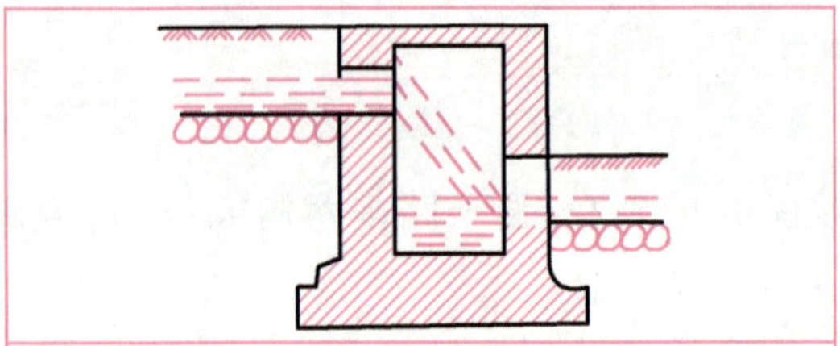

图4-40 缓流井

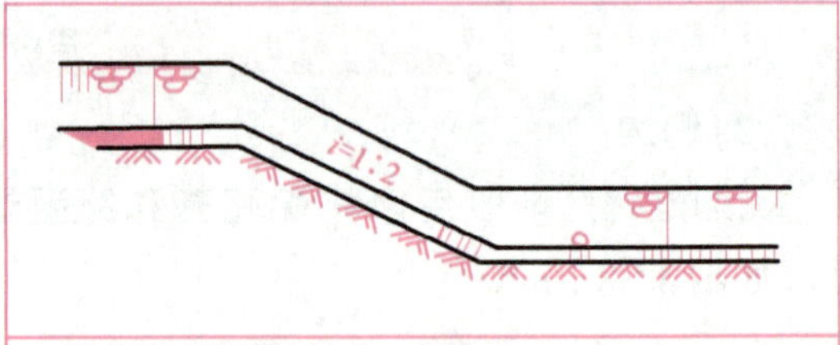

图4-41 急流槽

2)地下排水设施

对路基有危害的地下水，应根据地下水类型、含水层埋藏深度、地层的渗透性等条件，选用适宜的排除地下水设施。当地下水位较高或无固定含水层时，可采用明沟、渗水暗沟等排水措施；当地下水位较低或为固定含水层时，可采用渗水隧洞、渗井、渗管或仰斜式钻孔等排水措施。

(1)明沟

明沟(见图4-44)是兼排地面水及地下水的排水设备，沟底一般应挖至不透水层，如图4-44b)所示。若不透水层太深，沟底可设置圆管或采用矩形明沟，如图4-44c)所示。侧壁上设有渗水孔，渗水孔在槽壁的上部，槽内水面以下的槽壁是不透水的，以免水反渗入土中。排水槽侧壁外最好填一层粗砂、细砾石或炉渣组成的反滤层，还可以用土工合成材料作为反滤层。

图4-42 截水沟实景图

图4-43 急流槽实景图

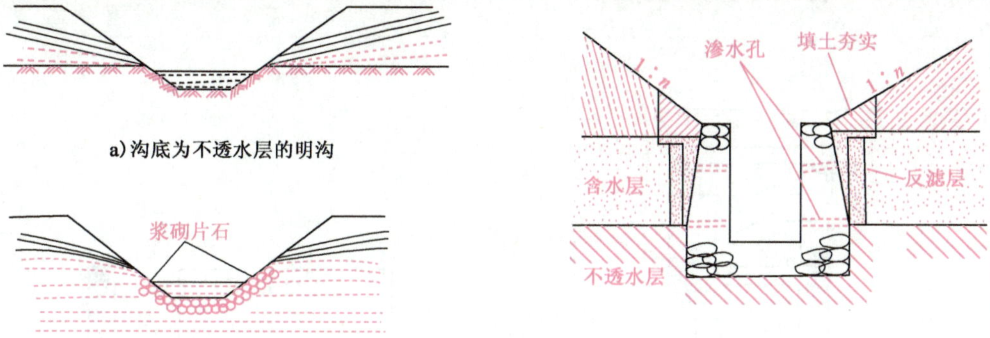

a) 沟底为不透水层的明沟

b) 沟底为透水层的明沟

c) 矩形明沟

图4-44 明沟

（2）渗水暗沟

渗水暗沟又称渗沟或暗沟，是一种地下排水设施，用于拦截、排除较深含水层内的地下水，疏干滑体中的水或降低地下水位，渗沟采用明挖施工。

渗水暗沟根据结构可分为有管渗沟和无管渗沟两种。有管渗沟是埋设预制管节而成的渗沟；无管渗沟是就地砌筑的矩形断面渗沟。渗水暗沟按渗沟作用和设置部位，又可分为截水渗沟和引水渗沟、无砂混凝土渗沟、边坡渗沟和支撑渗沟等。

①截水渗沟和引水渗沟。截水渗沟用于拦截地下水，引水渗沟用于引排山坡、洼地、泉水出露地带和地下凹槽地层处路基内的地下水，以疏干其附近土体中的水或降低地下水位。截水渗沟和引水渗沟按其深度分为浅埋渗沟和深埋渗沟，浅埋渗沟深度一般为 2 ~ 6m，深埋渗沟的深度一般大于 6m。位于路堑侧沟下或侧沟旁的渗沟，视需要可布置在路基一侧或两侧，如图 4-45 所示。渗沟断面一般采用矩形，如图 4-46a）所示；渗沟底部设置的排水通道通常采用圆管或盖板矩形沟，如图 4-46b）所示。渗沟反滤层材料可用土工合成材料或粗砂、细砾石和炉渣。

②无砂混凝土渗沟。无砂混凝土渗沟主要用于排降地下水，它由无砂混凝土壁板、钢筋混凝土横撑及盖板组成，如图4-47a）所示。无砂混凝土壁板是由水泥浆、粗集料（级配卵砾石或碎石）黏结在一起，用无砂混凝土制作的各种圬工体，均具有透水孔隙。在排水渗沟中用无砂混凝土作沟壁，以代替施工困难的反滤层和渗孔设备，具有透水性能和过渡能力好、施工简便及节省材料等优点。无砂混凝土壁板大样如图4-47b）所示。无砂混凝土具有一定的强度，可以省去渗沟内部的填充料。使用无砂混凝土渗沟时应注意其所处的地层条件及制作工艺。

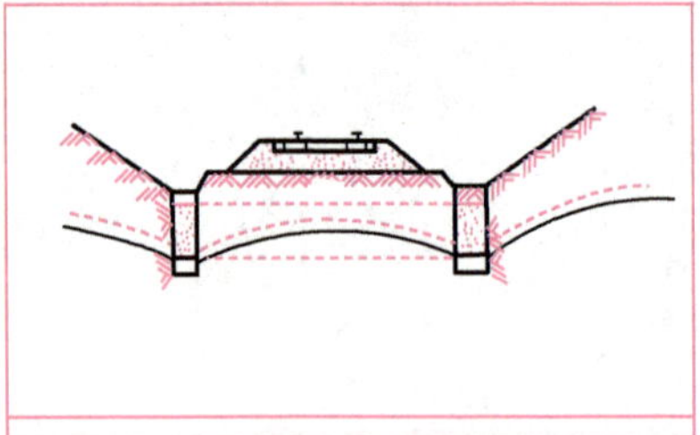

图4-45　渗沟

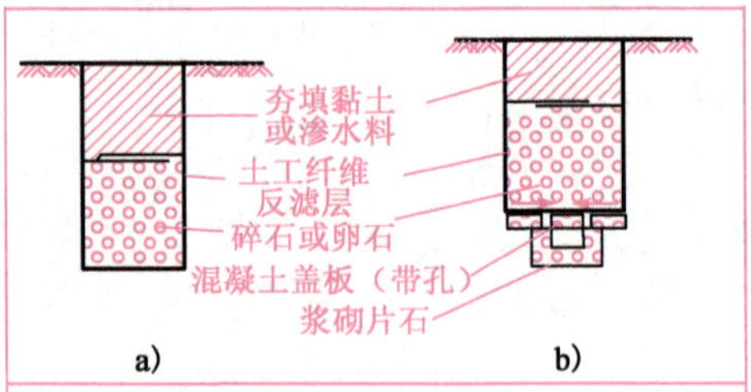

图4-46　渗沟结构图

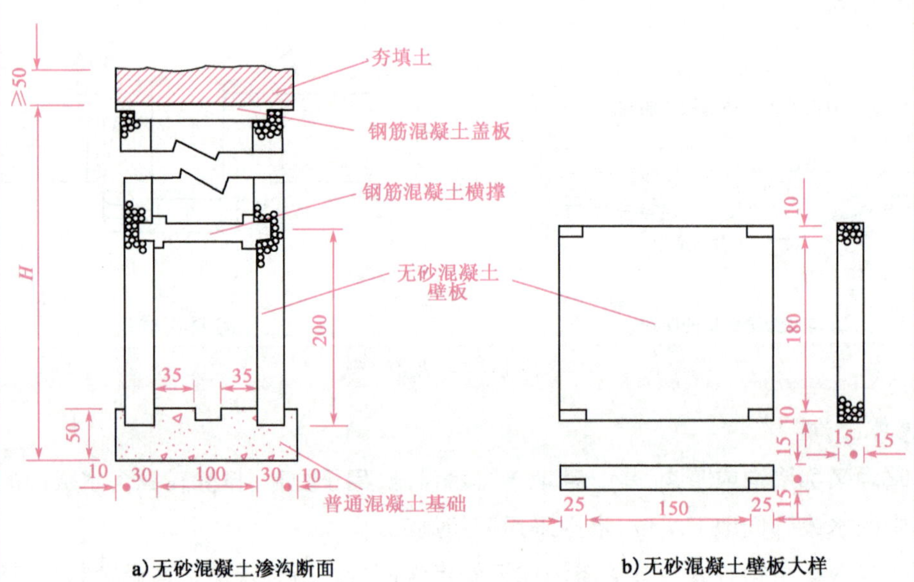

图4-47　无砂混凝土渗沟（尺寸单位：mm）

③边坡渗沟。边坡渗沟用于疏干潮湿的边坡和引排边坡局部出露的上层滞水或泉水，并起支撑边坡的作用，适用于边坡不陡于1:1的土质路堑边坡，也可用于加固潮湿的且容易发生表土坍滑的土质路堤边坡。边坡渗沟应垂直嵌入边坡，渗沟基底埋置在边坡潮湿土层以下较干燥而稳定的土层内，按潮湿带的厚度做成具有2%～4%泄水坡的阶梯形，边坡渗沟纵断面如图4-48所示。边坡渗沟的平面形状可做成条带形、分岔形和拱形等。对于较小范围的局部湿土或泉水出露处，宜用条带形布置；对于较大范围的局部湿土，宜用分岔形布置，如图4-49a）所示；当边坡表土普遍潮湿时，宜用拱形与条带形相结合的布置，如图4-49b）所示。

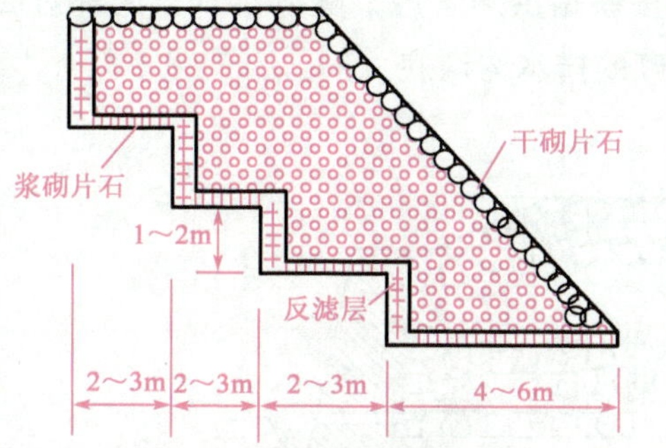

图4-48 边坡渗沟纵断面图

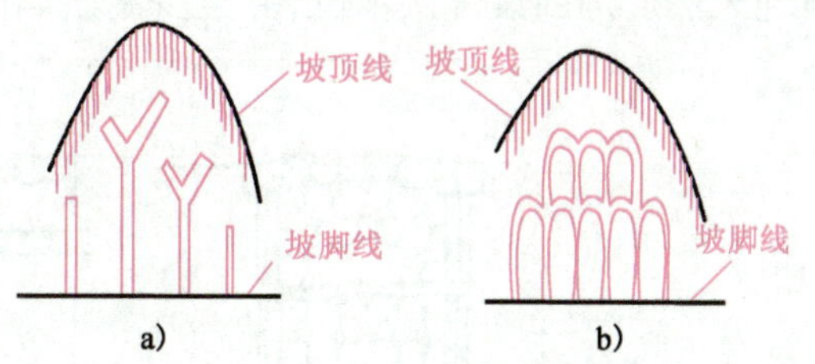

图4-49 边坡渗沟的平面形状图

边坡渗沟断面通常采用矩形，其宽度不宜小于1.2m。边坡渗沟外周设置反滤层，渗沟内用筛洗干净的小颗粒渗水材料填充。渗沟顶部一般用单层干砌片石覆盖，其表面大致与边坡齐平，必要时可在干砌片石表面用水泥砂浆勾缝。边坡渗沟下部的出水口，一般采用干砌片石垛，其作用是支挡渗沟内部的填充料并将渗沟中集引的土中水或地下水排入路堑侧沟或路堤排水沟内。

④支撑渗沟。支撑渗沟主要起支撑作用，兼起排除地下水和疏干土壤中水的作用，如图4-50所示。支撑渗沟通常采用成组的条带形布置，断面采用矩形，宽度一般为2~3m，各条渗沟之间的距离一般为8~15 m。支撑渗沟深度一般为数米到十几米，应布置在地下水露头和土壤中水发育的地方，并顺滑动方向修筑。沟底必须置于滑面以下的稳定土层或基岩内，可以做成阶梯形，最下面一个台阶的长度宜较长，以增加其抗滑能力，基底应铺砌防渗。支撑渗沟的填充部分宜用容重较大的石块干砌。填充料与沟壁之间可视沟壁土层的性质设置或不设反滤层。渗沟顶部可用单层干砌片石覆盖，其表面用水泥砂浆勾缝，以防止地面水流入。支撑渗沟的断面如图4-51所示。

图4-50 支撑渗沟

支撑渗沟可视地下水及土质条件布置成多种形式，支撑渗沟可单独使用，也可和抗滑挡墙联合使用。

(3)渗水隧洞

渗水隧洞用于截排或引排埋藏较深的地下水，可与立式渗井(渗管)群配合使用，以排除具有多层含水层的复杂地层中的地下水。渗水隧洞的断面形式可分为直墙式和曲墙式，其断面及构造如图4-52所示。直墙式适用于裂隙岩层、破碎岩层及较密实的碎石类土层。曲墙式适用于松散的碎石类土层或有少量卵石、碎石的黏性土层。隧洞应埋入稳定地层内，在穿过不同的地层分界处时应设沉降缝。隧洞穿过路基时，按铁路拱涵考虑。隧洞出水口底部宜高出当地天然河沟的设计洪水位，并至少高出洞门外铺砌的排水沟沟底。

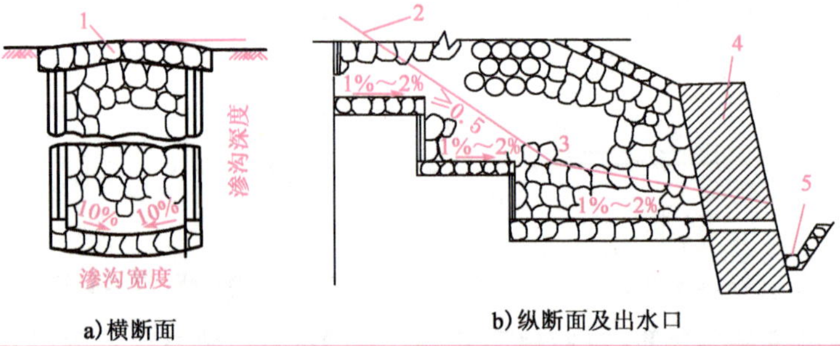

图4-51 支撑渗沟断面图
1-单层干砌片石表面勾缝；2-表层滑动画线；3-干砌片石；4-挡墙；5-侧沟

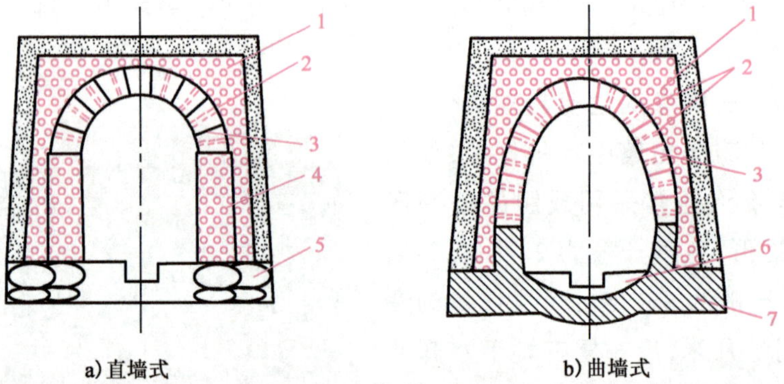

图4-52 渗水隧洞断面和构造图
1-反滤层；2-C13混凝土拱砖；3-M10水泥砂浆灰缝；4-M10浆砌片石边墙；5-M10浆砌片石底板；6-C8混凝土；7-C13混凝土

(4) 平孔排水

平孔排水是指在地层中钻出带有一定仰坡的平孔，然后装入滤水管及集水管所构成的地下排水设备，其断面如图4-53所示。当地下平式排水建筑物延伸较长时，一般每隔一定距离设一个检查井，供维修人员对排水设施进行检查和维修。平孔排水示意图如图4-54所示。

(5) 集水渗井

集水渗井是指当滑体中地下水埋藏较深或有多个含水层时，可用大口径竖井(直径可达3.5 m)和水平钻孔或与渗水隧洞配合使用，以降低地下水和疏干其附近土体的地下排水设备，如图4-55所示。集水渗井与平孔排水设备配合示意图如图4-56所示。

4.3.2 路基防护

路基边坡病害主要有边坡溜坍、边坡坍塌、风化剥落和坡面冲刷四种类型。路基防护工程就是防止路基坡面风化和冲刷，保护路基边坡的整体稳定性，主要起隔离、封闭作用的工程。路基防护种类有坡面防护、冲刷防护两种类型。

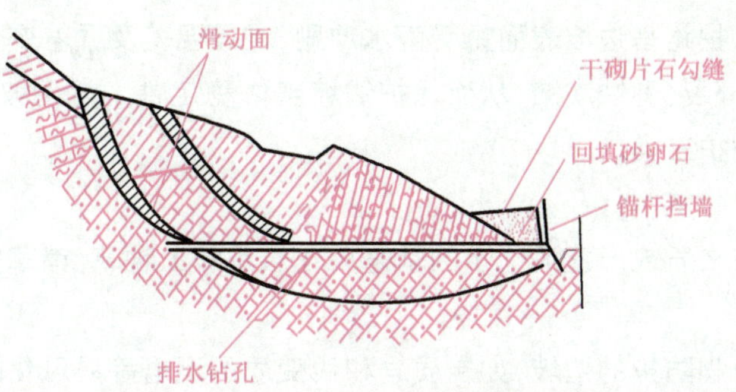

图4-53 单层平孔排水断面图

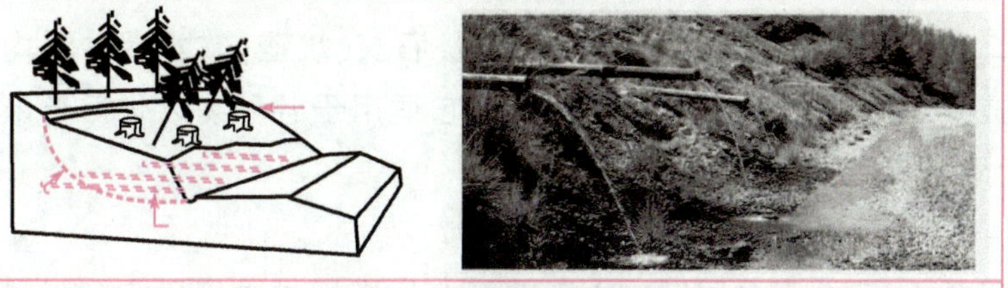

图4-54 平孔排水示意图

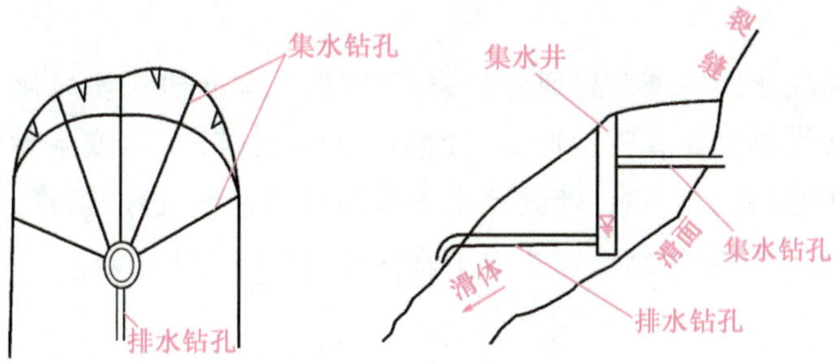

图4-55 集水渗井

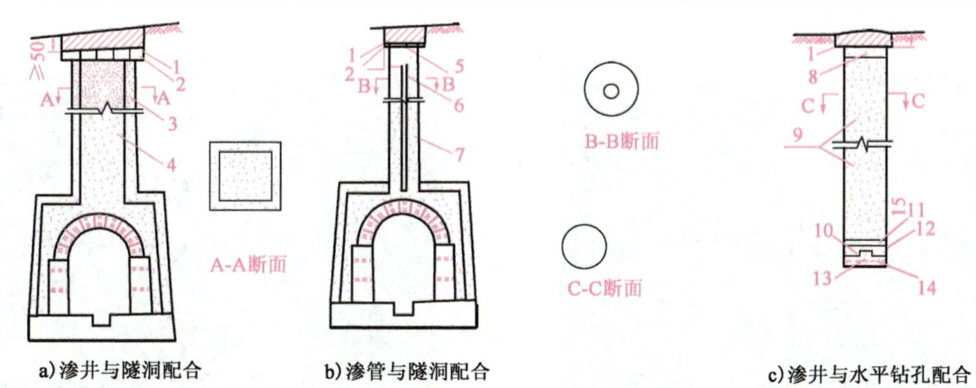

图4-56 集水渗井与平孔排水设备的配合示意图

1-夯填土；2-单层干砌片石；3-反滤层；4-填卵石；5-圆形铁盖；6-钢滤管；7-填卵石；8-填细砂；9-填细砂；10-泄水盖板；11-填砾石；12-填碎（卵）石；13-平式排水钻孔；14-C10混凝土封底

1）坡面防护

坡面防护是指保护路基边坡表面免受雨水冲刷，减缓温差及温差变化影响，防止和延缓软弱岩土表面的风化、碎裂、剥蚀演变，从而保护边坡整体稳定性。常用坡面防护设施有植物防护、圬工防护、综合防护三类。

（1）植物防护

植物防护是指在土质或严重风化了的基岩风化层边坡上种草、铺草皮、植树。

（2）圬工防护

对于不宜采用植物防护的边坡，如炭质岩和浅变质的泥岩等易风化的岩质边坡，可采用抹面、捶面、喷浆、勾缝、灌浆等方法防护，一方面防止坡面水流的洗蚀，另一方面防止风化剥落。

①抹面

抹面是将二合土（石灰、炉渣）、三合土（水泥、石灰、炉渣）或水泥砂浆均匀地摊在路基边坡上，经压实、提浆、抹光后形成的一种防护层。它适用于各种易风化但尚未严重风化的岩石边坡，其坡度不限，但须无地下水且坡面干燥。

②捶面

捶面是将四合土、三合土分层铺在立于坡面上的模板内进行捶实，再经提浆、抹光后形成的一种坡面防护层。它适用于比较干燥的易受冲刷的土质边坡和易风化剥落的岩石边坡。

③喷浆

喷浆是对坚硬易风化但尚未严重风化的岩石边坡，为防止进一步风化，在坡面上喷射的一层保护层。常用喷浆材料主要有三种形式：喷掺砂水泥土（砂＋水泥＋黏性土）、喷纯水泥砂浆或水泥石灰砂浆、喷混凝土喷浆。喷浆可用于高而陡的边坡，但所防护的坡面必须干燥和坚硬，地下水发育或成岩作用差的黏土岩边坡不宜使用，如图4-57所示。

④挂网喷护

当岩石风化破碎较为严重，单纯用喷浆防护，其边坡稳定性达不到要求，可采用锚杆铁丝网喷混凝土或喷浆防护，先在坡面上锚固锚杆，并焊上预制好的金属网，再施以喷浆或混凝土，如图4-58所示。

图4-57 喷浆

图4-58 挂网喷浆防护

⑤灌浆和勾缝

灌浆是将较细的水泥砂浆或混凝土灌入较硬的、裂缝较大的、较深的岩石边坡，借助砂浆和混凝土的黏结力把裂开的岩石黏结成一个整体，防止岩石进一步风化。勾缝是用较稠的砂浆填塞较小的岩石缝隙。它适用较硬不易风化、节理多而细的岩石路堑边坡。

⑥干砌片石

干砌片石适用于边坡缓于1:1.25的土质或经常有少量地下水渗出的土夹石边坡，厚度一般为0.3m，如图4-59所示。

⑦浆砌片石护坡

浆砌片石护坡适用于当地石料来源丰富，坡度缓于1:1的土质或岩质边坡。当这种护坡的面积较大时，可在护坡中增设肋以增强其刚度，并在合适的位置设台阶踏步以利维修，如图4-60所示。

图4-59 干砌片石护坡

图4-60 浆砌片石护坡

⑧浆砌片石护墙

对于易受冲刷的土质挖方边坡和易受风化破碎的岩石挖方边坡，采用浆砌片石作坡面覆盖层将坡面封闭，称为浆砌片石护墙。它分实体护墙和孔窗式护墙，护墙厚度有等截面和变截面两种。当墙高较大时，可分级做成二级或三级护墙，中间设台阶。

(3)综合防护

①框格骨架防护

框格骨架防护是用浆砌片石、卵石或混凝土作骨架，骨架内采用植物或三合土、四合土捶面的防护措施。例如，草皮和捶面护坡易脱落，可用方格形或拱形的浆砌片石骨架进行加强。图4-61为混凝土骨架防护。

②土工合成材料防护

土工合成材料防护包括土工合成材料种草和边坡防护网。

a. 土工合成材料种草　即直接在边坡上铺设土工材料种草。常用的土工合成材料有草籽土工布(见图4-62)、土工栅格、固格网等。常用的土工合成材料种草方法有三维植被网、喷

图4-61　混凝土骨架防护

混植生、客土植生等。

三维植被网又称防侵蚀网，是由多层塑料凹凸网和高强度平网复合而成的立体网结构。其面层外观凹凸不平，以热塑树脂为原料；材质疏松柔韧，留有90%以上的空间可填充土壤及沙粒，将草籽及表层土壤牢牢护在立体网中间，固土效果极好。试验证明，在草皮形成之前，当坡度为45°时，三维植被网的固土阻滞率高达97.5%；即使坡面角达到90°时，三维植被网仍可保留阻滞住60%的土壤，抗冲刷能力强。网垫原材料采用聚乙烯，无毒且化学性质稳定可靠，埋在地下寿命可达50年以上，即使暴露在阳光下寿命也长达10多年。草种采用混合草种，具有生长成坪快、抗逆性强、耐贫瘠、耐粗放式管理等特点。三维植物网对土质贫瘠的边坡和土石混填的边坡可以起到固土防冲并改善植草质量的良好效果，其防护如图4-63所示。

喷混植生植物护坡是在稳定岩质边坡上施工短锚杆、铺挂镀锌铁丝网后，采用专用喷射机，将拌和均匀的种植基材喷射到坡面上，植物依靠"基材"生长发育，形成植物护坡的施工技术，具有防护边坡、恢复植被双重作用，可以取代传统的喷锚防护、片石护坡等圬工措施。该技术使用的种植基材由种植土、混合草灌种子、有机质、肥料、团粒剂、保水剂、稳定剂、pH缓解剂和水等组成。种植基材的配方是该技术成功的关键。良好的配方能够达到在陡于1∶0.75的岩质边坡上，既具备一定的强度保护坡面和抵抗雨水冲刷，又具有足够的空隙率和肥力以保证植物生长。该技术已广泛应用于铁路、公路、水利等各类岩石边坡绿化防护工程。高边坡上挂网喷混植生如图4-63所示。

图4-62　三维植物网防护

图4-63　高边坡上挂网喷混植生

客土植生植物护坡是在边坡坡面上挂网，机械喷填（或人工铺设）一定厚度适宜植物生长的土壤或基质（客土）以及种子的边坡植物防护措施。该技术的特点是可根据地质和气候条件进行基质和种子配方，从而具有广泛的适应性，多用于普通条件下无法绿化或绿化效果差的边坡。由于客土可以由机械拌和，挂网实施容易，因此施工的机械化程度高、速度快，无论从效率和成本上都比浆砌片石和挂网喷混凝土防护要优越，而且植被防护效果良好，基本不需要养护即可维持植物的正常生长。该技术在公路边坡防护中已被大量应用，在日本等国家已经被作为边坡绿化的常规方法加以应用。图4-64为草籽土工布袋种草防护，图4-65为人工铺设客土植生。

图4-64 草籽土工布袋种草防护

图4-65 人工铺设客土植生

b. 边坡防护网 是以钢丝绳网为主的各类柔性网覆盖包裹在所需防护的斜坡或岩石上，以限制坡面岩石土体的风化剥落或破坏及崩塌（加固作用），或将落石控制于一定运动范围内（围护作用）。钢丝绳网主动防护，即通过锚杆和支撑绳以固定方式将钢丝绳网盖在坡面上，其预张拉作业使系统紧贴坡面，形成了局部岩坡、土体移动或发生细小位移后，将其裹缚于原位附近的预应力，从而实现其主动防护的功能。同时它与三维植被网一样，与植物配套实现植物防护，使植物根系的固土作用与坡面防护系统结为一体。钢丝绳网被动防护对岩体交互发育、坡面整体性差且有岩崩可能的高路堑边坡可使用。柔性拦石网能拦截和堆存落石，其由钢丝绳网、固定系统、减压环和钢柱四部分组成。防护网防护如图4-66所示。

③植物与圬工分区防护

高路堤或深路堑边坡的防护，可采用顶部种草、坡脚用圬工防护的防护方法，如图4-67所示。

2）冲刷防护

为了避免路基受到水流和波浪的冲刷，需要对路基设置冲刷防护建筑物，常用的方法有三类，即直接防护、间接防护和改河。

(1)直接防护

常用的方法有植物防护、干(浆)砌片石防护、浆砌片石或混凝土骨架防护、抛石防护、石笼防护、混凝土预制板块防护、土工织物软体沉排防护和土工模袋防护等。植物防护、干(浆)砌片石防护、浆砌片石或混凝土骨架防护同坡面防护基本类同,但要求更高。图4-68为混凝土预制块骨架防护。

图4-66　防护网防护

图4-67　植物与圬工分区防护

图4-68　抛石防护

①抛石防护

抛石防护是选用一定粒径的坚硬、耐冻、不易风化的岩石,按照一定的断面形式抛掷或堆砌于路基边坡、坡脚或河床内,用以防止路基或岸坡冲刷的建筑物,如图4-68所示。它适用于水流方向稳定、无严重局部冲刷且河床地层承载力较高的路基边坡下部及河岸的防护。此外,它还常用作水库边岸和海岸的防浪建筑物及防洪抢险的临时加固工程。图4-69为抛石防护断面图。

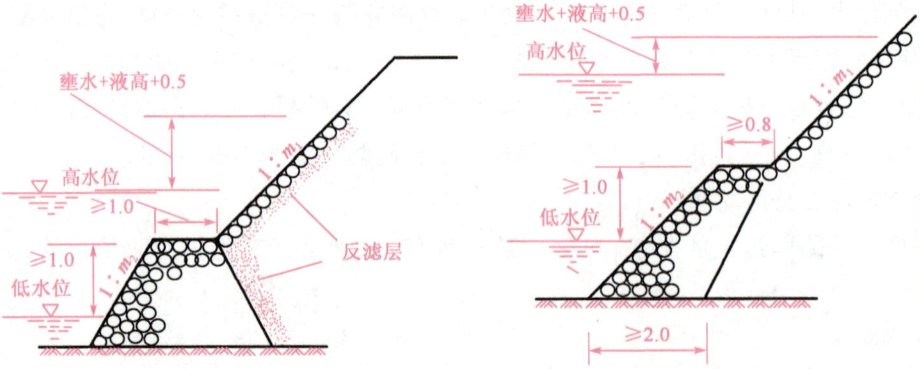

a)新建线抛石防护　　b)旧线抛石防护

图4-69　抛石防护断面图(尺寸单位:m)

②石笼防护

石笼防护是将装满石块的铁丝笼，按照一定的断面形式抛掷或堆砌在路基边坡、坡脚或河床内，用以防止路基或岸坡被冲刷的建筑物，其形式包括平铺式（见图4-70）和叠砌式（见图4-71）两种。石笼防护有较高的强度和柔性，不需用较大的石块，适用于受洪水冲刷但无滚石的河段和大石料缺少的地区。石笼防护断面如图4-72所示。

图4-70 平铺式石笼防护

图4-71 叠砌式石笼防护

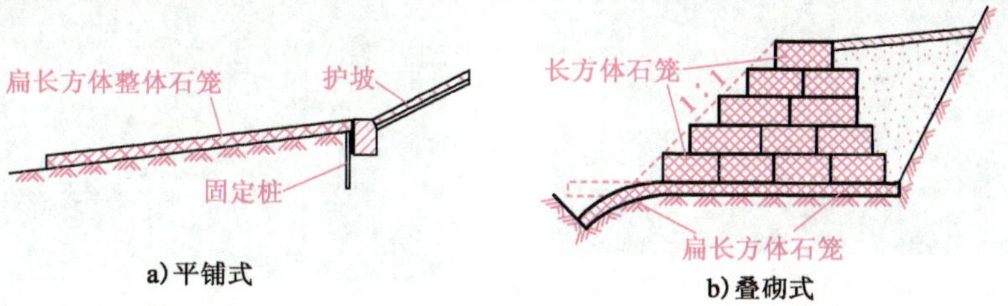

图4-72 石笼防护断面图

③混凝土板防护

混凝土板防护是为抵御强烈水流、波浪或流水的作用，用混凝土预制成板块，并配置一定数量的构造钢筋而形成的护坡结构，如图4-73所示。铺设时板下设置砂砾垫层，用来代替浆砌片石砌筑成混凝土板护坡，其适用范围与浆砌片石护坡相同，但造价较高。

④土工织物软体沉排防护

土工织物软体沉排防护是在土工织物上以块石或预制混凝土块体为压重的护坡结构，如图4-74所示。其结构形式有单片垫和双片垫，适用于水下工程及预计可能发生冲刷的河床和岸坡。

⑤土工模袋防护

土工模袋防护是在一种双层织物袋中充填流动性混凝土或水泥浆，凝固后形成高强度和高刚度的硬结板块的护坡结构，适用性于水下工程及预计可能发生冲刷的河床和岸坡，如图4-75所示。

(2)间接防护

间接防护是指用修建导流建筑物改移河流轴线的方法来达到防护冲刷目的防护措施，其类型有丁坝、顺坝、潜坝等。

图4-73　混凝土护坡

图4-74　土工织物软体沉排防护

图4-75　土工模袋防护

①丁坝(见图4-76)

丁坝也称挑水坝,成群布置,坝身伸向河心,横向约束水流而迫使水流转向,从而使所防护的路基岸坡流速减缓,避免或减少冲刷,或淤积成新岸。丁坝可分为垂直、上挑、下挑三种布置形式。上挑式:水流方向与丁坝交角大于90°,挑水能力最强。垂直式:水流方向与丁坝垂直,挑水能力较上挑式小些。下挑式:水流方向与丁坝交角小于90°,挑水能力最弱。

丁坝又可分为长丁坝和短丁坝。长丁坝一般伸入河床约为稳定河床宽度的1/3。

②顺坝(见图4-77)

顺坝在平面上纵向布置,整个坝身和水流流向近乎平行或交角很小,其作用是使水流平缓地顺着坝身而流动,逐渐转变流向,进而离开防护的路基河岸区。顺坝分直线形、曲线形、连续、断续等类型。其特点是不压缩河床水流断面,对天然河流影响较小。

顺坝又可分为低水位坝、中水位坝和高水位坝三种。

③改河

改河是将水流引入新的河道而避免其对路基、坡岸冲刷的一种措施。改河时必须掌握河流的性质、演变规律以及河床形成的特点,因势利导,防止硬性改动。改河的起终点要与原河

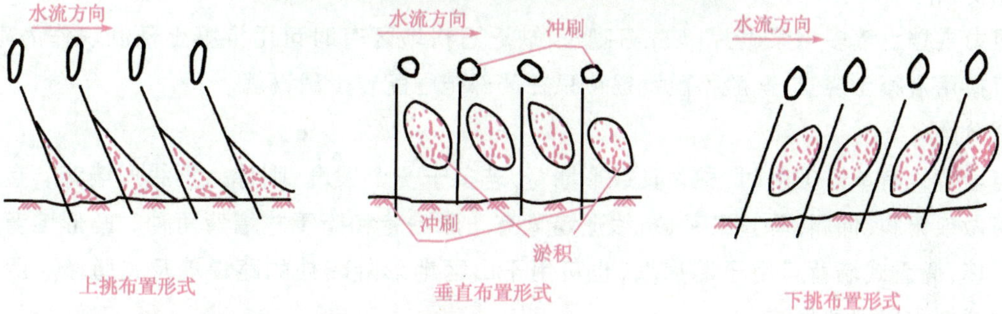

图4-76 丁坝

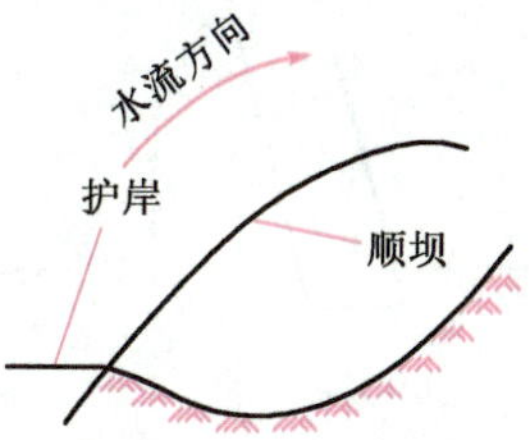

图4-77 顺坝

床平顺相接。为防止水流重归故道，一般还应在旧河道上设置拦河坝。同时，还要注意改河后对附近农田、水利和居民点等的影响。

4.3.3 路基支挡建筑物

能够保持结构物两侧的土体、物料有一定高差的结构，称为支挡结构。常用支挡结构有挡土墙、锚杆锚索、抗滑桩等。

1）挡土墙

挡土墙是指支承路堤填土或山坡土体，防止填土或土体变形失稳而承受侧向土压力的建筑物。

挡土墙的分类如下：

①根据挡土墙在路基横断面上的位置分为路堑挡土墙、路肩挡土墙、路堤挡土墙、山坡挡土墙、抗滑挡土墙、站台挡土墙等；

②根据墙体自身的刚度可将其分为柔性挡土墙和刚性挡土墙；

③根据建筑材料可分为石、混凝土及钢筋混凝土挡土墙等；

④根据所处的环境条件可分为一般地区挡土墙、浸水地区挡土墙、地震地区挡土墙等。

⑤根据结构形式分为重力式挡土墙和轻型挡土墙两类。

(1)重力式挡土墙

重型结构挡土墙依靠本身自重维持稳定，由片石砌筑而成，因其构造简单、施工方便、易于就地取材等优点而得到普遍使用，但这种挡墙墙身断面较大，不易实现施工的机械化和工厂化。

①材料

重力式挡土墙多用浆砌片(块)石砌筑，缺乏石料地区有时可用混凝土预制块作为砌体，也可直接用混凝土浇筑，一般不配钢筋或只在局部范围配置少量钢筋。

②分类

当墙背只有单一坡度时，称为直线形墙背；若多于一个坡度，则称为折线形墙背。直线形墙背可做成俯斜、仰斜、垂直三种，折线形墙背有凸形墙背和衡重式墙背两种。凸形墙背多用于路堑墙，衡重式墙背可用于路肩墙，也可用于山区地形陡峻处的路堤墙及路堑墙。图4-78为重力式挡土墙墙背形式。

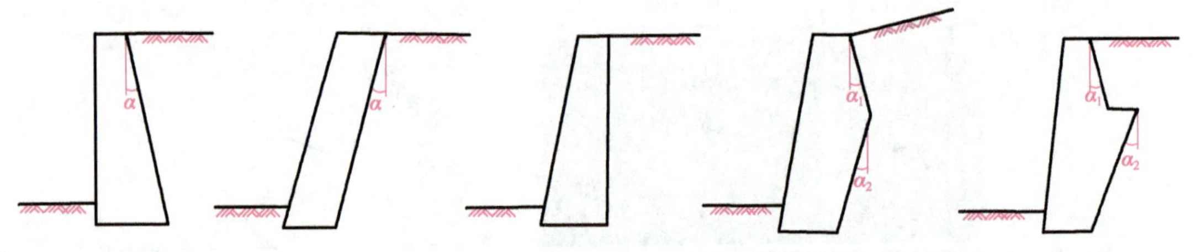

图4-78 重力式挡土墙墙背形式

③构造

重力式挡土墙的构造包括基础、墙身、帽石、排水设施等。

a.基础　一般采用明挖基础。当地基为松软土层时，可采用加宽基础、换填或桩基础。水下基础挖基有困难时，可采用桩基础或沉井基础。

基础埋置深度按地基的性质、承载力的要求、冻胀的影响、地形和水文地质等条件确定。

b.墙身　墙身设置伸缩缝、沉降缝和泄水孔。一般将沉降缝和伸缩缝合并设置，沿线路方向每隔10～25m设置一道，缝宽为2～3cm，自墙顶做到基底，缝内沿墙的内、外、顶三边填塞沥青麻筋或沥青木板，塞入深度不小于0.2 m，当墙背为岩石路堑或填石路堤时，可设置空缝。

c.帽石　路肩挡土墙墙顶应采用粗料石或C15混凝土做帽石，如不做帽石或为路堤墙和路堑墙时，应选用大块片石置于墙顶并用砂浆抹平。

d.排水设施　挡土墙设置地面排水和墙身排水设施。地面排水措施有地面排水沟、夯实或铺砌回填土顶面和地表松土、铺砌加固路堑挡土墙趾前的边沟。墙身排水设施是指在墙身布置泄水孔及在其进水口部分设置粗集料反滤层，防止孔道淤塞，如图4-79所示。特殊情况下，墙后填土如采用全封闭防水，一般不设泄水孔；干砌挡土墙可不设泄水孔。

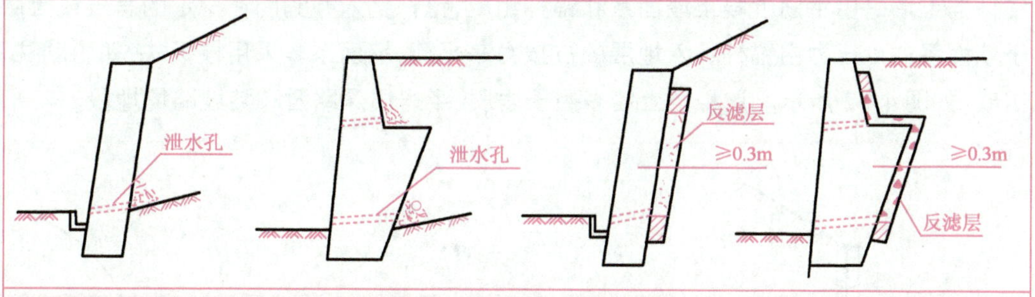

图4-79 挡土墙泄水孔和反滤层

(2)轻型挡土墙

为适应不同地区的条件和发展新技术的需要，逐步发展了各种形式的轻型挡土墙，它们由混凝土或不完全由土石圬工建造，包括加筋挡土墙、锚杆挡土墙、锚定板挡土墙、对拉式挡土墙、扶壁式挡土墙和桩板式挡土墙等。其中，加筋挡土墙的拉筋材料通常有镀锌薄钢带、铝合金、高强塑料及合成纤维等。

①加筋挡土墙

加筋挡土墙是由墙面板、拉筋和填料组成，依靠填料(粗粒土)和拉筋之间的摩擦力来平衡墙面板所受的土压力，主要适用于填土路堤。加筋挡土墙构造及实景如图4-80、图4-81所示。

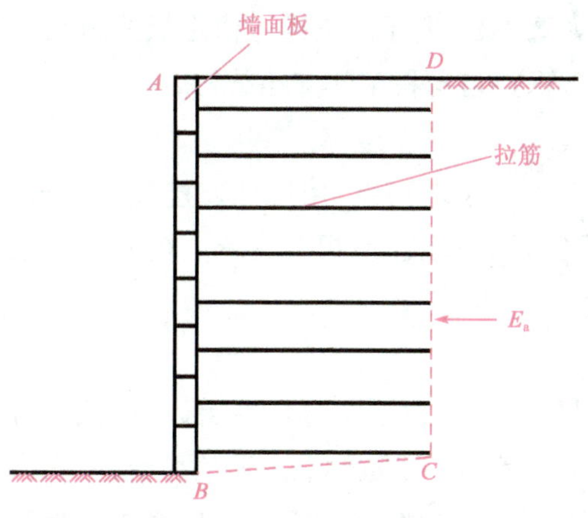

图4-80 加筋挡土墙构造图

图4-81 加筋挡土墙实景图

近年来，在公路、铁路、园林等领域，又广泛使用了一种新型加筋挡土墙——自嵌式景观挡土墙。它主要依靠挡土块块体、填土通过加筋带连接构成复合体的自重来抵抗动静荷载，进而达到稳定的作用。自嵌式景观挡土墙墙体砌筑无需砂浆，只需干垒，且能轻松形成任何曲线而无需切割,适用于任何基础条件。此外,它结构稳定,色彩丰富自然,比传统混凝土或毛石挡土墙经济,且施工速度更快。

②锚杆挡土墙

锚杆挡土墙是由钢筋混凝土墙面系和锚杆组成,锚杆插入并锚固在稳定的岩层或土层中。作用于墙面系的土压力由锚杆埋入地层的抗拔力来平衡,墙面系多采用柱板式,即由肋柱和挡土板组成,如图4-82所示。这种挡土墙多用于岩质、半岩质深路堑和陡坡路堤地段。

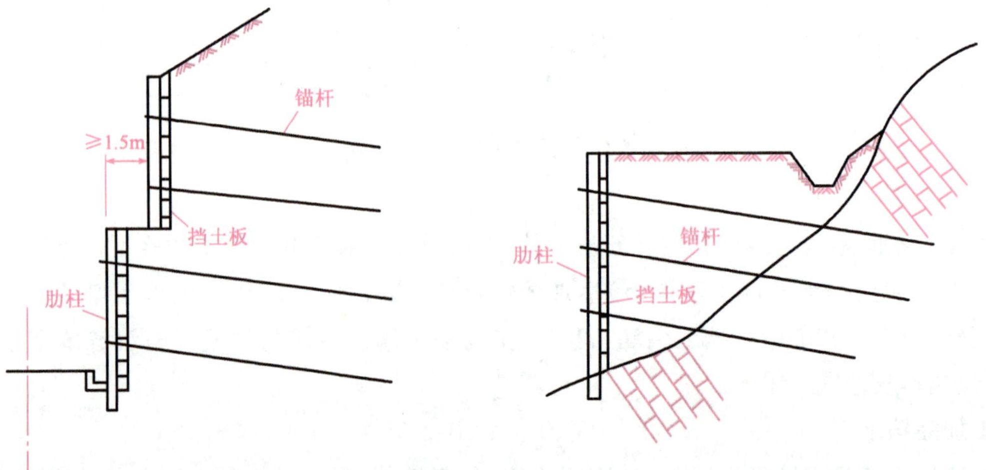

图4-82 锚杆挡土墙示意图

③锚定板挡土墙

锚定板挡土墙是由墙面系、拉杆、锚定板组成,如图4-83所示。它通过锚定板前填土抗力来平衡拉杆拉力。因此,锚定板挡土墙是依靠土体来保持自身稳定的支挡结构。

④对拉式挡土墙

对拉式挡土墙是由墙面系和拉杆组成,它在路基两侧设墙面系,用拉杆连接起来,一侧墙面系承受的土压力由另一侧墙面系上的土压力来平衡,两侧墙面系相互支承。墙面系一般采用肋柱和挡土板,其形状与锚定板挡土墙相同,如图4-84所示。

⑤钢筋混凝土悬臂式和扶壁式挡土墙

悬臂式挡土墙由立壁、趾板和踵板组成,呈现倒“T”字形,立壁支撑墙后土体,踵板上方土体重量起增加挡墙抗滑和抗倾覆稳定性的作用,趾板显著增加了抗倾覆力矩的力臂,并大大减少了基底应力。当墙高大于6m时,可采用钢筋混凝土扶壁式挡土墙,它是在悬臂式挡土墙的立壁与踵板间加肋板连接,以改善立壁和踵板的受力条件,如图4-85、图4-86所示。

⑥桩板式挡土墙

桩板式挡土墙是由钢筋混凝土桩、挡板组成。钢筋混凝土桩锚固于较深土层中,土压力通过挡土板传给桩并由桩前土体的弹性抗力来平衡。这种结构形式的挡土墙适用于地基承载力较低的不良地基，可用作路肩墙、路堤墙和路堑墙，如图4-87、图4-88所示。

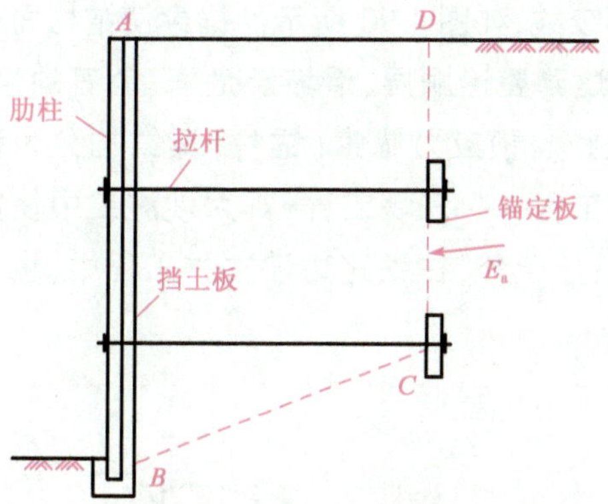

图4-83 锚定板挡土墙示意图

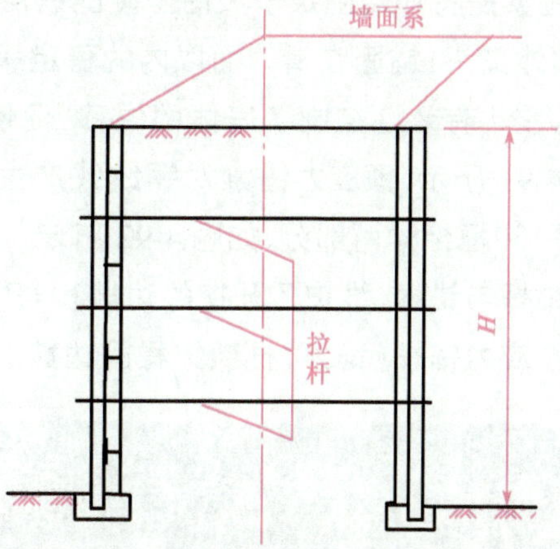

图4-84 对拉式挡土墙示意图

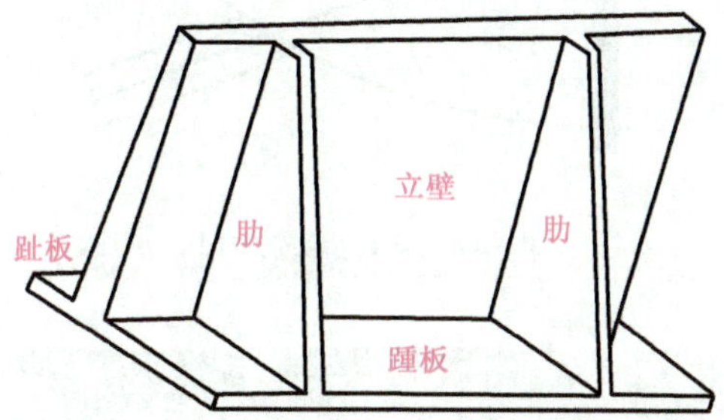

图4-85 扶壁式挡土墙示意图

图4-86 扶壁式挡土墙实景图

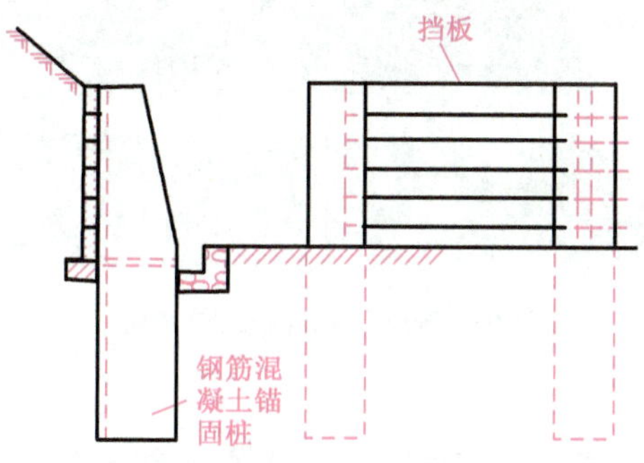

图4-87 桩板式挡土墙结构示意图

图4-88 桩板式挡土墙实景图

2）锚杆与锚索

锚杆是岩土体加固的杆件体系结构。锚杆从表面上看，限制了岩土体脱离原体；从宏观上看，增加了岩土体的黏聚性。它能提高滑坡面的正应力，进而提高其抗剪强度，如图4-89

所示。

锚索是将外端固定于坡面坚硬的岩层中(称内锚头),穿过软弱岩层或滑动面,另一自由端(称外锚头)锚固在滑动面以内的稳定岩体中的钢绞线,如图4-90所示。锚索使结构面处于压紧状态,有效地控制了岩体的位移,促使其稳定,达到整治顺层、滑坡及危岩、危石的目的。如图4-91所示,预应力锚索对钢绞线产生预应力张拉。预应力锚索(锚杆)梁结构分为锚索(锚杆)和框架梁两部分,如图4-92所示。我国世纪工程——三峡工程,其大坝施工中使用了大量锚杆与锚索,维护了开挖的边坡和岩壁的稳定性。此外,在铁路边坡支护工程中,也大量使用预应力锚杆(锚索)框架梁稳固边坡。

图4-89　锚杆结构实景图

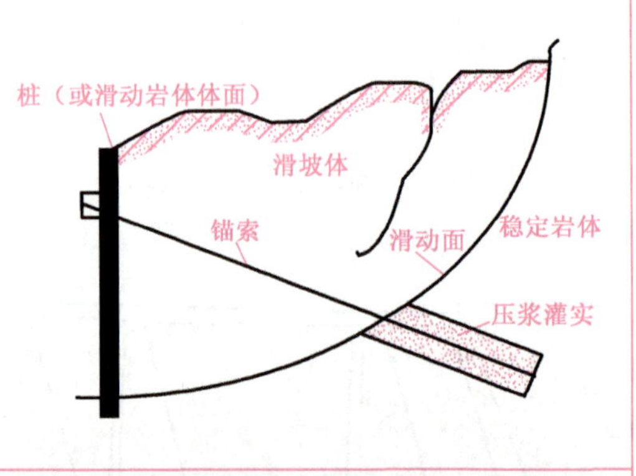

图4-90　锚索结构示意图

图4-91　预应力锚索实景图

图4-92　预应力锚索框架梁实景图

3)抗滑桩

抗滑桩是穿过滑坡体深入于滑床的桩柱,用以支挡滑体的滑动力,起稳定边坡的作用,适用于浅层和中厚层的滑坡,是抗滑处理的主要措施。抗滑桩按结构形式可分为单桩、桩板抗滑桩、排架抗滑桩、承台式抗滑桩、框架式抗滑桩、预应力锚索抗滑桩等。

(1)单桩

单桩即单根独立抗滑桩,又分为全埋式和半埋式两种。单桩特点是简单,且受力作用明确。

(2)桩板抗滑桩

当桩间土体较为松散且地基承载力较差时,如果采用单桩,桩间土有可能从桩间挤出,造成公路边坡变形甚至局部坍塌,有时桩间的圬工砌体还因承载力较低而无法实施。桩板抗滑桩是在桩与桩之间采用平板或拱板形式连接的抗滑挡土结构。桩间板可采用现浇或预制,施工方便,外形美观,行车导向效果好,桩间可作绿化场地,如图4-93所示。此结构适用于当桩间土体较为松散且地基承载力较差的情况,其实景图如图4-94所示。

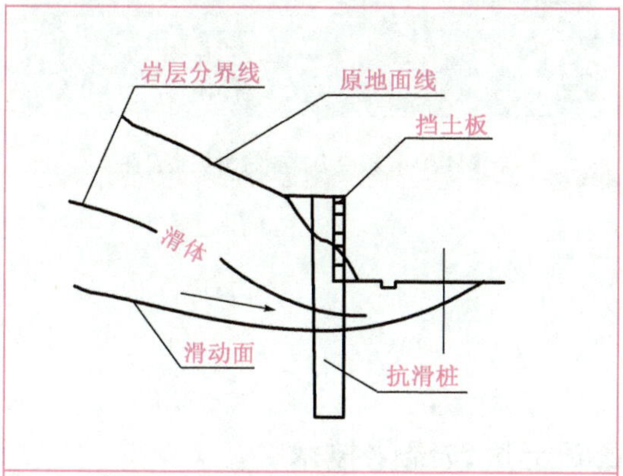

图4-93　桩板抗滑桩结构示意图

图4-94　桩板抗滑桩实景图

(3)排架式抗滑桩

排架式抗滑桩是由两根竖桩和两根横梁连接成的整体桩。排架桩的特点是转动惯量大,抗弯能力强,桩壁阻力较小,桩身应力较小,在软弱地层有较明显的优越性。

(4)承台式抗滑桩

承台式抗滑桩是由若干单根桩顶端用混凝土板或钢筋混凝土板连成一组共同抗滑的桩体。承台在平面上成矩形、T形和拱形。承台式抗滑桩能承担更大的滑坡推力,设置简便。

(5)框架式抗滑桩

框架式抗滑桩是将前后两根抗滑桩用一根或多根横梁连接,使之成为一刚架结构,一般前后排桩均为直立。在地形条件允许的条件下,前排桩可采用斜桩,结构内力计算表明,其斜度越大,造价越经济。框架式抗滑桩最大的优点是抗滑能力大,一般可抵抗2000~5500kN/m的滑坡推力,这种结构形式的受力方式明确,计算结果精确可靠。

(6)预应力锚索抗滑桩

预应力锚索抗滑桩由钢筋混凝土抗滑桩和预应力锚索或锚杆组成。把桩嵌入稳定岩层,在桩顶端用锚杆或锚索锚入稳定岩层并进行张拉,使抗滑桩形成简支梁受力系统。它使抗滑桩避免了悬臂梁式受力,从而使桩截面、桩长度及配筋量大大减小,不但节省投资,而且可根据滑坡推力的大小控制拉力,从而改变抗滑桩的被动受力方式,其结构如图4-95所示。这种类型的抗滑桩目前使用较多,其实景图4-96所示。

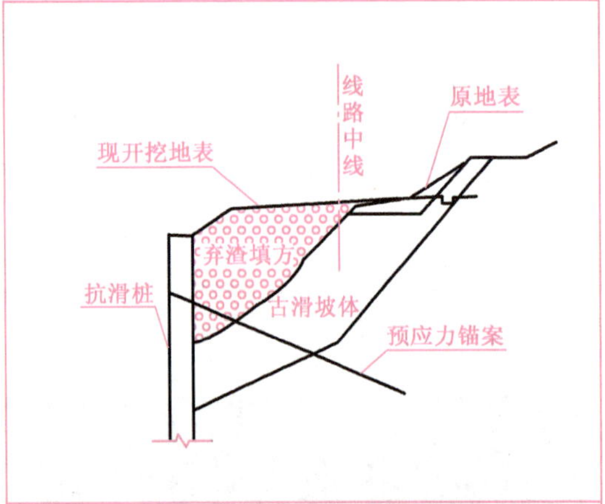

图4-95　预应力锚索抗滑桩结构示意图

图4-96　预应力锚索抗滑桩实景图

阅读材料

加筋式网箱挡墙及植被混凝土边坡绿化技术

1)加筋式网箱挡墙

加筋式网箱挡墙是利用加筋土技术修建的一种支挡结构物。加筋式网箱挡墙主要利用拉筋网片的拉结能力、挡土网箱与拉筋网片之间的连接力和网箱的抗剪能力来共同承担土体内部对墙体的压力。此挡墙由面板网箱,填料及在填料中布置的拉筋网片组成,加筋式网箱单元如图4-97所示。目前,加筋式网箱挡墙在公路、铁路、建筑、水利、煤矿等部门都得到应用。其施工示意图如图4-98所示。

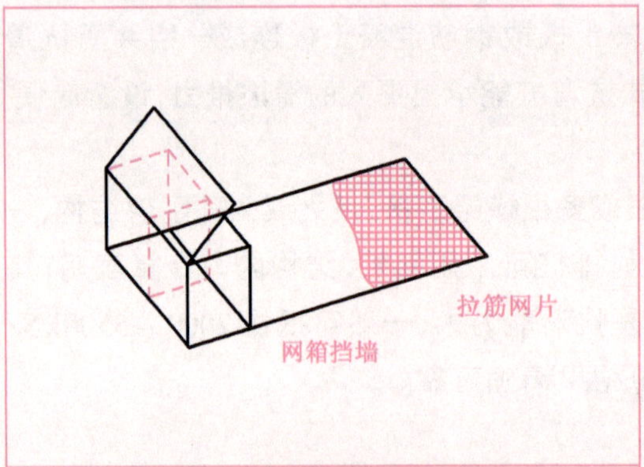

图4-97　加筋式网箱挡墙单元结构图

图4-98　加筋式网箱挡墙施工示意图

2)植被混凝土边坡绿化技术

它是针对大于60°的高陡岩石(混凝土边坡、硬岩边坡)边坡防护和绿化的新技术,该技术是以水泥为黏结剂,添加植被混凝土绿化添加剂,有机物(纤维+有机质或腐殖质)含量小于20%(体积比),并由沙壤土、植物种子、肥料、水等组成喷射混合料喷射到岩面上进行护坡绿化的技术。其中,有机质或腐殖质一般采用酒糟、醋渣或新鲜有机质(稻壳、秸秆、树枝)的粉碎发酵物。由于水泥的黏结作用,上述混合物可在岩石表面形成一层具有连续空隙的硬化体。一定程度的硬化可以使种植免遭冲蚀,而空隙可内填种子、土壤、保水材料等。空隙既是种植基质的填充空间,又是植物根系的生长空间。该技术采用干式喷锚机喷播,其特点是喷射距离远,喷射层有一定强度且不易产生龟裂,抗冲刷能力强,不仅适用于所有开挖后的岩体边坡,也适用于岩堆、软岩、碎裂岩、散体岩、极酸性土岩及挡土墙、护面墙、混凝土结构边坡等不宜绿化的恶劣环境。植被混凝土边坡绿化技术包括以下工序:坡面整治→高强度土工网和锚钉的铺设安装→植被混凝土基材制备→植被混凝土喷植。

单元5　桥　　梁

引子

我国修建桥梁的历史悠久,古代劳动人民曾修建了许多跨越江河、峡谷的桥梁,其中有些至今仍然巍然屹立,继续发挥作用,显示着我国古代劳动人民的聪明与才智。我国桥梁究竟始于何时,无从考查。按文献记载较早期著名的桥有:商纣王时(约公元前11世纪)为西伯姬昌(即周文王)迎亲之用,在渭水搭建浮桥(见《诗经·大雅·大明》"亲迎于渭·造舟为梁");还有秦昭襄王时(公元前257年),在山西蒲州(今风陵渡)黄河上架设了大浮桥(见《史记·秦本纪》),这是有文字记载的第一座跨越黄河的桥。

我国古代桥梁,大体上包括了现代桥梁工程中的梁桥、拱桥和索桥三种基本体系,很多建筑技术处于当时世界领先水平。在众多古代桥梁中,最为著名的当属坐落在河北省赵县洨河上的赵州桥,如图5-1所示。它建于隋代(公元581—618年)大业年间(公元605—618年),由著名匠师李春设计和建造,距今已有约1400年的历史,是当今世界上现存最早、保存最完善的古代敞肩石拱桥,净跨37m,宽9m,拱矢高度7.23m,在拱圈两肩各设有两个跨径不等的腹拱,这样既能减轻桥身自重、节省材料,又便于排洪、增加美观,1961年被国务院列为第一批全国重点文物保护单位。

图5-1　赵州桥

5.1　概述

5.1.1　桥梁的组成

桥梁是供铁路、公路、渠道、管线等跨越河流或其他障碍并具有承载能力的架空建筑物。跨越河流或山谷的桥梁称为跨河桥或跨谷桥。有些跨谷桥高度和长度由地形和经济条件决定,建成高而长的桥梁,称为高架桥。跨越铁路或公路的桥梁称为跨线桥或立交桥。线路通过城市区、工业区或农作物区,为保留线路通过地段的空间或少占耕地,不修路堤而以桥梁通过,称这种桥为旱桥或栈桥。常见的桥梁结构如图5-2所示。

桥梁的基本组成如图5-3所示。

5.1.2　桥梁的分类

桥梁有多种不同的分类方式,每一种分类方式均反映出桥梁在某一方面的特征。

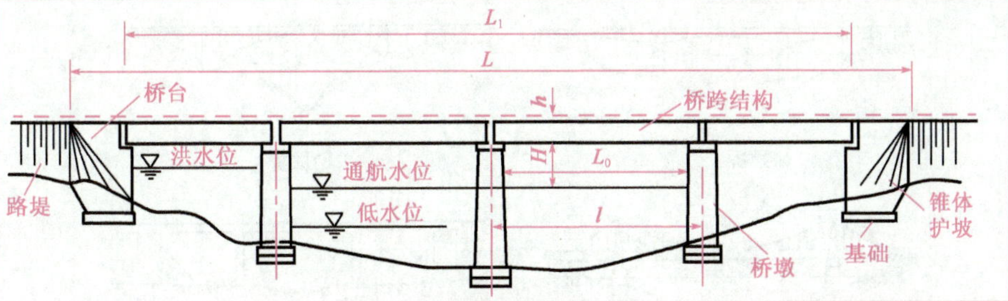

图5-2 桥梁结构图

- 桥梁的组成
  - 上部结构
    - 桥跨结构
    - 桥面构造
    - 支座
  - 防护建筑物：主要有桥头锥体护坡、导流建筑物、护岸和既有桥的浅基防护建筑物等
  - 下部结构
    - 桥墩
    - 桥台
    - 基础

图5-3 桥梁的基本组成

1）按桥梁规模分类

桥梁总长和单孔跨径都是桥梁建设规模的标志，据比可分为特大桥、大桥、中桥、小桥和涵洞，如表 5-1 所示。

桥梁分类与长度（单位：m） 表 5-1

桥 梁 分 类	公 路 桥 梁		铁 路 桥 梁
	多孔跨度总长 L_1	单孔跨径 l	桥长 L_1
特大桥	$L_1 \geq 1000$	$l \geq 150$	$L_1 > 500$
大桥	$100 \leq L_1 < 1000$	$40 \leq l < 150$	$100 < L_1 \leq 500$
中桥	$30 < L_1 < 100$	$20 \leq l < 40$	$20 < L_1 \leq 100$
小桥	$8 \leq L_1 \leq 30$	$5 \leq l < 20$	$L_1 \leq 20$
涵洞	对管涵和箱涵，不论孔数多少和跨度大小，均称为涵洞	$l < 5$	$L_1 \leq 6$

根据《铁路桥涵设计基本规范》（TB 10002.1—2005）（以下简称《桥规-1》）中规定：梁桥桥长是指两桥台挡砟前墙之间的长度；拱桥桥长是指拱上侧墙与桥台侧墙间两伸缩缝外端之间的长度；刚架桥桥长是指刚架顺跨度方向外侧之间的长度。

2）按桥梁主体结构用材分类

按结构用材分类，有钢桥、钢筋混凝土桥、预应力混凝土桥、结合梁桥、圬工桥等。

3）按结构体系分类

按结构体系分类，有梁桥、拱桥、悬索桥、刚架桥等几种基本体系，以及由两种基本体系或一种基本体系与梁、塔、斜拉索等构件形成的组合体系桥梁。结构体系分类如图 5-4 所示。

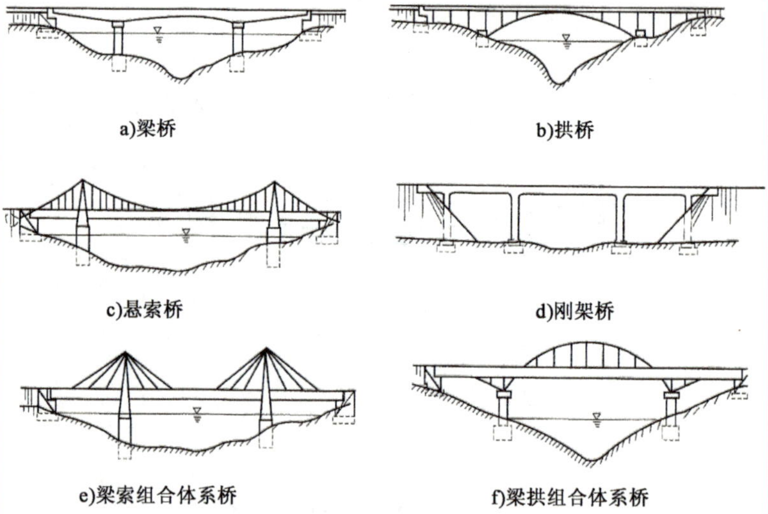

图5-4　桥梁结构体系分类

4）按桥跨结构与桥面的相对位置分类

按桥跨结构与桥面的相对位置分类，有上承式、中承式和下承式桥三种，如图 5-5 所示。

对梁桥和拱桥，桥面布置在桥跨结构上面的称为上承式桥，如图 5-5a）所示；相应地，布置在中间的称为中承式桥，如图 5-5b）所示；布置在下面的称为下承式桥，如图 5-5c）所示。

图5-5　上承式、中承式、下承式桥梁

5）按桥梁跨越障碍物的不同分类

按桥梁跨越障碍物的不同分类，有跨河桥、跨线桥、谷架桥及栈桥等，如图 5-6 所示。

6）按桥梁用途分类

按桥梁用途分类，有公路桥、铁路桥、公路铁路两用桥、农桥、人行桥、运水桥（渡槽）和其他专用桥梁(如通过管路、电缆等)。

7)按桥梁的平面形状分类

按桥梁平面形状分类,有直桥、斜桥和曲线桥,如图5-7所示。

a)跨河桥

b)跨线桥

c)谷架桥

d)栈桥

图5-6 各种跨越障碍物的桥梁

a)直桥

b)曲线桥

图5-7 按平面形状分类的桥梁

5.1.3 桥梁设计概述

1)桥梁设计基本原则

桥梁设计必须遵照适用、经济、安全和美观的基本原则。

桥梁必须适用,要有足够的承载能力,能保证行车的畅通、舒适和安全;既满足当前的需要,又考虑今后的发展;既满足交通运输本身的需要,也要考虑到支援农业、满足农田排灌的需要;通航河流上的桥梁,应满足航运的要求;靠近城市、村镇、铁路及水利设施的桥梁,还应结合各有关方面的要求,考虑综合利用;桥梁还应考虑在战时适应国防的要求;在特定地区,桥梁还应满足特定条件下的特殊要求(如地震等)。只有满足了这些基本条件后,才能谈得上对桥梁结构的其他要求。桥梁既要做到总造价经济，又要保证工程质量和运用安全可靠。

在适用、经济和安全的前提下，尽可能使桥梁具有优美的外形，并与周围的环境相协调，尤其是在城市和游览地区。

桥梁设计必须积极采用新结构、新设备、新材料、新工艺，充分利用国际最新科学技术成就，并把学习国际科学技术和自己独创结合起来。只有这样才能更好地贯彻适用、经济、安全和美观的原则，提高我国的桥梁建设水平，赶上和超过世界先进水平。

桥梁的设计包括：野外勘测与调查、桥孔、桥面高程和桥梁净空及平面布置等内容。

2）与桥梁布置有关的主要尺寸名称和技术术语

与桥梁布置有关的主要尺寸名称和技术术语见表5-2。

与桥梁布置有关的主要尺寸名称和技术术语 表5-2

1. 水位	枯水季节时的最低水位称为低水位，丰水季节时的最高水位称为高水位或洪水位；桥梁设计中按规定的设计洪水频率计算所得到的高水位，称为设计水位；在有通航要求的各级航道中，能够保持船舶正常航行时的水位，称为通航水位
2. 桥梁全长	对于梁式桥，两桥台侧墙或八字墙尾端之间的距离称为桥梁全长
3. 桥梁总长	两桥台台背前缘（铁路桥为两桥台挡碴前墙）之间的距离称为桥梁总长，简称桥长
4. 净跨径	对于梁式桥，净跨径是指设计洪水位上相邻两个桥墩（或桥台）之间的水平净距
5. 总跨径	是多孔桥梁中各孔净跨径的总和，也称桥梁孔径，它反映出了桥位处泄洪的能力
6. 计算跨径	对于有支座的桥梁，是指桥跨结构相邻两个支座中心之间的距离，简称跨径
7. 标准跨径	是指相邻两桥墩中线之间的距离，或桥墩中线至桥台台背前缘之间的距离，也称单孔跨间
8. 桥梁高度	简称桥高，是指桥面与低水位之间的高差，或为桥面与桥下线路路面之间的距离。桥高在某种程度上反映了桥梁施工的难易性
9. 桥下净空高度	是指设计洪水水位或设计通航水位至桥跨结构最下缘之间的距离。它应保证能安全排洪，并不得小于对该河流通航所规定的净空高度
10. 桥上净空	是指桥梁行车道、人行道上方应保持的空间限界
11. 桥梁建筑高度	是指桥上行车路面高程至桥跨结构最下缘之间的距离

其中，桥跨结构的力学计算是以计算跨度为准的。铁路简支梁桥跨径见表5-3。

铁路简支梁桥跨径系列（单位：m） 表5-3

跨径（支点距离）	4	5	6	8	10	12	16	20	24	32
梁长	4.5	5.5	6.5	8.5	10.5	12.5	16.5	20.6	24.6	32.6
跨径（支点距离）	40	48	56	64	80	96	112	128	144	168
梁长	40.6	49.1	57.1	65.1	81.1	97.1	113.5	129.5	145.5	169.5

5.2 桥梁墩台及基础

桥梁墩台、桥台及其基础是桥梁的下部结构。桥梁墩台是桥梁的支承结构，主要作用是承受上部结构传来的荷载，并将荷载及其自身重力传给基础。桥台是桥梁两端桥头的支承结构，是线路与桥梁的连接点。桥墩是多跨桥的中间支承结构。大多数桥梁的墩台通常由墩(台)帽、墩(台)身和基础三部分组成,如图5-8所示。

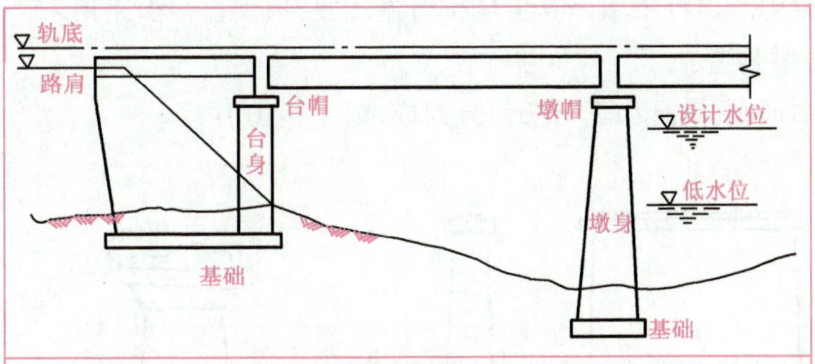

图5-8 桥梁墩台

5.2.1 桥墩

铁路桥墩一般分为重力式、空心式、桩式及柱式等类型。

1)重力式桥墩

(1)重力式桥墩类型

重力式桥墩也称实体式桥墩,它主要靠自身的重力来平衡外力而保持其稳定。重力式桥墩墩身比较厚实,可以不配钢筋,也可采用混凝土块砌筑。重力式桥墩取材方便,施工简易,养护工作量小,在中、小跨桥梁,尤其是铁路桥梁中常被采用。它的缺点是工程量大、自重大,对地基承载力的要求较高,基础工程数量也往往较大。

按墩身水平横截面形式的不同,常见的重力式桥墩可分为矩形桥墩、圆端形桥墩、圆形桥墩及尖端形桥墩,如图5-9所示。

图5-9 重力式桥墩类型

①矩形墩。其截面为矩形,它的外形简单、施工方便,但对水流的阻力很大,引起的局部冲刷较大。一般用于无水或静水处,在水流影响较小或不通航河流上的桥墩,或靠近河岸的桥墩,也可采用这种形式。

②圆端形墩。其截面为矩形,长边的两端各接一个半圆,施工稍复杂,但较适合水流通过,可减少局部冲刷。一般用于水流斜交角小于15°的桥梁,是水中重力式桥墩中使用最广的一种形式。

③圆形墩。其截面为圆形,其流水特性较前两种形式好,但其材料用量较多,且施工模板

制作较麻烦。圆形墩一般用于河流急弯、流向不固定或与水流斜交角大于15°的桥梁。

④尖端形桥墩。适用于水流方向与桥梁法线的斜交角度小于5°,以及河床不允许有严重冲刷的小跨径桥梁中。这种桥墩因其尖端部分施工复杂,现已很少采用。

(2)重力式桥墩构造

重力式桥墩由顶帽、墩身和基础三部分组成,如图5-10所示。

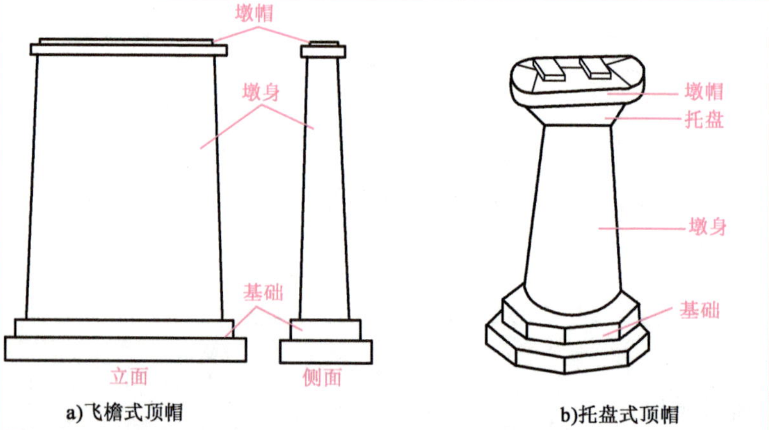

图5-10 重力式桥墩组成

①顶帽。顶帽位于桥墩顶部,它的主要作用是将桥梁支座传来的相当大的较为集中的力,分散均匀地传给墩身,如图5-11所示。此外,顶帽也为施工架梁和养护维修提供必要的工作面,故其平面尺寸较墩身大。顶帽一般有两种形式,即飞檐式顶帽(见图5-10a)和托盘式顶帽(见图5-10b)。顶帽一般由墩帽、托盘、支承垫石和支座锚栓所组成。

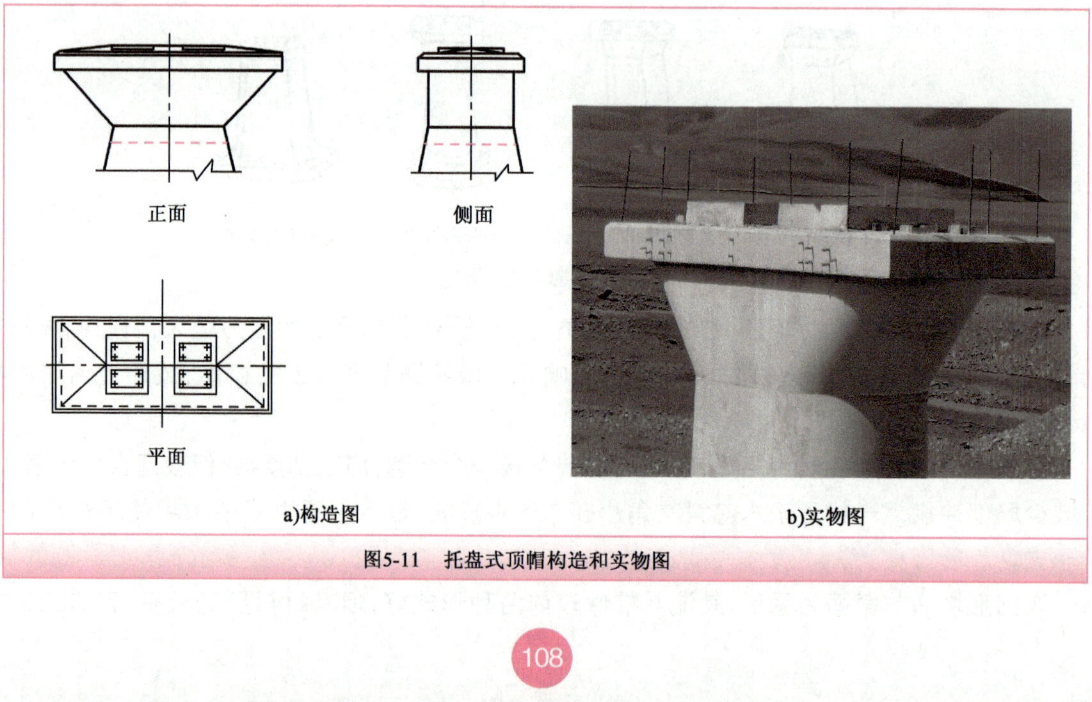

图5-11 托盘式顶帽构造和实物图

a. 墩帽　墩帽位于桥墩的顶端，通过支座承托上部结构，并将相邻两孔桥上的荷载传到墩身上。由于它受到支座传来的很大的集中应力，所以要求它有足够的厚度和强度。墩帽一般要用不低于C20的混凝土浇筑，加配构造钢筋。其顶面在横桥方向常做成一定的排水坡，并在四周墩身顶出檐5～10cm，同时在其上做成沟槽形滴水以避免水侵蚀墩身。墩帽的最小厚度一般不小于0.4m，中、小跨径桥也不应小于0.3m。

b. 托盘　当墩帽横向宽度较大，而墩身顶面宽度较小时，为节省圬工，一般在墩帽下设置托盘过渡，称为托盘式顶帽。在地震区，一般不采用托盘式顶帽，这是因为颈缩处形成薄弱面，对抗震性能不利。为增加颈缩处薄弱面的强度，在颈缩处需设置构造钢筋。托盘及托盘以下一小段墩身混凝土强度等级与墩帽相同。

c. 支承垫石　墩帽顶面在安装支座的地方做成平台，称为支承垫石。其顶部设网状钢筋一层，钢筋直径一般是10mm，间距是10cm。支承垫石的顶面应高出墩帽排水坡的上棱，其尺寸比支座板每边加大15～20cm。

d. 支座锚栓　支座锚栓是锚固在支承垫石上的支座螺栓，起固定上下支座的作用。施工时一般先预留孔位，架梁时再固定，以保证位置准确。

②墩身。墩身是桥墩的主体部分，可用混凝土、片石混凝土浇筑，也可用石料或混凝土预制块砌筑。墩身的主要尺寸包括墩高、墩顶面、墩底面的平面尺寸和墩身侧坡。墩身平面形状常做成圆端形或尖端形，在无水岸墩或高架桥时也可做成矩形，在水流与桥梁斜交时还可做成圆形。

墩身侧面一般均做成斜坡，但若高度不大（在6m以内时），为了施工方便，也可不设置坡度。墩高很大的桥墩，也可分段做成台阶状。

③基础。基础是桥墩与地基直接接触的部分，其类型与尺寸往往取决于地基条件，尤其是地基承载力。最常见的是刚性扩大基础，一般采用C15以上片石混凝土或浆砌块石筑成。基础的平面尺寸较墩身底面尺寸略大，四周各放大20cm左右。基础可以做成单层，也可以做成2～3层的台阶式，台阶的宽度由刚性角控制。

2）空心式桥墩

空心式桥墩的横截面为空心薄壁截面，它克服了实体式桥墩在许多情况下材料强度得不到充分发挥的缺点，是实体墩向轻型化发展的一种较好的结构形式，尤其适用于高桥墩。空心式桥墩较实体式桥墩节约材料，自重减轻，但其抗撞击能力相对较差。

一般相同高度的空心式桥墩较实体式桥墩节省材料用量20%～30%，钢筋混凝土空心式桥墩可节省50%左右。空心式桥墩可采用钢滑动模板施工，其施工速度快，质量好，节省模板支架。对于高桥墩，空心式桥墩更显出其优越性。

空心式桥墩按其建筑材料不同，可分为混凝土空心墩和钢筋混凝土空心墩两类。混凝土空心墩可在高度小于50m的桥墩中使用。钢筋混凝土空心墩受力性能优于混凝土墩，可用于更高的桥墩。

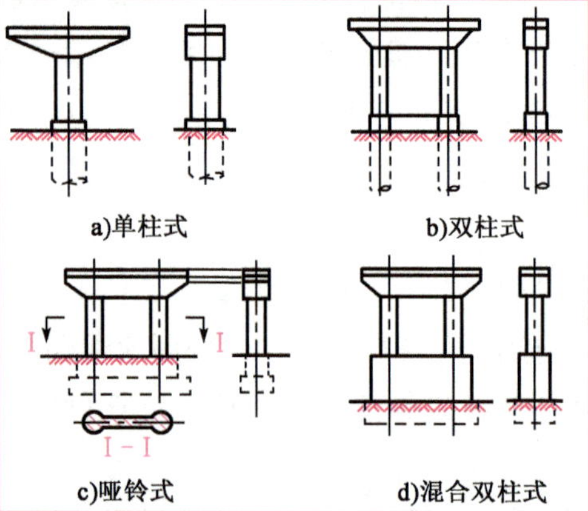

图5-12　柱式桥墩类型示意图

3)桩式桥墩和柱式桥墩

桩式桥墩是将桩基一直向上延伸到桥跨结构下面,桩顶浇筑墩帽,桩作为墩的一部分。由于大孔径钻孔灌注桩基础的广泛使用,桩式桥墩在桥梁工程中得到普遍采用。这种结构一般用于桥跨不大于30m、墩身不高于10m的情况。

如在桩顶上修筑承台,在承台上修筑立柱作墩身,则成为柱式桥墩。柱式桥墩可以是单柱,也可以是双柱或多柱形式,视结构需要而定。图5-12为柱式桥墩的类型示意图。双车道桥常用的形式有单柱式、双柱式、哑铃式及混合双柱式四种。

采用胶结材料(砂浆、小石子混凝土等)将砖、石块等块材连接成整体的结构物,称为砖石结构。采用预制或整体浇筑的素混凝土、片石混凝土构成的结构物,称为混凝土结构。以上两种结构通常统称为圬工结构。由于圬工材料(石料、混凝土、砖等)的共同特点是抗压强度大,而抗拉、抗剪性能较差,因此圬工结构在工程中常用作以承压为主的结构构件,如拱桥的拱圈、涵洞、桥梁的重力式墩台、扩大基础及重力式挡土墙等。

5.2.2　桥台

桥台是桥头两端的支承结构物,它是连接两岸线路的桥梁衔接构筑物。它既要承受支座传递来的竖向力和水平力,还要挡土护岸,承受台后填土及填土上荷载产生的侧向土压力。因此,桥台必须有足够的强度和稳定性,并能避免在荷载作用下发生过大的水平位移、转动和沉降。桥台一般分为重力式桥台和轻型桥台两大类。

1)重力式桥台

(1)重力式桥台类型

重力式桥台也称为实体式桥台,它主要靠自身重力来平衡台后的土压力。桥台台身多用混凝土或混凝土块建造,并采用就地建造施工。

按其截面形状或构造特征来分,重力式桥台有矩形桥台、T形桥台、U形桥台、耳墙式桥台等,其一般构造如图5-13所示。其中,矩形桥台和T形桥台主要用于铁路桥梁。

(2)重力式桥台构造

重力式桥台由台顶、台身、桥台的附属设备组成,如图5-14所示。

①台顶。桥台顶帽底面线以上的部分叫台顶,由台帽、道砟槽和支承道砟槽的混凝土组成,如图5-15所示。

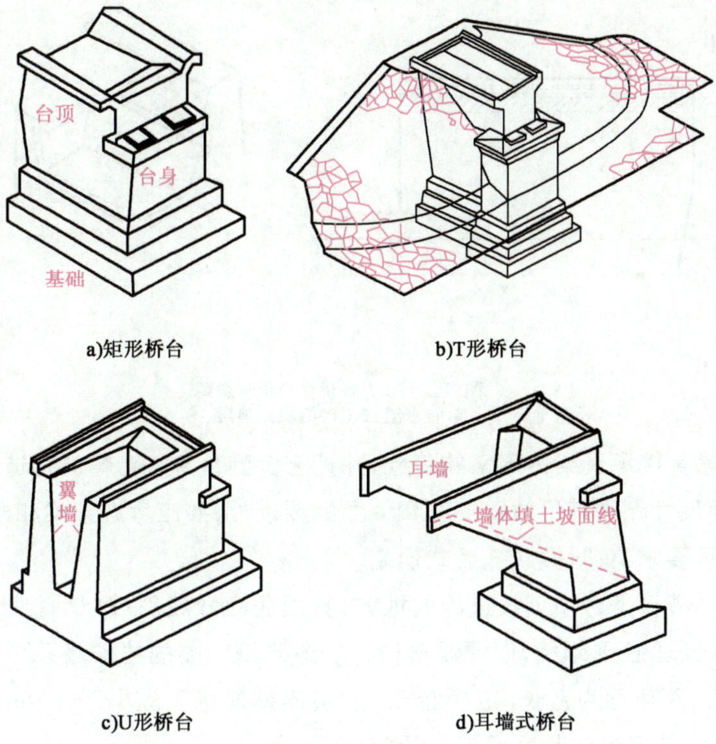

图5-13 重力式桥台

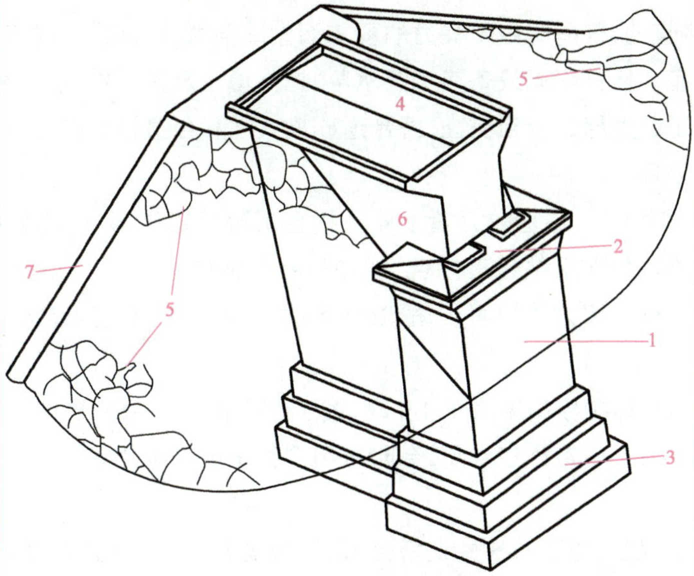

图5-14 重力式桥台构造图

1-台身;2-台帽;3-基础;4-道砟槽;5-锥体填土及其护坡;6-台顶;7-检查台阶

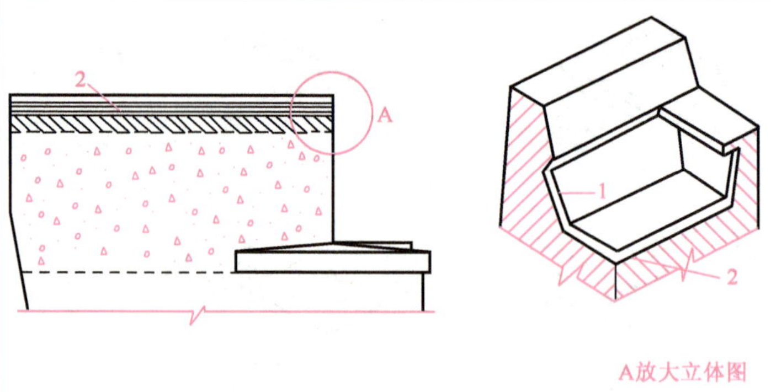

图5-15　重力式桥台台顶示意图
1-防水层;2-C10混凝土垫层

a. 台帽　台帽直接承受梁传下来的荷载,并把它传到台身。台帽的构造尺寸、建筑材料和墩帽一样,其平面尺寸除需满足放置支座和传力的要求外,并应考虑架梁和桥梁养护工作的方便。为了适应这种要求,有时做成托盘式顶帽。

b. 道砟槽　道砟槽是台顶铺设道砟的地方,其顶面应做成斜坡以利排水。道砟槽两侧有挡砟墙,挡砟墙内预埋 U 形螺栓,以便设置栏杆。道砟槽前端的挡砟墙又称为胸墙,胸墙至道砟槽后端(台尾)的距离称为台长(或桥台长)。道砟槽顶宽不应小于 3.9m,轨底应高出挡砟墙顶不小于 20cm。轨底道砟厚度不应小于 25cm。

②台身。台身指顶帽底面线以下,基础顶面以上的部分。因为桥台两侧有锥体填土可以帮助承受横向荷载,故台身的侧面常做成竖直的。在纵向上,台身后面稍向后仰。台身前面称为前墙,一般都是竖直的,但有时由于受力的要求而做成斜坡,以加大台身底部的面积。

③桥台附属设备。桥台附属设备包括防水层、锥体填土及其护坡、检查台阶等。

a. 防水层　为了避免圬工受到侵蚀,桥台道砟槽顶面和台身被土掩埋的表面,应按规定铺设防水层或做适当处理。

b. 锥体填土及其护坡　路基前方填土伸入桥台部分呈锥体形状,称为桥台锥体填土,其作用是加强桥台和路基的连接并包裹桥台,增加桥台的横向稳定性,如图 5-16 所示。锥体填土宜用渗水土填筑。锥体填方的坡面,一般以全高防护,并根据流速、流冰、流木等情况,决定防护标准。

c. 检查台阶　当锥体护坡高度大于 4m 时,为了便于检查桥台及护坡,在桥台台尾路堤与锥体填土交界处的边坡上修筑检查台阶,台阶可用混凝土或浆砌片石砌筑,如图 5-17 所示。

2)轻型桥台

轻型桥台的形式很多,主要有桩柱式桥台、薄壁轻型桥台、支撑梁轻型桥台、框架式桥台、组合式桥台等。其主要特点是利用结构本身的抗弯能力来减少结构尺寸和材料用量而使桥台轻型化。轻型桥台所用材料大多是以钢筋混凝土或少量配筋的混凝土为主。轻型桥台主要用于公路桥梁。

图5-16　桥台锥体填土及其护坡

图5-17　检查台阶

告诉你一个小知识……

“砼”一字的创造者是著名结构学家蔡方荫教授，创造时间是1953年。当时教学科技落后，没有录音机，也没有复印机，学生上课听讲全靠记笔记。“混凝土”是建筑工程中最常用的词，但笔画太多，写起来费力又费时。于是，思维敏捷的蔡方荫就大胆用“人工石”三字代替“混凝土”。因为“混凝土”三字共有三十笔，而“人工石”三字才十笔，可省下二十笔，大大加快了笔记速度。后来“人工石”合成了“砼”，并在大学生中得到推广。1955年7月，中国科学院编译出版委员会“名词室”审定颁布的《结构工程名词》一书中，明确推荐“砼”与“混凝土”一词并用。从此，“砼”被广泛采用于各类建筑工程的书刊中。1985年6月7日，中国文字改革委员会正式批准了“砼”与“混凝土”同义、并用的法定地位。另外，“砼”的读音正好与法文、德文、俄文中混凝土一词的发音基本相同。这样，在建设领域中更有利于国际学术交流，是个建筑工程专用字。但在正式出版物中，不推荐用“砼”，而一律写成“混凝土”。

5.2.3　桥梁基础

桥梁基础是桥梁结构物直接与地基接触的最大部分，主要包括浅置基础、深基础及深水基础三种类型。

1）浅置基础

浅置基础是在桥台或桥墩下直接修建的实体基础，其埋深小于基础宽度或浅于5m。一般适用于在岸上或水流冲刷影响不大、水深在5～10m之间的浅水处并有完整的岩面或坚实的土层。浅置基础又称明挖基础或扩大基础，一般分为天然地基浅基础和人工地基浅基础，如图5-18所示。它构造简单、施工方便且造价低，故经常被采用。

2）深基础及深水基础

深基础及深水基础类型很多，有桩基础、管柱基础、沉井基础、沉箱基础、地下连续墙基础等，其中最常用的是桩基础。下面就桩基础作简单介绍。

当墩台所处位置的覆盖层很厚，适于持力的地基很深，或同时水深较大时，可以选用桩基础。桩基础可以将荷载直接传递到地层深处。单桩的承载力一般有限，所以桩基础通常以群桩的形式出现，桩群的顶部还要修建一个承台将桩群做成整体。桩基础的一般构造如图 5-19 所示。

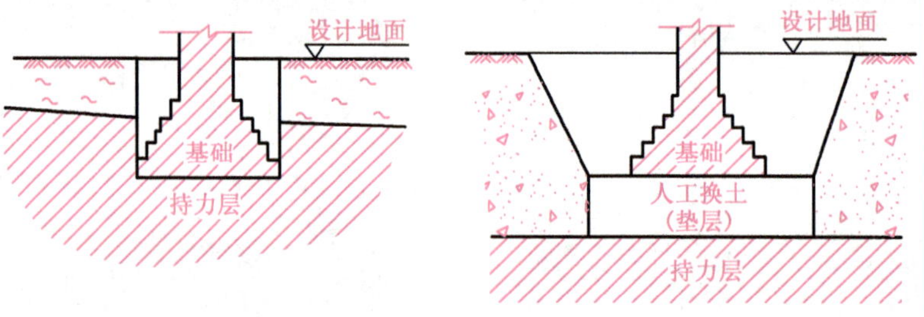

a)天然地基浅基础　　b)人工地基浅基础

图5-18　浅置基础

根据地质条件的不同，桩的传力方式有两种：一种是使桩尖通过软弱的覆盖层并嵌入坚实的岩面，荷载由桩尖直接传到基岩中，桩如同柱子一样受力，这种桩称为柱桩，也称为端承桩，如图 5-20a) 所示。另一种是当基岩埋藏很深，桩尖不可能达到基岩时，荷载是通过桩与土壤间的摩阻力和桩的端部支承力共同来承受的，这种桩称为摩擦桩，如图 5-20b) 所示。

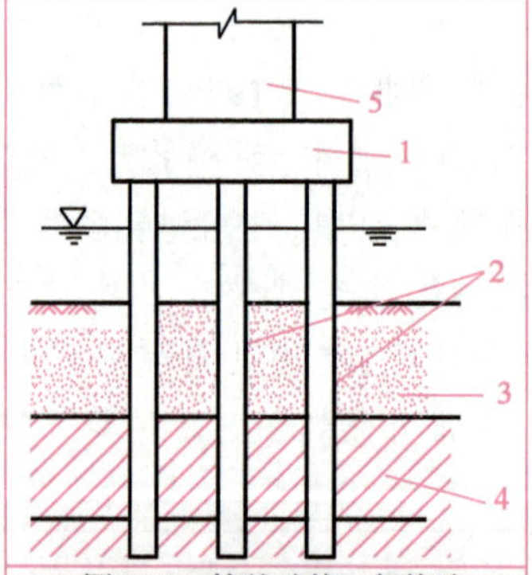

图5-19　桩基础的一般构造

1-承台；2-基础；3-软土层；4-持力层；5-墩身

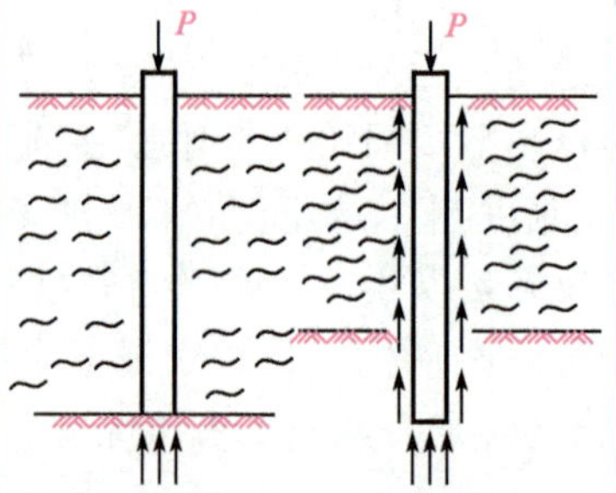

a)柱桩　　b)摩擦桩

图5-20　柱桩和摩擦桩

5.3　桥梁施工

桥梁施工方法对桥梁结构设计及桥梁成本都有较大影响。

5.3.1　桥梁下部结构施工

1) 基础工程

在桥梁工程中，通常采用的基础形式有明挖扩大基础、桩基础、沉井基础等，其施工方法可大致分类如下。

(1) 明挖扩大基础

明挖扩大基础施工中的一项主要工作就是开挖基坑，可以采用人工开挖、机械开挖、土与石围堰开挖和板桩围堰开挖等方法。明挖扩大基础施工的难易程度与地下水处理的难易有关。当地下水位较高时，则需采取排水措施，也可采用化学灌浆法及帷幕法进行止水或排水。

(2)桩基础

按成桩方法不同,桩基础可分为沉入桩和灌注桩两大类。沉入桩也称打入桩,沉入的方法有锤击法、振动法、静力压桩法和射水或预钻孔辅助沉桩法等。灌注桩施工又可分为正循环回转法、反循环回转法、冲抓锥法、潜水钻法、套管法(也称沉管法)及人工挖孔法等。

(3)沉井基础

沉井可采用筑捣法在墩位制造,井内取土靠自重下沉,并可采取压重、高压射水、降低井内水位减小浮力以及泥浆润滑套、空气幕等措施辅助下沉。在深水中建造时,可采用浮式沉井,浮运至墩位处下沉施工。

(4)管柱基础

管柱基础是一种大直径桩基础。管柱下沉必须要有导向装置。管柱大多采用振动打桩机强力振动,或辅以射水、吸泥等措施强迫下沉。

2)承台

位于旱地或浅水河中的承台施工方法与明挖扩大基础的施工方法相类似。对于深水中的承台,一般采用钢板桩围堰、整体套箱围堰或双壁钢围堰等止水,以实现承台的避水施工。

3)墩(台)身

桥梁墩台施工方法通常分为两大类:一类是现场就地浇筑与砌筑;另一类是拼装预制的混凝土砌块、钢筋混凝土或预应力混凝土构件。多数工程采用前者,优点是工序简便,机具较少,技术操作难度较小;但是施工期限较长,需耗费较多的劳力与物力。近年来,交通建设迅速发展,施工机械(起重机械、混凝土泵送机械及运输机械等)也随之有了很大进步,采用预制装配构件建造桥梁墩台的施工方法有了新的进展。其特点是既可确保施工质量、减轻工人劳动强度,又可加快工程进度、提高工程效益,对施工场地狭窄,尤其对缺少砂石地区或干旱缺水地区等,建造墩台有着更重要的意义。

(1)现浇混凝土墩台施工

现浇混凝土墩台施工有两个主要工序:一是制作与安装墩台模板;二是混凝土浇筑。

①墩台模板。常用的模板类型有拼装式模板、整体吊装模板、组合钢模板、滑动钢模板。各种模板在工程上的应用,可根据墩台高度、墩台形式、机具设备、施工期限等条件,因地制宜,合理选用。

②混凝土浇筑。墩(台)身混凝土施工前,应将基础顶面冲洗干净,凿除表面浮浆,整修连接钢筋。浇筑混凝土时,应经常检查模板、钢筋及预埋件的位置和保护层的尺寸,确保位置正确,不发生变形。混凝土施工中,应切实保证混凝土的配合比、水灰比和坍落度等技术性能指标满足规范要求。

(2)装配式墩台施工

装配式墩台适用于山谷架桥或跨越平缓无漂流物的河沟、河滩等情况,特别是在工地干扰多、施工场地狭窄、缺水与砂石供应困难地区,其效果更为显著。装配式墩台的优点是结构形式轻便、建桥速度快、圬工材料省、预制构件质量有保证等。目前经常采用的装配式墩台有砌块式、柱式、管节式和环圈式等。

①砌块式墩台施工。砌块式墩台大体上与石砌墩台相同，只是预制砌块的形式因墩台形式不同有很多变化。

②柱式墩台施工。柱式墩台是将桥墩分解成若干轻型部件，在工厂或工地集中预制，再运送到现场装配成桥墩，其形式有双柱式、排架式和刚架式，如图 5-21 所示。其施工工序为预制构件、安装连接和混凝土养护等。其中，拼装接头是关键工序，既要牢固、安全，又要结构简单便于施工。

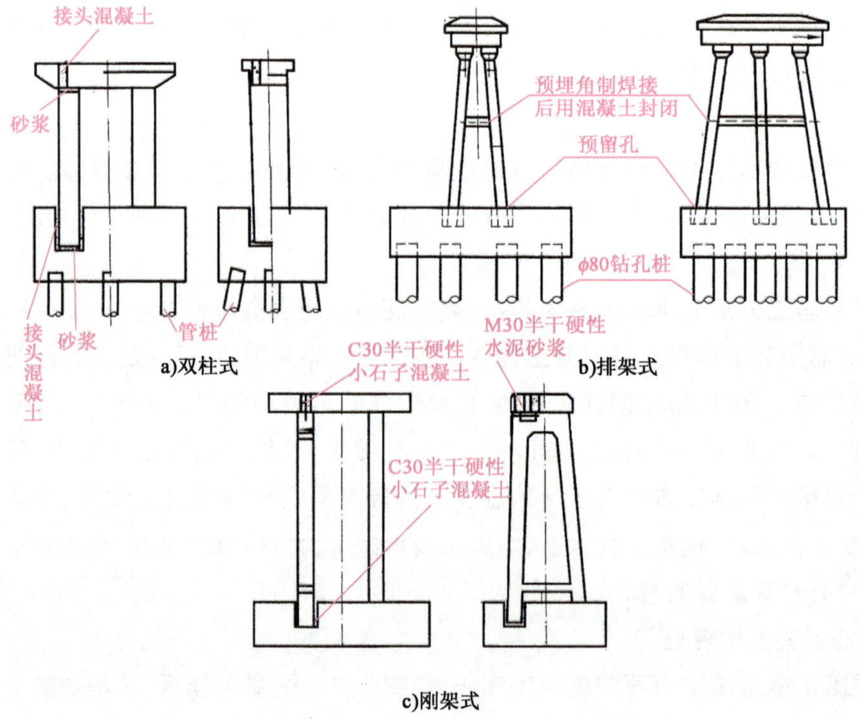

图5-21　柱式墩台构造

(3)后张法预应力混凝土装配墩施工

装配式预应力混凝土墩分为基础、装配墩身、实体墩身三大部分。装配墩身由基本构件、隔板、顶板和顶帽四种不同形状的构件组成，用高强钢丝穿入预留的且上下贯通的孔道内，张拉锚固而成。实体墩身是装配墩身与基础的连接段，其作用是锚固预应力钢筋、调节装配墩身高度及抵御洪水时漂流物的冲击等。施工工艺流程分成施工准备、构件预制及墩身装配三方面。

(4)高桥墩施工

高桥墩可分为实体墩、空心墩与钢架墩三种。自 20 世纪 70 年代以来，较高的桥墩一般均采用空心墩。

高桥墩的施工设备与一般桥墩所用设备大体相同。但其模板却另有特色，一般有滑动模板、爬升模板、翻升模板等几种，这些模板都是依附于浇筑的混凝土墩壁上，随着墩身的逐步加高而向上升高。目前，滑动模板的高度已达百米。滑动模板施工的主要优点是：施工进度快，在一般气温下，每昼夜平均进度可达5～6m；混凝土质量好，采用干硬性混凝土，机械振捣，连续作业，可提高墩台质量；节约木材和劳力，有资料统计表明，可节省劳动力30%，节约木材70%；滑动模板可用于直坡墩身，也可用于斜坡墩身，模板本身附带有内外吊篮、平台与拉杆等，以墩身为支架，墩身混凝土的浇筑随模板缓慢滑升连续不断地进行，故而安全可靠。

5.3.2 桥梁上部结构施工

桥梁上部结构的施工方法多种多样，各具特点。本部分只介绍预应力混凝土桥梁常用的施工方法。除一些特殊的施工方法外，大致可分为现场浇筑和预制安装两大类。

现场浇筑法包括支架法、悬臂浇筑法、逐孔现浇法（移动模架法）。

预制安装可分为预制梁整孔安装和预制块件拼装两种类型。预制梁整孔安装方法有架桥机安装法、跨墩龙门安装法、自行式吊机安装法和浮运整孔架设法等。预制块件拼装法有悬臂拼装法、逐孔安装法、扒杆吊装法、缆索吊装法和提升法。另外，浮吊架设法根据情况可整孔架设，也可进行块件拼装。

作为桥梁上部结构施工的特殊方法尚有顶推法、转体法和劲性骨架法等。

1）现场浇筑

（1）支架法

有支架就地浇筑施工法（简称为支架法），是指在支架上架立模板、绑扎钢筋、浇筑混凝土的施工方法。这是一种传统的施工方法，多用于中、小跨度的连续梁桥。该方法的主要特点是桥梁整体性能好，施工简便可靠，对机具和起重能力要求不高；若一联在支架上现浇，则施工中不存在体系转换，设计较为简单；但需要较多的支架，工期较长。近年来，随着钢支架的应用、支架构件的常备化，以及桥梁结构形式的多样化（如变宽度桥、弯桥等），有支架施工方法仍时常采用。

支架按其构造可分为立柱式（满堂支架）、梁式和梁柱式，如图5-22所示。立柱式支架现多采用密布的碗扣式钢管脚手架（通常意义上的脚手架不支承结构，仅供工人使用），其构造简单，用于陆地或无通航要求的河道以及桥墩不高的小跨度梁桥；梁式支架可根据跨度大小采用工字钢、钢板梁或制式万能杆件或贝雷桁架拼装的钢梁；梁柱式支架的梁部支承在桥梁墩台或若干临时立柱上，形成连续支架，可用于跨度较大的梁桥。

通常，有支架就地浇筑施工法需要在桥跨结构的一联长度内搭设支架，按一定次序完成全桥施工工作。主要工序为：下部结构施工→安装支架→架立模板→绑扎钢筋→布置预应力管道→浇筑混凝土→张拉预应力钢筋→落架和移架→桥面工程等。对混凝土浇筑，小跨度梁桥可采用从一端向另一端、先梁身后支点依次进行；对较大跨度的箱梁桥，可视情况采取纵向分段、竖向分层的方法进行。

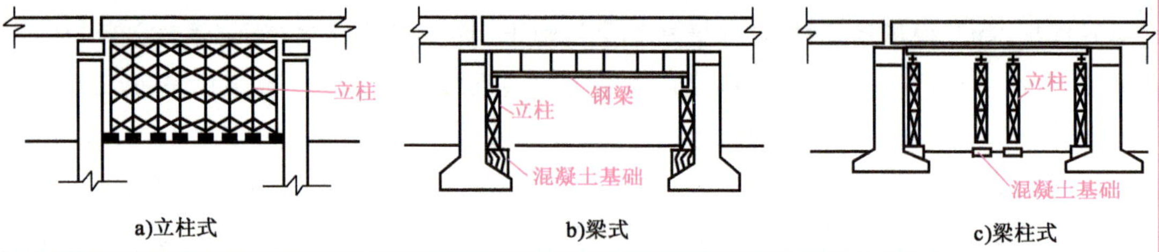

图5-22 常用的支架构造

(2)悬臂浇筑法

悬臂浇筑法是采用移动式挂篮作为主要施工设备,以桥墩为中心,对称向两岸利用挂篮浇筑梁段混凝土,待混凝土达到要求强度后,张拉预应力束,再移动挂篮,进行下一节段的施工,如图5-23所示。悬臂浇筑法每个节段长度一般为2~6m,节段过长,将增加混凝土自重及挂篮结构重力,同时还要增加平衡重及挂篮后锚设施;节段过短,则会影响施工进度。因此施工时,应根据设备情况及工期,选择合适的节段长度。悬臂浇筑法施工是桥梁施工中难度较大的施工工艺,需要一定的施工设备及一支熟悉悬臂浇筑工艺的技术队伍。由于80%左右的大跨径桥梁均采用悬臂浇筑法施工,通过大量实桥施工,悬臂浇筑施工工艺日趋成熟。

图5-23 悬臂浇筑法

悬臂浇筑法施工时,梁体一般要分四部分浇筑,如图5-24所示。A为墩顶梁段(又称0号块),B为由0号块两侧对称分段悬臂浇筑部分,C为边跨在支架上浇筑部分,D为主梁在跨中合龙段。主梁各部分的长度视主梁形式和跨径、挂篮的形式及施工周期而定。0号块一般为5~10m,悬浇分段一般为3~5m,支架现浇段一般为2~3个悬臂浇筑分段长,合龙段一般为1~3m。

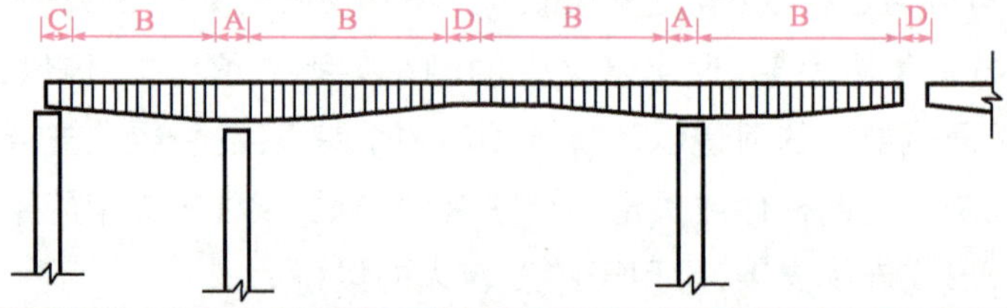

图5-24 悬臂浇筑法分段示意图

A-墩顶梁段;B-对称悬臂浇筑段;C-支架现浇段;D-合龙梁段

悬臂浇筑法施工程序一般如下:

①在墩顶托架上浇筑0号块并实施墩梁临时固结系统;

②在0号块上安装悬臂挂篮,向两侧依次对称地分段浇筑主梁至合龙段;

③在临时支架或梁端与边墩间临时托架上支模板浇筑现浇梁段；

④主梁合龙段可在改装的简支挂篮托架上浇筑，多跨合龙段浇筑顺序按设计或施工要求进行。

（3）逐孔现浇法（移动模架法）

逐孔现浇法是使用移动式脚手架和装配式的模板，在桥上逐孔浇筑施工，如图5-25所示。它像一座设在桥孔上的活动预制场，随着施工进程不断移动和连续浇筑施工。它由承重梁、导梁、台车、桥墩托架和模架等构件组成。在箱型梁两侧各设置一根承重梁，用来支承模架和承受施工重力。承重梁的长度要大于桥梁跨径，浇筑混凝土时承重梁支承在桥墩托架上。导梁主要用于运送承重梁和活动模架，因此其长度需要大于2倍桥梁跨径的长度。当一孔梁的施工完成后便进行脱模卸架，由前方台车和后方台车在导梁和已完成的桥梁上面，将承重梁和活动模架运送至下一孔桥孔。承重梁就位后，再将导梁向前移动。

图5-25 逐孔现浇法（移动模架法）

2）预制安装

（1）架桥机安装法

架桥机安装法适用于中、小跨度的多跨简支梁桥，因其安置在桥墩上，故不受墩高和水深的影响，在施工过程中不影响桥下通航（或通车），如图5-26所示。

图5-26 架桥机安装法

架桥机的构造有许多不同的类型，常见的有联合架桥机、闸门式架桥机、穿巷式架桥机等。我国高速铁路梁桥（24m、32m双线和单线单箱整孔预制箱梁）运架设备有履式架桥机、下导梁式架桥机、运架一体式架桥机等，最大起吊能力可达900t。在实际工程中，还可根据梁的构造、施工单位的现有材料自行设计制造架桥设备。

（2）跨墩龙门安装法

跨墩龙门安装法是以胶轮平板拖车、轨道平车或跨墩龙门架将预制梁运送到桥孔，然后用跨墩龙门架或墩侧高低脚龙门架将梁吊起，再横移到梁设计位置然后落梁，如此就位完成架梁工作，如图5-27所示。

搁置龙门架脚的轨道基础要按承受最大反力时能保持安全的原则进行加固处理。河滩上如有浅水，可在水中填筑临时路堤，水稍深时，可考虑修建临时便桥，在便桥上铺设轨道。此外，应与其他架设方法进行技术经济比较，以决定取舍。

跨墩龙门安装法架梁的优点是架设安装速度较快，河滩无水时也较经济，而且架设时不需要特别复杂的技术工艺，所需作业人员较少。但龙门吊机的设备费用一般较高，尤其是应用在高桥墩的情况下。

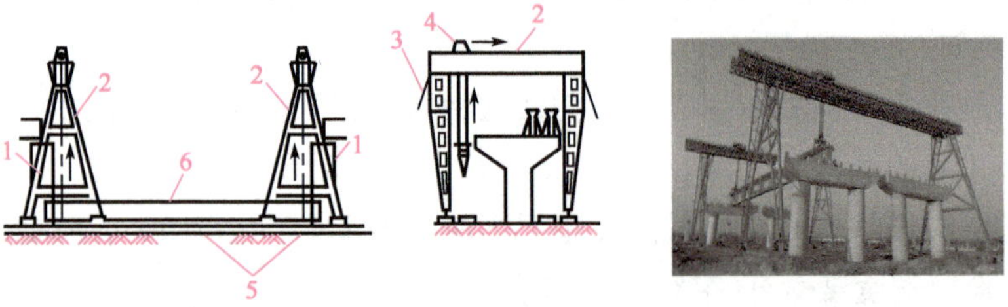

a)立面图　　b)侧面图　　c)实物图

图5-27　跨墩龙门安装法

1-桥墩；2-龙门架吊机；3-风缆；4-横移行车；5-轨道；6-预制梁

(3)自行式吊车安装法

自行式吊机有动力，架设迅速，可缩短工期，不需要架设桥梁用的临时动力设备，不必进行任何架设设备的准备工作，不需要如其他方法架梁时所具备的技术工种等，且近年来逐渐普及，因此一般中小跨径的预制梁(板)的架设安装越来越多地采用自行式吊机。

自行式吊机架梁可以采用一台自行式吊机架设、两台自行式吊机架设、吊机和绞车配合架设等方法，如图5-28所示。

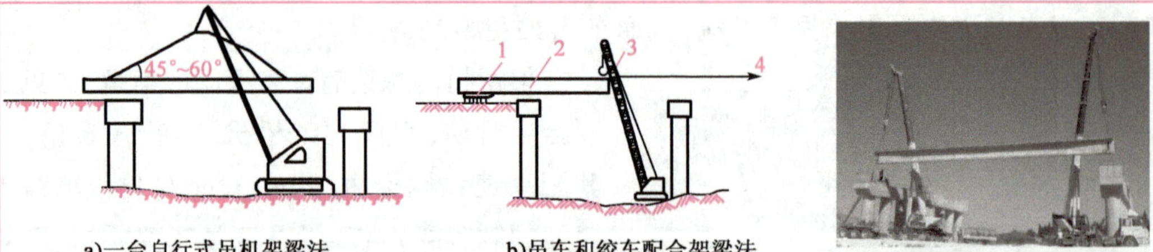

a)一台自行式吊机架梁法　　b)吊车和绞车配合架梁法　　c)两台自行式吊机架梁法

图5-28　自行式吊机安装法

1-拖履滚筒；2-预制梁；3-吊车起重臂；4-绞车或绞盘

(4)悬臂拼装法

悬臂拼装法是将悬臂梁先分段预制成若干块件，当下部结构完成后，将预制块件运到桥下，用活动吊机向一边或两边逐段起吊、拼装就位、施加预应力，使其逐段对称延伸连接成整体，如图5-29所示。悬臂拼装的分段主要取决于悬拼吊机的起重能力，一般节段长2~5m。在悬臂根部，因截面面积较大，节段长度一般较短，以后向端部逐渐增长。

3)顶推法

顶推法是在沿桥轴线方向的桥台后设置预制场，并在预制场设置钢导梁、临时墩、滑道、水平千斤顶施力装置。具体而言，先分节段预制混凝土梁段，用纵向预应力筋连成整体，将梁逐段顶出去(拖出去)，再在空出的制梁台座上继续下一梁段浇筑，这样反复循环施工的方法即为顶推法。顶推法是钢桥拖拉法架设原理的应用，所不同的是两者滑动和施力装置不同。

顶推法不需要支架和大型机械，工程质量容易控制，占用场地少，不受季节影响，但仅适用于等高度的直线桥或大半径的曲线桥。顶推梁造价比同等跨径简支梁和现浇变截面连续梁造价高。与悬臂拼装法相比，顶推法工作面少，工期长。

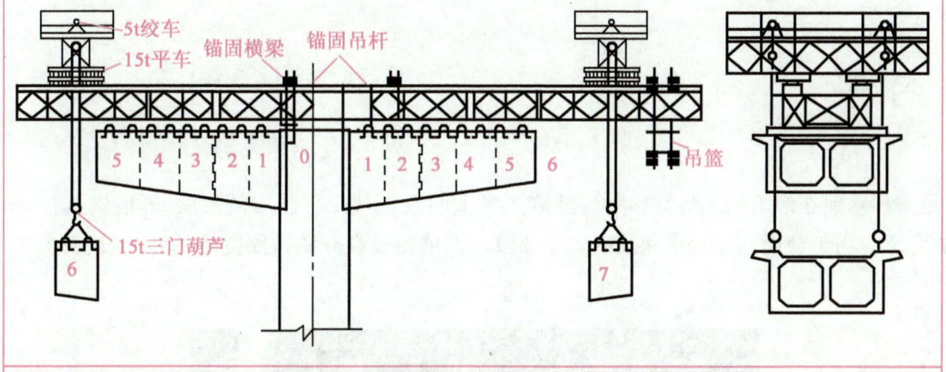

图5-29 悬臂拼装法

顶推法不仅可用于连续梁桥（包括钢桥），也可用于其他桥型。例如，简支梁桥也可先连续顶推施工，就位后解除梁跨间的连续；拱桥的拱上纵梁，可在立柱间顶推施工；斜拉桥的主梁也可采用顶推法等。

预应力混凝土连续梁桥的上部结构采用顶推法施工概貌如图5-30所示。

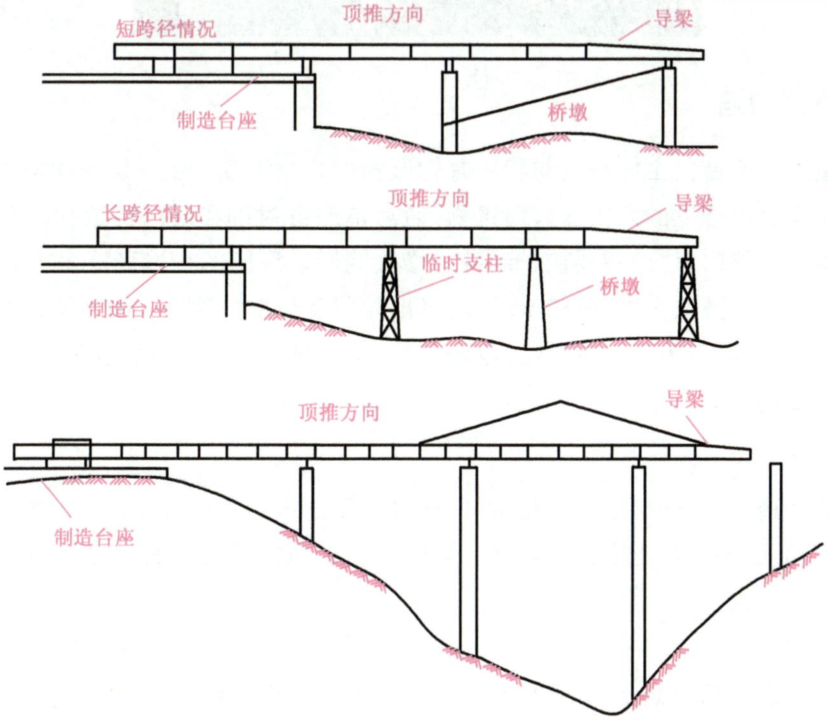

图5-30 顶推法施工概貌

单元6 隧　　道

引子

隧道是一种修建在地下的工程结构物。随着人类文明及现代工程技术的发展,隧道以其位于地下这一特点,已被广泛应用于交通、矿山、水利及国防等领域。本单元旨在介绍铁路隧道的施工、运营养护等方面的知识。

6.1　隧道构造

道路隧道结构构造由主体构造物和附属构造物两大类组成。主体构造物是为了保持岩体的稳定和行车安全而修建的人工永久建筑物,通常指洞身衬砌和洞门构造物。在山体坡面有发生崩塌和落石可能时,往往需要接长洞身或修筑明洞。洞门的构造形式由多方面的因素决定,如岩体的稳定性、通风方式、照明状况、地形地貌以及环境条件等。附属构造物是主体构造物以外的其他构造物,是为了运营管理、维修养护、给水排水、供蓄发电、通风、照明、通信、安全等而修建的构造物。

6.1.1　洞身衬砌

开挖后的隧道,为了保持围岩的稳定性,一般需要进行支护和衬砌。支护的主要方式有锚杆、钢架、钢筋网、喷射混凝土及其他组合。衬砌的主要方式有整体式衬砌、喷锚式衬砌、装配式衬砌和复合式衬砌。

1)整体式衬砌

整体式衬砌是指用混凝土或钢筋混凝土就地浇筑而成的圬工衬砌。按照不同的围岩级别,整体式衬砌又分为直墙式和曲墙式(适用情况、组成及图示见表6-1),而曲墙式又分为有仰拱和无仰拱两种。

整体式衬砌适用情况、组成及图示 表 6-1

类 型	适用条件	组 成	图 示
直墙式衬砌	适用于地质条件比较好，以垂直围岩压力为主而水平围岩压力较小的情况，主要适用于Ⅰ～Ⅲ级围岩	由上部拱圈、两侧竖直边墙和下部铺底三部分组合而成	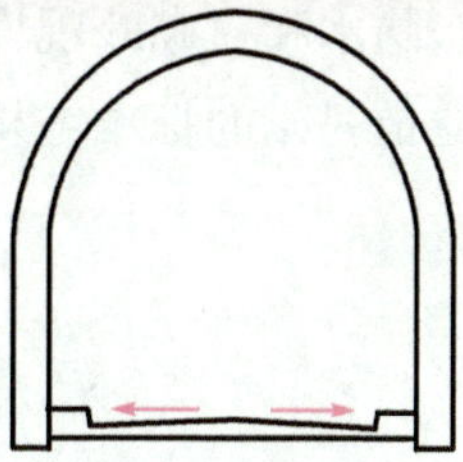
曲墙式衬砌	适用于地质较差、有较大的水平围岩压力的Ⅳ、Ⅴ、Ⅵ级围岩	由拱圈、曲边墙和仰拱三部分组成	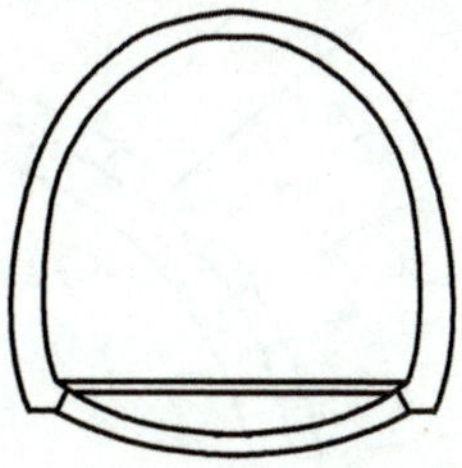

2）喷锚式衬砌

喷锚式衬砌是指以喷锚支护作为永久衬砌的通称，包括喷射混凝土衬砌、锚杆喷混凝土衬砌，必要时可配合使用钢筋网、钢架等。8 度及以上地震区的隧道，一般不宜采用喷锚衬砌。

其中，锚杆喷混凝土衬砌使用的锚杆，是一种锚固在岩体内部的杆状体钢筋，与岩体融为一体，以实现加固围岩、稳固围岩的目的。锚杆支护对硬质围岩和软质围岩均能起到良好的支护效果，如图 6-1 所示。

3）拼装式衬砌

拼装式衬砌是将衬砌分成若干块构件，这些构件在现场或工厂预制，然后运到坑道内用机械将它们拼装成一环接一环的衬砌，如图 6-2 所示。这种衬砌的特点是：拼装成环后立即受力，便于机械化施工，改善劳动条件，节省劳力。目前多应用在盾构法施工的城市地下铁道和水底隧道中。

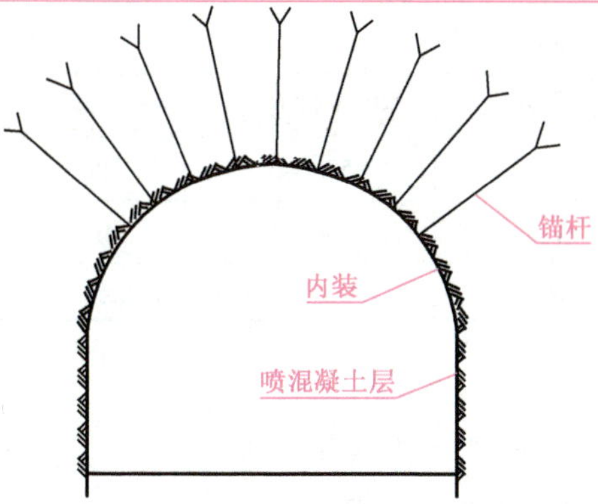

图6-1 喷锚式衬砌

图6-2 拼装式衬砌

4) 复合式衬砌

复合式衬砌是由初期支护和二次衬砌及中间防水层组合而成的衬砌形式，如图 6-3 所示。其结构稳定，防水和衬砌外观均能满足隧道使用的基本要求，适合多种地质条件，技术较为成熟，已成为隧道衬砌的标准结构形式。因此，一般情况下，应采用复合式衬砌。

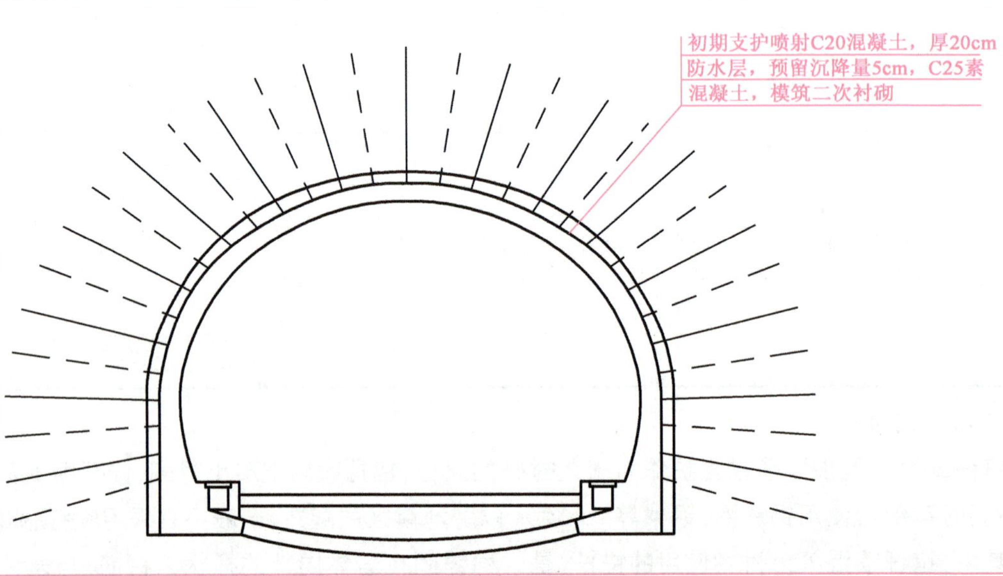

图6-3　复合式衬砌

①复合式衬砌中初期支护多采用喷锚支护，具有支护及时、柔性的特点，并在一定程度上能够随着围岩的变形而变形，能很好地发挥围岩的自承能力。

②二次衬砌应采用刚度较大、整体性好和外观平顺的模筑（钢筋）混凝土衬砌，衬砌截面宜采用连接圆顺、等厚的衬砌截面，仰拱厚度宜与拱墙厚度相同。

③为使衬砌所承受的变形压力最小，允许围岩产生一定的变形，释放一定的能量。预留变形量的大小应根据围岩地质条件，采用工程类比法确定。预留变形量可参照表 6-2，并根据现场量测数据调整。

预留变形量（单位：mm）　　表 6-2

围岩级别	两车道隧道	三车道隧道	围岩级别	两车道隧道	三车道隧道
Ⅰ	—	—	Ⅳ	50 ~ 80	80 ~ 120
Ⅱ	—	10 ~ 50	Ⅴ	80 ~ 120	100 ~ 120
Ⅲ	20 ~ 50	50 ~ 80	Ⅵ	现场量测确定	

6.1.2　洞门结构

洞门是隧道两端的外露部分，也是联系洞内衬砌与洞口外路堑的支护结构，如图 6-4 所示。它是标志隧道的建筑物，应与隧道规模、使用特性及周围建筑物、地形条件等相协调。

1）洞门的作用

洞门的作用有以下几个方面：

①减少洞口土石方开挖量。洞口段范围内的路堑是根据地质条件以一定坡率开挖的，当隧道埋置较深时，开挖量较大，设置隧道洞门可以起到挡土墙的作用，并减少土石方开挖量。

②稳定边坡、仰坡。修建洞门可减小引线路堑的边坡高度，缩小正面仰坡的坡面长度，使边坡及仰坡得以稳定。

③引离地表水流。地表水流往往汇集在洞口，如不排除，将会浸害线路，妨碍行车安全。修建洞门可以把水流引入侧沟排走，确保运营安全。

④装饰洞口。洞口是隧道唯一的外露部分，是隧道的正面外观。修建洞门可起装饰作用，特别在城市附近、风景区及旅游区内的隧道更应配合当地的环境，给予艺术处理，进行美化。

2）洞门的形式

洞门附近的岩（土）体通常都比较破碎松软，易于失稳，形成崩塌。为保护岩（土）体的稳定和使车辆不受崩塌、落石等威胁，确保行车安全，应根据实际情况，选择合理的洞门形式。

（1）环框式洞门

当洞口岩层为坚硬而稳定的（Ⅰ级）围岩，地形陡峻而又无排水要求时，可以设置一种不承载的简单环框式洞门。它能起到加固洞口和减少雨后洞口滴水的作用，如图6-5所示。

图6-4　隧道洞门

图6-5　环框式洞门

（2）端墙式洞门

端墙式洞门可支护洞口仰坡，保持其稳定，并将仰坡水流汇集排出，如图6-6所示，适用于地形开阔、岩层稳定的Ⅰ～Ⅲ级围岩地区。

（3）翼墙式洞门

当洞口地质较差，山体水平推力较大时，可在端墙式洞门以外，增加单侧或双侧翼墙，称为翼墙式洞门，如图6-7所示，适用于Ⅳ级及以下的围岩。

（4）柱式洞门

当地形较陡，地质条件较差，仰坡有下滑的可能性，但又受地形或地质条件限制，不能设置翼墙时，可在端墙中部设置两个断面较大的柱墩，以增加端墙的稳定性，称为柱式洞门。这种洞门较美观，适宜在城市附近或风景区采用，如图6-8所示。

图6-6　端墙式洞门

图6-7　翼墙式洞门

(5)台阶式洞门

当洞门处于傍山侧坡地区，洞门一侧边坡较高时，为减小仰坡高度及外露坡长，可将端墙一侧顶部改为逐步升级的台阶形式，以适应地形特点，减少仰坡土石方开挖数量，称为台阶式洞门。这种洞门也有一定美化作用，如图6-9所示。

图6-8　柱式洞门

图6-9　台阶式洞门

3)洞门构造

洞口仰坡坡脚至洞门墙背应有不小于1.5m的水平距离，以防仰坡土石掉落到路面上危及安全。洞门端墙与仰坡之间水沟的沟底与衬砌拱顶外缘的高度不应小于1.5m，以免落石破坏拱圈。洞门墙顶应高出仰坡脚0.5m以上，以防水流溢出墙顶，也可防止掉落土石弹出。水沟底下填土应夯实，否则会使水沟变形，产生漏水，影响衬砌强度。

洞门墙应根据情况设置伸缩缝、沉降缝和泄水孔，以防止洞门变形。洞门墙的厚度可按计算或结合其他工程类比确定，但墙身厚度最小不得小于0.5m。洞门墙基础必须置于稳固地基上。为保证建筑物稳固，应视地形及地质条件将洞门墙基础埋置足够的深度。

当基础设置在岩石上时，应清除表面强风化层，这样才能确保洞门稳定。在松软地基上，地基强度偏小时，可根据情况采用扩大基础、换土、桩基、压浆加固地基等措施。

地基为冻胀土层时，容易产生衬砌变形。根据一般设置基础的经验，要求基底设在冻结线以下不小于0.25m。不冻胀土层中的地基，如岩石、卵石、砾石、砂等，埋置深度可不受冻结深度的限制。

6.1.3 明洞结构

明洞是隧道的一种变化形式，用明挖法修筑。明挖是指把岩体挖开，在露天修筑衬砌，然后回填土石。这样修筑的构筑物，外形几乎与隧道无异，有拱圈、边墙和底板，净空与隧道相同，且与地表相连处也设有洞门、排水设施等。

明洞一般修筑在隧道的进出口处，是隧道洞口或线路上起防护作用的重要建筑物，在铁路线上使用较多。

以下几种情况，均需要修建明洞：

①当遇到地质差且洞顶覆盖层较薄，用暗挖法难以进洞时；

②洞口路堑边坡上有落石而危及行车安全时；

③铁路、公路、河渠必须在铁路上方通过，且不宜做立交桥或涵渠时。

明洞的结构类型常因地形、地质和危害程度不同，有多种形式，采用最多的为拱式明洞和棚式明洞两种。

1)拱形明洞

隧道的进出口两端接长明洞或在路堑边坡不稳定地段修建的独立明洞等，多采用拱形明洞的形式。拱形明洞整体性好，能承受较大的垂直压力和侧压力。其类型有如表6-3所示几种。

拱形明洞的类型 表6-3

类型	适用情况	图示
路堑对称型	适用于洞顶地面平缓，路堑两侧地质条件基本相同，原山坡有少量坍塌、落石以及隧道洞口岩层破碎，洞顶覆盖层较薄，难用暗挖法修建隧道的地段	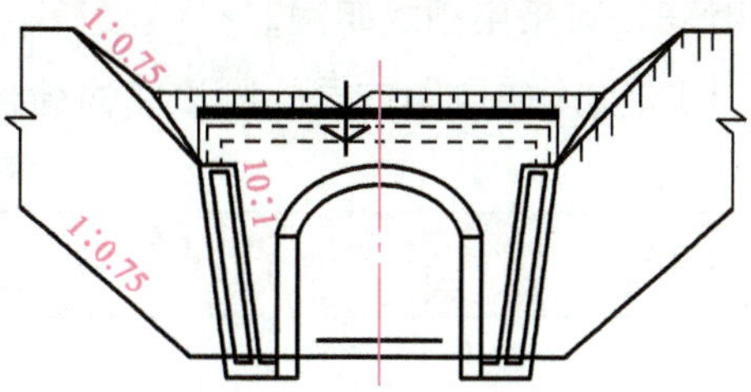
路堑偏压型	适用于两侧山坡高差较大的路堑，高侧边坡有坍塌、落石或泥石流等情况，低侧边坡明洞墙顶以下部分为挖方，且能满足外侧边墙嵌入基岩要求的地段	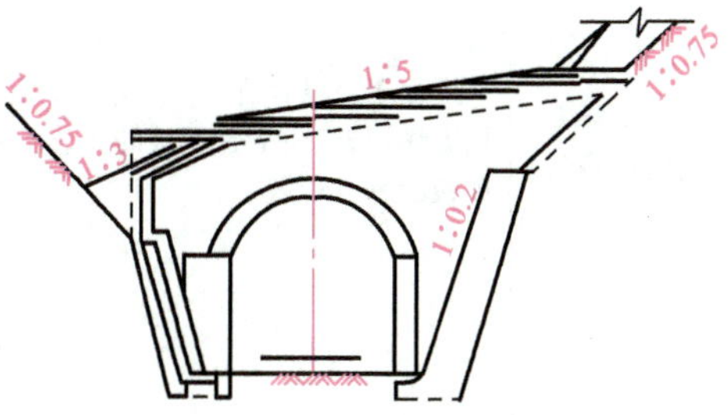

续上表

类型	适用情况	图示
半路堑偏压型	适用于半路堑靠山侧边坡较高，有坍塌、落石或泥石流等不良地质现象，而外侧地面较为宽敞和稳定，上部填土坡面线能与地面相交以平衡山体侧压力的地段	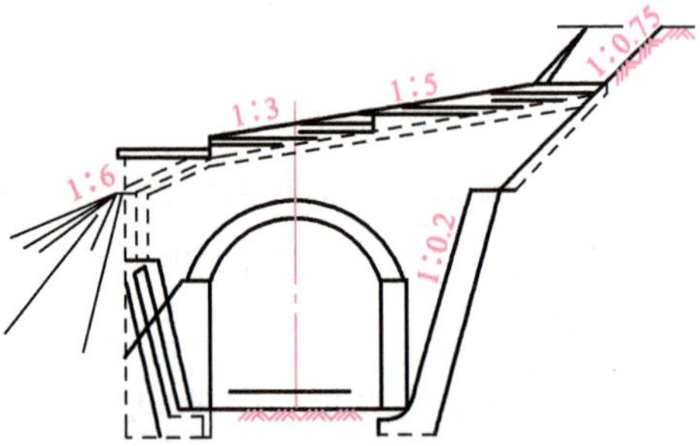
半路堑单压型	适用于靠山侧边坡或原山坡有坍塌、落石等情况，外侧地形陡峻无法填土地段	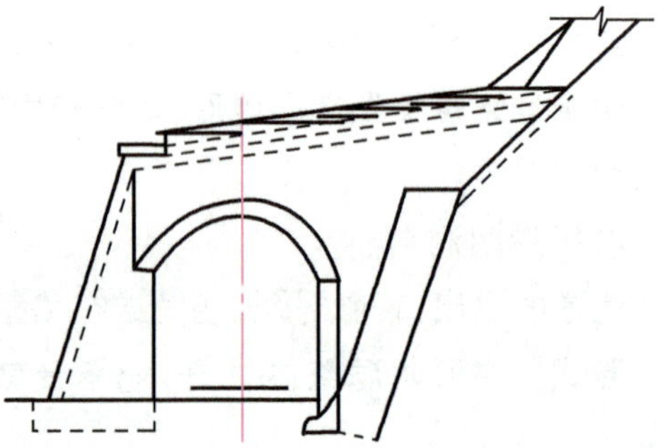

2）棚式明洞

当山坡坍方、落石数量较少，山体侧压力不大，或因受地质、地形条件的限制，难以修建拱形明洞时，可采用棚式明洞。

棚式明洞的类型依据外侧边墙的结构形式，通常有如表 6-4 所示几种类型。

棚式明洞的类型 表 6-4

类 型	适 用 情 况	图 示
墙式棚洞（墙式棚式明洞）	适用于边坡存在坍塌、落石的地段。内墙除起挡墙作用外，还承受顶板的垂直荷载；外墙只承受顶板的垂直荷载	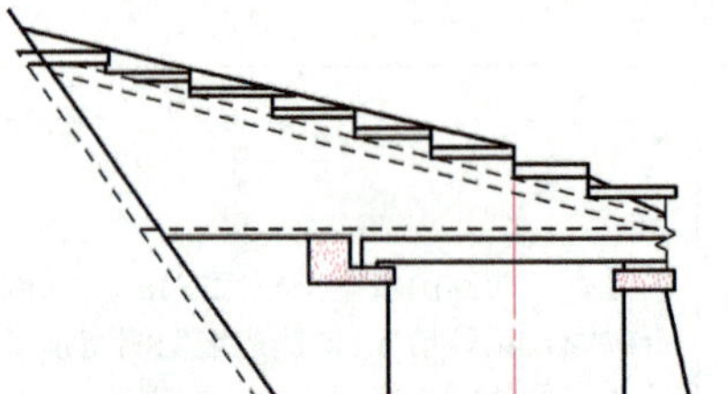

续上表

类 型	适 用 情 况	图 示
刚架式棚洞	适用于边坡小量落石，或在连接两座隧道间需建明洞时，为改善隧道通风条件而被采用。外墙结构的连续框架对地基承载力要求较高	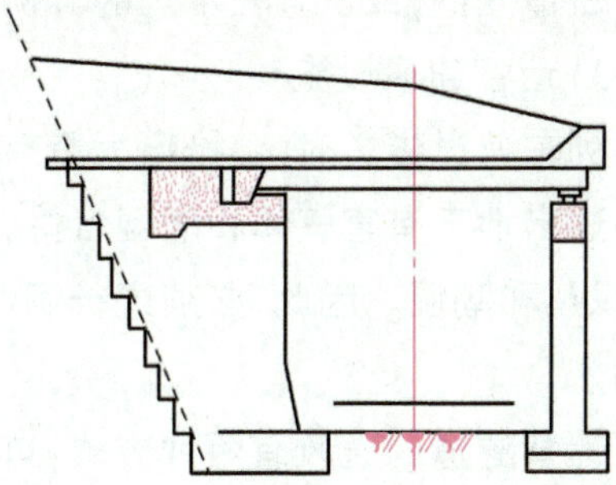
柱式棚洞	适用于少量落石、地基承载力高或基岩埋藏浅的地段。外墙采用独立柱和纵梁方式，结构简单，预制吊装方便，但整体稳定性较差	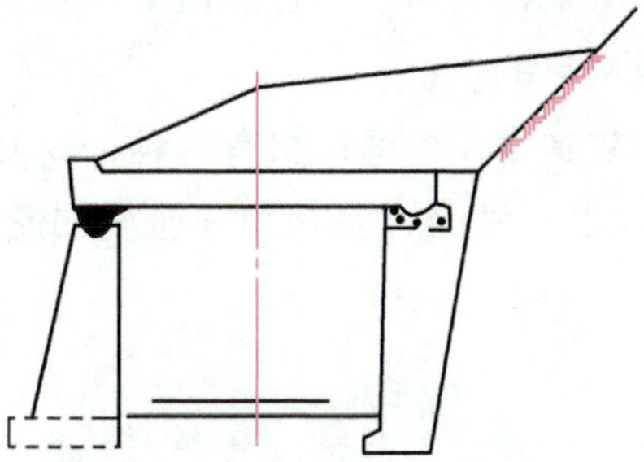

6.1.4 附属构造物

隧道主体结构完成后，还不能保证车辆的安全通行，为了隧道能正常使用，还必须修建一些附属构造物，包括安全避让设施、电力通信信号的安放设施、防排水设施等。

1）避车洞

当列车通过隧道时，为了保证洞内行人、维修人员及维修设备的安全，在隧道两侧边墙上交错均匀地修建了洞室，用于躲避列车，故称之为避车洞。根据避车洞室的大小，可分为大避车洞和小避车洞，其平面布置如图6-10所示。

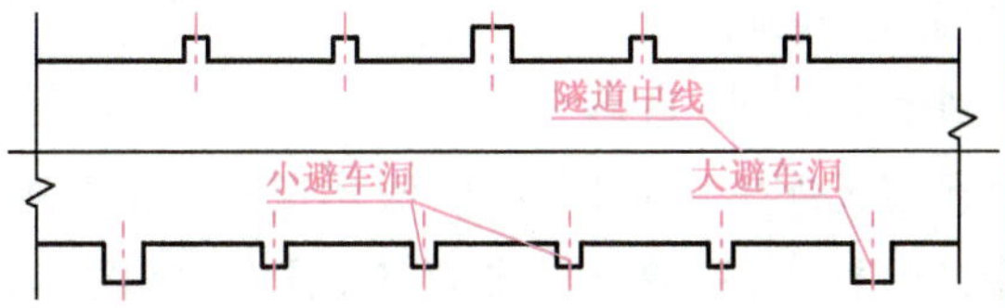

图6-10 避车洞平面布置图

2）电力及通信设施

穿越铁路隧道的各种电缆，如照明、通信、信号及电力等电缆，必须有一定的保护措施，即设置电缆槽来防止潮湿、腐烂及人为的破坏。电缆槽用混凝土浇筑，可紧靠水沟并行设置，且位于轨道一侧，或设置在水沟的异侧。

3）运营通风设施

列车通过隧道时，会排出大量有害气体，同时还会散发出许多热量。此外，衬砌缝隙也不时渗透出地下有害气体和潮湿气体，加之维修人员呼出的二氧化碳，这些因素使隧道内空气污浊、炽热和潮湿。因此，必须进行洞内通风，将有害气体及热量等排出洞外，并将新鲜空气引入洞内。

运营隧道的通风有两种方式：自然通风和机械通风。

①自然通风。利用洞内的自然风流和列车运行所引起的活塞风来达到通风的目的，因而是一种简单而又节约能源的通风方式，在选择通风方式时应优先考虑。

②机械通风。当自然通风不能满足要求时，采用通风机械将洞内外气体进行交换，以达到通风的目的。

隧道常用的通风机有两种，一种为轴流式通风机（见图6-11），另一种为射流式通风机（见图6-12）。轴流式通风机一般要和通风管一起使用，射流式通风机则不用通风管。

图6-11　轴流式通风机

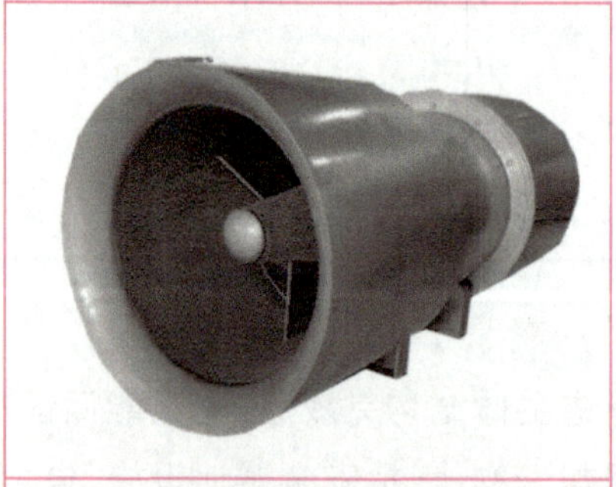

图6-12　射流式通风机

4）隧道防排水设施

保持干燥是隧道能够正常运营的重要条件之一。但隧道内经常会有一些地下水渗漏进来，维修工作也会带来废水，均会使隧道潮湿。因此，隧道的防排水设计是隧道设计、施工和运营中的一个重要问题。我国隧道工作者通过理论和实践经验的总结，提出了“防、排、截、堵结合，因地制宜，综合治理”的治水原则。

常用于隧道排水的设施有排水池、盲沟等。

①排水沟。除了常年干燥无水的隧道以外，一般隧道都应设置纵向排水沟，以便将渗漏到洞内的地下水和铁路道床内的积水，顺着路线方向排出洞外，如图6-13所示。

②盲沟。在衬砌背后砌筑片石盲沟或埋置弹簧软管盲沟，盲沟沿隧道环向设置，间距视水量大小而定，一般为4～10m，如图6-14所示。

图6-13 排水沟排水

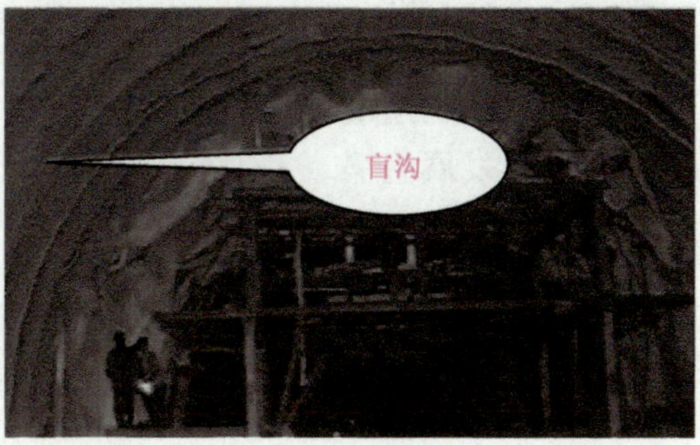

图6-14 盲沟排水

6.2 隧道施工

隧道工程一般有以下几个特点：

①全部为隐蔽工程，工程地质和水文地质条件十分重要，甚至起决定性作用；

②隧道是一个形状扁平的建筑物，施工工作面少，工期较长；

③施工环境差，需采取有效措施加以改善；

④工程施工不受季节更替及气候变化的影响；

⑤施工现场多地处偏远，远离交通线，运输不便，供应困难；

⑥铁路隧道埋设于地下，一旦建成就难以更改，故除了事先必须审慎规划和设计外，施工中还要做到不留后患。

隧道施工应遵循如下几项基本原则：

①施工中必须充分保护围岩，避免过度破坏和损伤遗留围岩的强度，使暴露的围岩尽量保留既有质量；

②为了充分发挥围岩的承载力，应允许并控制围岩的变形；

③必须在施工中进行量测监控，及时提出可靠且数量足够的量测信息，以指导施工；

④一般选择大面积、与围岩接触紧密、应变强的支护手段；

⑤在可能条件下，尽量采用全断面或大断面分布的开挖方法；

⑥在任何情况下，使隧道断面能在较短时间内闭合都是极为必要的；

⑦为保证二次衬砌的质量及整体性，在任何情况下，都应采用先墙后拱的施工顺序。

根据隧道穿越地层的不同情况和目前隧道施工方法的发展，隧道施工方法如图6-15所示。

选择施工方案时，要考虑的因素有如下几方面：

①工程重要性，一般由工程规模、使用的特殊要求及工期缓急体现；

②隧道所处的工程地质和水文地质条件；

③施工技术条件和机械装备状况；

④施工中动力和原材料供应情况；

⑤工程投资与运营后的社会效益和经济效益；

⑥施工安全状况；

⑦有关污染、地面沉降等环境方面的要求和限制。

从目前我国隧道发展趋势来看，在今后很长一段时间内，隧道施工仍以采用新奥法为主，这也符合世界发展趋势。

6.2.1 新奥法

新奥法是由奥地利学者腊布希维兹首先提出的，它是以喷射混凝土和锚杆作为主要的支护手段，通过监控量测围岩的变形，便于充分发挥围岩本身的自承能力的一种施工方法，如图 6-16 所示。

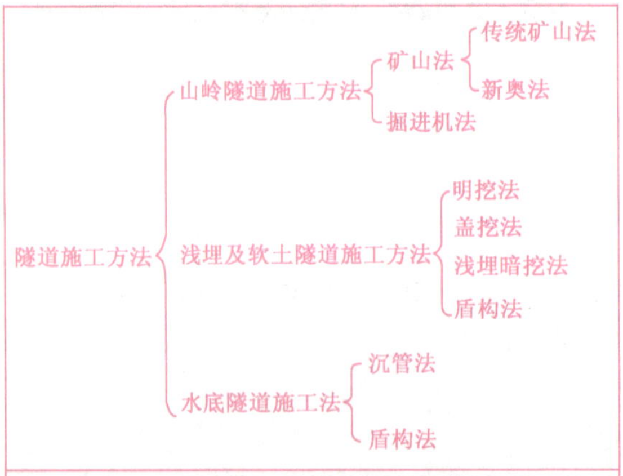

图6-15　隧道施工方法

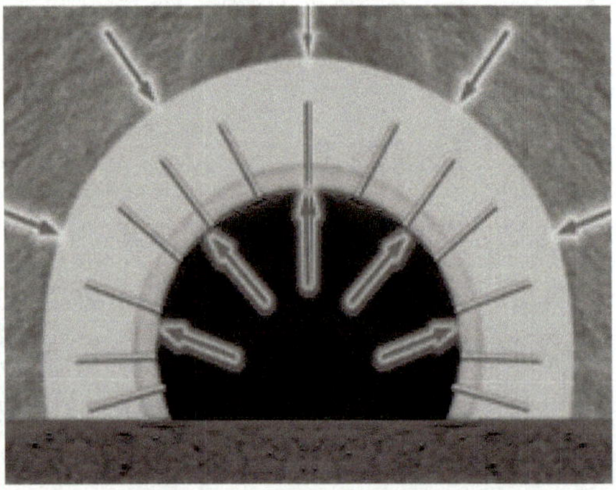

图6-16　新奥法

1）施工程序及原则

（1）施工程序（见图 6-17）

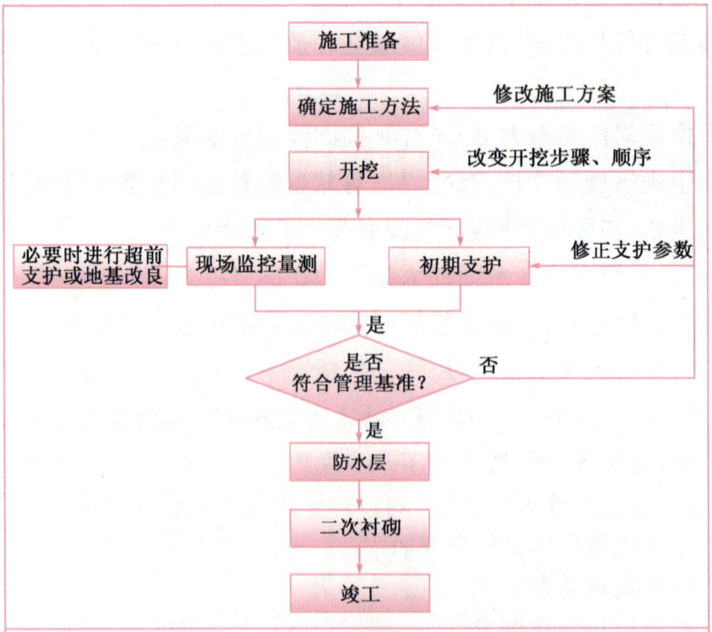

图6-17　新奥法施工程序

(2)基本原则

新奥法施工的基本原则可归纳为“少扰动、早支护、勤量测、紧封闭”。

2)施工方法

新奥法施工,按其开挖断面的大小及位置,基本可分为全断面法、台阶法、分部开挖法三大类及若干变化方案,见表6-5。

采用新奥法施工的主要方法　　表6-5

序　号	名　称	横断面示意	纵断面示意
1	全断面开挖法	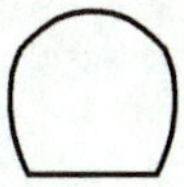	
2	台阶法	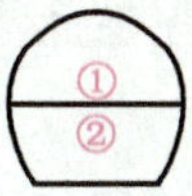	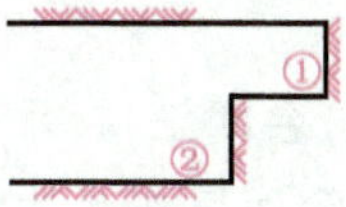
3	台阶分部开挖		
4	单侧壁导坑法	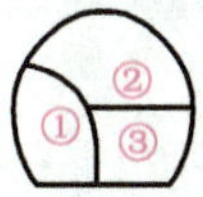	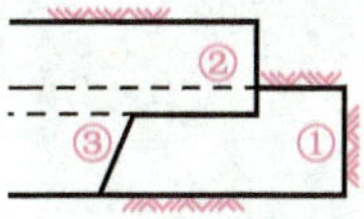
5	双侧壁导坑法	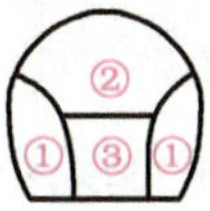	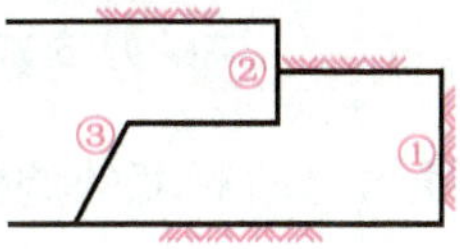
6	中洞法	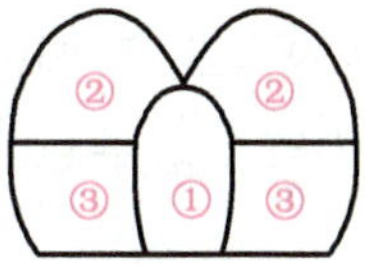	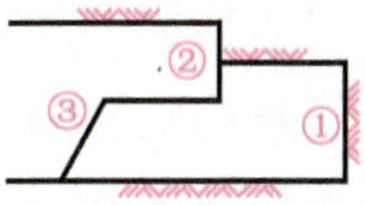

(1)全断面法

全断面法的全称为“全断面一次开挖法”,即按隧道设计断面轮廓一次开挖成形的方法,如图6-18、图6-19所示。

①适用条件:适用于较完整的坚硬围岩,如Ⅰ、Ⅱ、Ⅲ级围岩。

②施工特点:

a.工序少,相互干扰少,便于组织施工和管理;

b. 工作空间大，便于大型机械化施工；

c. 施工进度高；

d. 开挖一次成形，对围岩扰动少，利于围岩稳定。

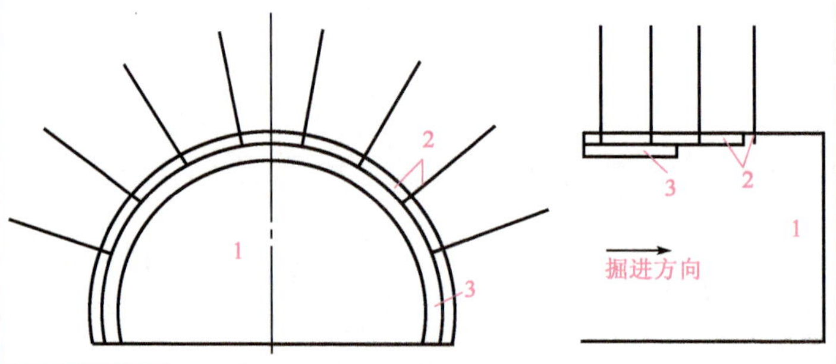

图6-18 全断面法
1-全断面开挖；2-喷锚支护；3-模筑混凝土

(2) 台阶法

台阶法是新奥法中适用性最广的施工方法，多适用于Ⅳ、Ⅴ级围岩中。它将断面分成上半断面和下半断面两部分分别进行开挖，如图 6-20 所示。

图6-19 全断面法开挖

图6-20 台阶法开挖

随着台阶长度的调整，台阶法几乎可以用于所有的地层，因而是在现场使用的主导方法。

根据台阶的长度，可分为长台阶法、短台阶法和超短台阶法三种方式，如图 6-21 所示。

台阶法的优点是开挖具有足够的作业空间和较快的施工速度，有利于开挖面的稳定性，尤其是上部开挖支护后，下部作业较为安全。缺点是上下部作业相互干扰，稳定性受影响，台阶开挖会增加对围岩的扰动。

(3) 分部开挖法

分部开挖法就是将隧道断面分成几个部分来开挖，如图 6-22 所示，适用于断面跨度大，地表沉陷要求严格，围岩条件较差，一般为土质或软岩的浅埋隧道开挖。

分部开挖法可分为环形开挖预留核心土法、双侧壁导坑法（眼镜法）、中隔墙法（CD 工法）、交叉中隔墙法（CRD 工法）等方法。

①环形开挖预留核心土法

环形开挖预留核心土法简称核心土法，如图6-23所示，一般将开挖断面分成环形拱部、上部核心土及下部台阶三部分。根据地质条件好坏，将环形拱部断面分成一块或几块开挖。环形开挖进尺一般为0.5~1m，不宜过长。

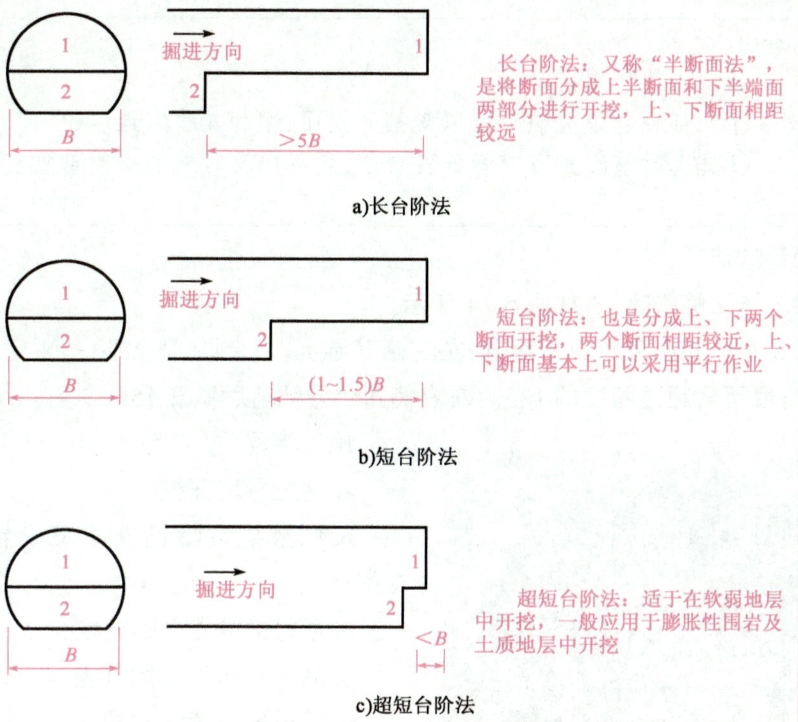

图6-21 台阶法

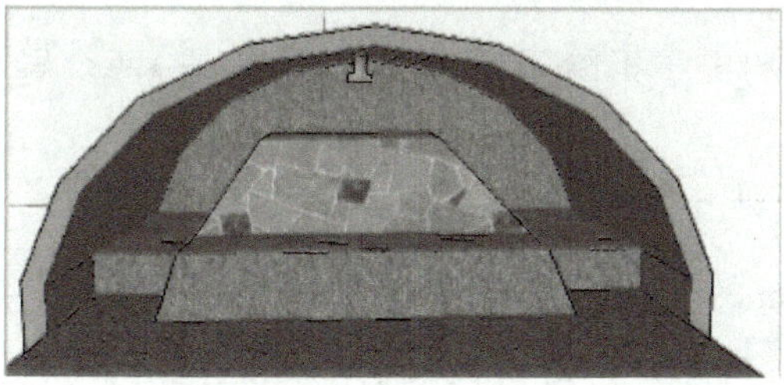

图6-22 分部开挖法

图6-23 环形开挖预留核心土法

施工流程：

a. 用单臂挖掘机开挖环形拱部，辅以人工修凿周边；

b. 架立拱部钢支撑、挂钢筋网及喷射混凝土；

c. 在拱部初期支护保护下，用挖掘机开挖核心土和下部台阶；

d. 接长边墙钢支撑、挂网和喷射混凝土，并进行底部初期支护；

e. 根据量测情况，适时施作二次模筑混凝土衬砌。这种方法一般在土质及软弱围岩中使用较多，曾在大秦线军都山隧道、北京地铁复兴门折返线等工程中采用，都取得了良好的效果。

核心土的作用：

①上部台阶留有核心土以支挡开挖面，增加其稳定性。

②施工时核心土可充当作业台架，所以能及时地施作拱部初期支护。

②双侧壁导坑法

双侧壁导坑法又称眼镜法，如图 6-24 所示。

这种方法将整个断面分成四个部分：左右侧壁导坑、上台阶、下台阶。侧壁导坑高度以到起拱线为宜，宽度不宜超过跨度的 1/3。左右侧两个导坑前后错开 15m 左右。

图6-24　双侧壁导坑法

施工流程：

a. 侧壁导坑开挖；

b. 侧壁导坑喷锚支护及设置中壁墙临时支护；

c. 后行部分上台阶开挖；

d. 后行部分下台阶开挖；

e. 后行部分喷锚支护；

f. 拆除中壁墙；

g. 浇筑仰拱；

h. 浇筑洞周衬砌

此法施工安全，但施工速度慢，工序复杂，导坑的支护拆除困难，钢架连接困难，两个导坑会导致成本较高。

③中隔墙法（CD 工法）

中隔墙法简称 CD 工法（CD 是 Center Diaphragm 的简写），是将隧道断面左右一分为二，先开挖一侧，并在隧道断面中部架设一临时支撑隔墙，待先开挖的一侧超前一定距离后，再开挖另一侧的开挖方法，如图 6-25 所示。

（4）交叉中隔墙法（CRD 工法）

当 CD 工法仍不能保证围岩的稳定和隧道施工安全时，可在 CD 工法的基础上，对各分部加设临时仰拱，即 CRD 工法（CRD 是 Cross Diaphragm 的简写）。

此法是将 CD 工法各分部之间加上了临时仰拱，步步封闭成环而改进发展的一种工法，如图 6-26 所示。其最大特点是将大断面施工化分成小断面施工，各个局部封闭成环的时间短，增加了稳定性。

CD 工法和 CRD 工法的主要区别是:CD 工法无临时仰拱,CRD 工法有临时仰拱。

图6-25 CD工法

图6-26 CRD工法

6.2.2 辅助坑道

为了增加隧道施工的工作面以缩短工期,改善施工通风、排水条件,缩短运输距离,可增设辅助坑道。常用的辅助坑道有横洞、平行导坑、斜井和竖井四种。

1)横洞

横洞是在隧道侧面修筑的与之相交的坑道。当隧道傍山沿河、侧向覆盖层较薄时,就可以考虑设置横洞。横洞布置如图 6-27 所示。

一般情况下,横洞不长,比较经济,在地形条件允许时,宜优先考虑采用横洞来增加工作面。横洞开挖应根据围岩级别、断面大小,合理选用开挖方法。当横洞开挖工作面与正洞的距离小于 10m 时,应采取近距离控制爆破技术,降低爆破振速。横洞与正洞交叉的洞室跨度大,受力复杂,施工中应根据具体情况进行加固并加强变形监测。

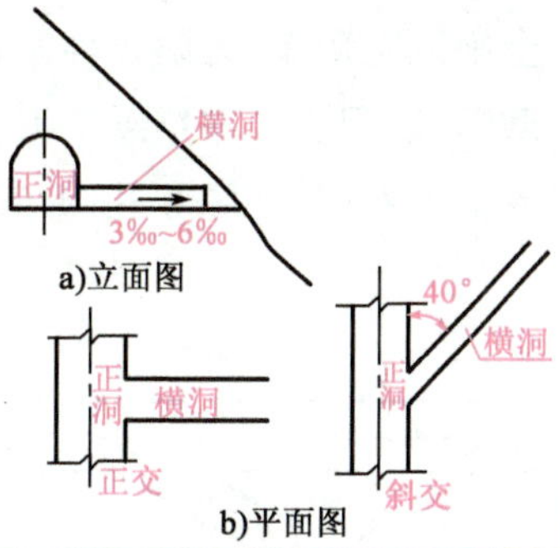

图6-27 横洞布置示意图

2)平行导坑

对于大长越岭隧道,由于地形限制或因机具设备条件、运输道路等条件的限制,无法选用横洞、竖井、斜井等辅助坑道时,为保证施工速度及进行超前地质勘察,可采用平行导坑。平行导坑布置示意图如图 6-28 所示。

一般平行导坑距正洞约为 20m。平行导坑底面标高应低于隧道底面标高 0.2 ~0.6m,以有利于正洞的排水和运输。纵坡原则上与隧道纵坡一致或出洞 3‰的下坡。每隔 120 ~180m 设一个横通道,每隔 3 ~4 个横通道设置一个反向横通道。横通道与隧道中线的平面交角一般以 40° ~50°为宜。平行导坑应超前正洞导坑两个横通道以上的间距,一般采用有轨、单道运输,可每隔 2 ~3 个横通道铺设一个双道的会车站,其有效长度一般为 50 ~60m。正洞的各项作业应分区分段进行，以减少干扰。

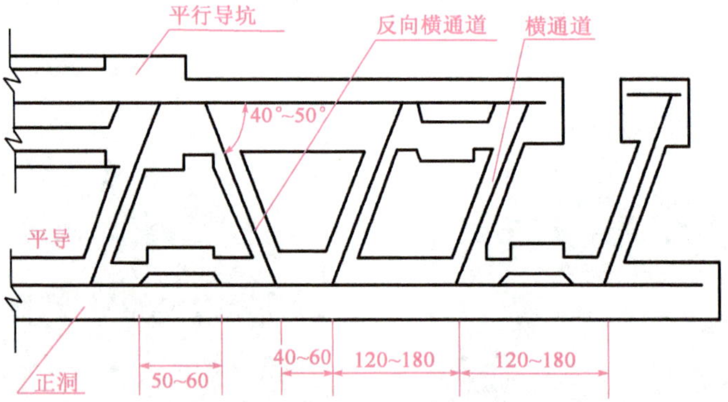

图6-28 平行导坑布置示意图（尺寸单位：m）

3）斜井

斜井是在隧道侧面上方开挖的与之相连的倾斜坑道。当隧道埋深不大、地质条件较好、隧道侧面有沟谷等低洼地形时，可采用斜井作为辅助坑道。斜井长度一般不超过200m，斜井井口的位置不应设在洪水淹没处。斜井与隧道正洞的平面联结形式有单联式、斜交双联式、正交双联式三种。图6-29为斜交双联式，其特点是在对着斜井的井底车站前方有一段安全岔线。

斜井井底变坡点与正洞中线的距离不小于25~30m，车站长度不小于8~12m，安全岔线长度不小于8~10m，连线曲线半径为7~10倍的车辆轴距，双通道下正洞平面交角为30°~35°。

施工期间，应做好井口防排水工程，严防洪水淹没。斜井长小于200m时，车速不大于3.5m/s；斜井长超过200m时，可适当提高车速。井口应设置安全闸，在斗车出洞后及时安好安全闸以防溜车，为防止斗车在坡道上因脱钩或钢丝绳断裂而下滑，可在斗车上或坡道上设置止溜沟，以阻止斗车继续下滑，也可以在斜井坡道终点或坡道中间适当位置设置安全缆绳，由专人负责看守，如图6-30所示。

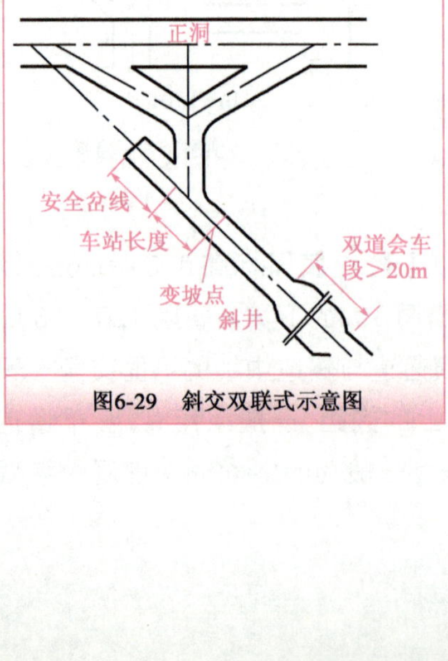

图6-29 斜交双联式示意图

4）竖井

竖井是在隧道上方开挖的与隧道相连的竖向坑道。在覆盖层较薄的长隧道或在中间适当位置覆盖层不厚、具备提升设备、施工中又需增加工作面的情况时，则可用竖井增加工作面。

竖井的位置可设在隧道一侧，与隧道的距离一般为15~25m。设置在隧道一侧的竖井施工安全、干扰少，但通风效果差，如图6-31所示；设置在隧道正上方的竖井，通风效果好，不需另设水平通道，但施工干扰大，施工中不太安全，如图6-32所示。竖井断面形式一般为矩形或圆形，多采用圆形断面，其直径一般为4~6m。

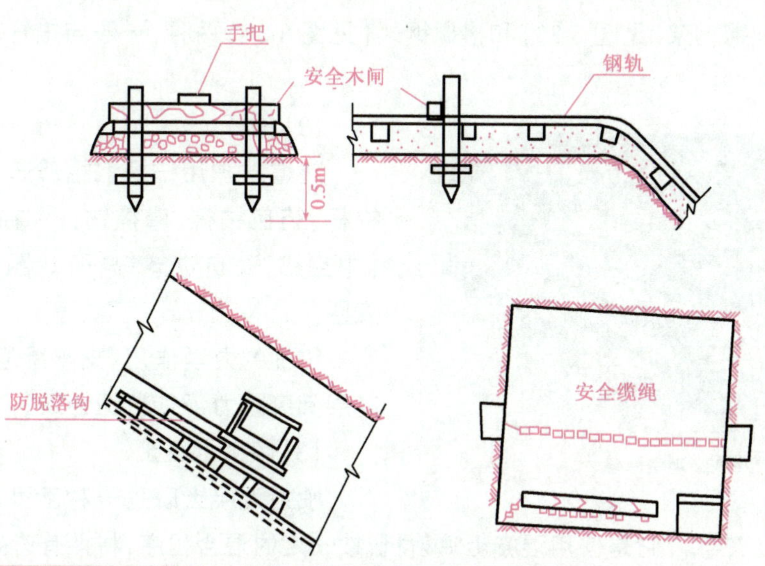

图6-30 斜井安全设施

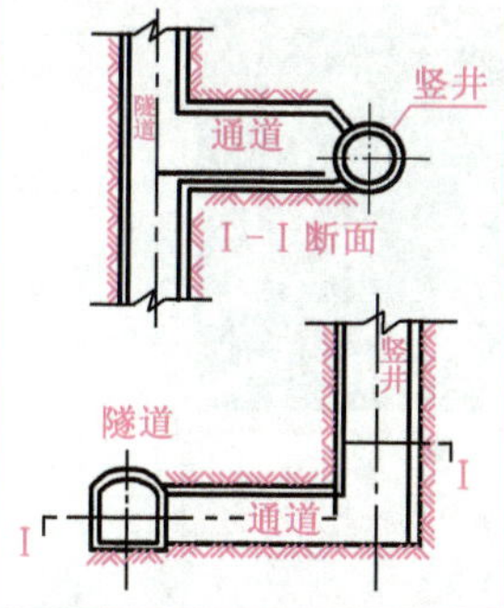

图6-31 隧道一侧竖井示意图

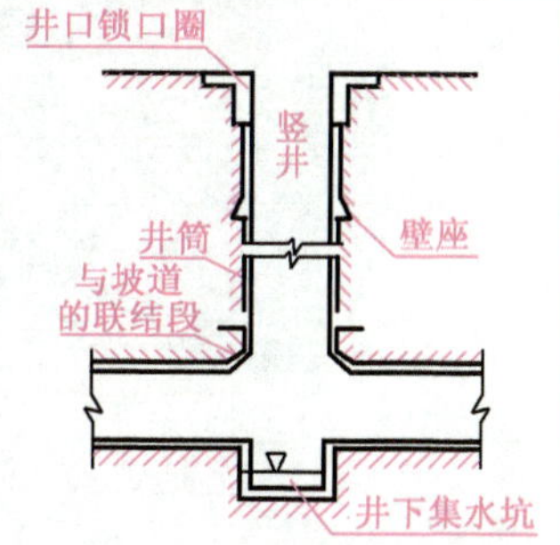

图6-32 隧道上方竖井示意图

竖井构造包括井口锁口圈、井筒、壁座、井筒与隧道间的联结段、井下集水坑等部分，如图6-32所示。

隧道开挖的石砟迅速装车出洞，是提高隧道掘进速度的重要环节。该项作业往往占全部开挖作业时间的50%左右，控制着隧道的施工速度。因此，正确选择并准备足够的装砟运输方案和维修线路，减少相互干扰，提高装砟效率是加快隧道施工速度，尤其是加快长大隧道施工速度的关键。

6.2.3 隧道支护及衬砌施工

1）初期支护

初期支护是在隧道开挖后围岩自稳能力不足的情况下，为保证隧道在施工期间的稳定和安全而采取的工程措施。它包括钢架、锚杆、喷射混凝土以及钢筋网等单一或组合的支护形式。

(1)钢架

钢架分为型钢钢架(见图6-33)和格栅钢架(见图6-34)两种,一般与锚杆、喷射混凝土共同使用。

图6-33 型钢钢架

(2)锚杆

隧道支护用锚杆包括普通砂浆锚杆、水泥锚杆、药包锚杆、摩擦锚杆和径向螺纹钢锚杆(中空锚杆、自进式锚杆)。图6-35为锚杆示意图。

锚杆的力学作用:支承围岩;加固围岩;提高层间摩阻力,形成"组合梁";"悬吊"作用。

(3)喷射混凝土

喷射混凝土既是一种新型的支护结构,又是一种新的施工工艺。它是使用混凝土喷射机,按一定的混合程序,将掺有速凝剂的细石混凝土,喷射到岩壁表面上,并迅速固结成一层支护结构,从而对围岩起到支护作用。

图6-34 格栅钢架

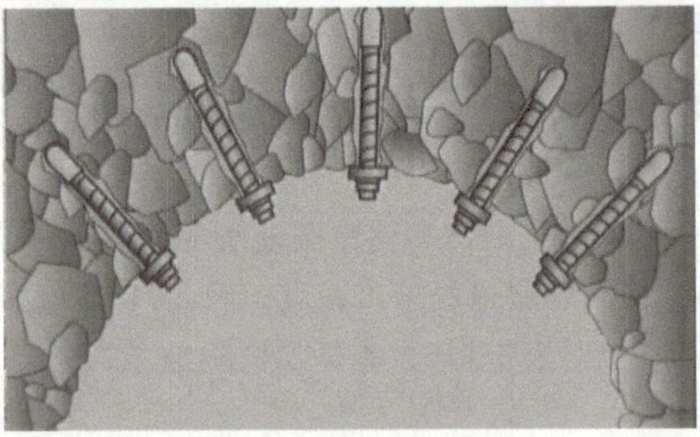

图6-35 锚杆示意图

喷射混凝土分干喷、潮喷、湿喷、混合喷射几种施工工艺。

干喷和潮喷工艺流程如图6-36所示,干喷现场如图6-37所示。

湿喷工艺流程如图6-38所示,湿喷现场如图6-39所示。

混合喷射工艺流程如图6-40所示。

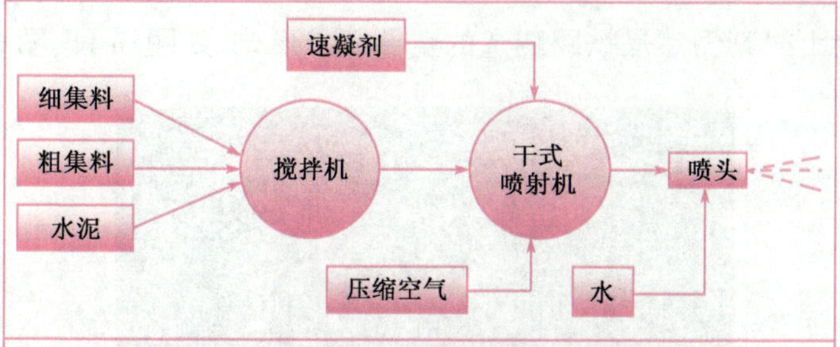

图6-36 干喷和潮喷工艺流程

图6-37 干喷现场

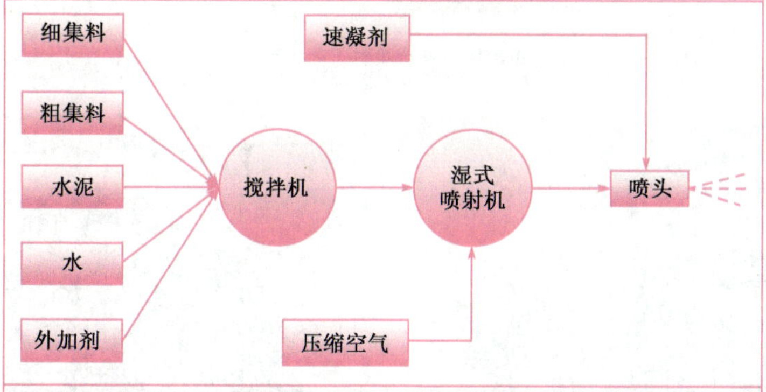

图6-38 湿喷工艺流程

2)模筑混凝土衬砌

隧道作为地下结构物,除了应满足铁路运输在使用上的要求外,还必须具有耐久性。一般除了地质坚硬、不易风化的Ⅰ级围岩外,都应施作混凝土衬砌。所以,模筑整体混凝土衬砌在传统上就是保证隧道功能的重要结构。

对于采用喷锚支护技术施工的隧道,一般为了饰面或增加安全度,也需要再施作喷锚支护。此外,衬砌实际上也承受了在其施工后发生的外部水压,软弱围岩的蠕变压力,膨胀性地压，以及浅埋隧道受到的附加荷载等。

因此，模筑混凝土衬砌仍然是铁路隧道的重要支护形式，如图6-41、图6-42所示。

图6-39　湿喷现场

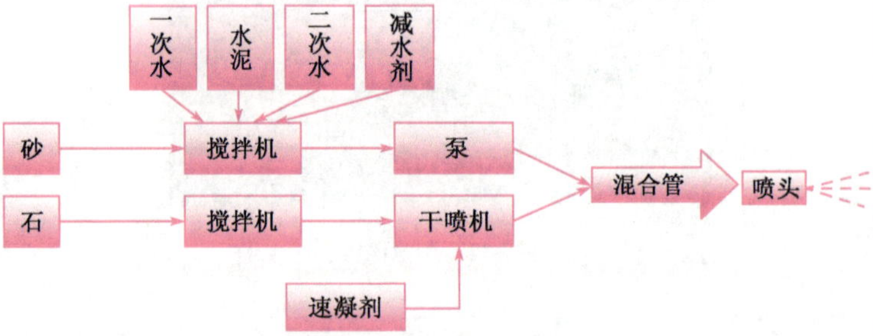

图6-40　混合喷射工艺流程

图6-41　明洞衬砌

图6-42　洞口衬砌

6.3　隧道养护与维修

铁路隧道运营阶段的病害检测与治理，应本着"预防为主、早期发现、及时维护、对症施治”的原则，要经常性地对隧道进行检查，及时发现问题，建立数据库，确定需要整治的技术指标，并采用有效的整治措施，对整治后的隧道要制定质量验收标准，力争做到检测程序化、处治规范化、验收标准化。

6.3.1 隧道养护的一般规定

1）隧道养护工作的范围和内容

（1）隧道养护工作范围

隧道养护工作范围包括洞身、洞门、路面和两端路堑、防护设施、排水系统、洞口减光设施及通风、照明、标志、标线、监控、消防、防冻、消声等设施的检查、保养、维修和加固。

（2）隧道维修保养检查

隧道维修保养检查分为经常检查、定期检查和特殊检查三类，如图6-43所示。

图6-43　隧道检查

（3）隧道检查与养护工作内容

检查养护工作大致有以下几个方面。

①检查衬砌；

②检查路面；

③检查各种标志；

④检查附属设施；

⑤检查排水系统；

⑥及时清除塌落物；

⑦保持洞内清洁；

⑧维护洞口设施；

⑨定期检查有害气体、烟雾和噪声。

2）衬砌隧道的检查与养护

（1）日常检查工作

检查→记录→标示→分析→原因→措施。

（2）常见病害

①变形、开裂、渗漏水，如图6-44、图6-45所示；

②表面腐蚀、剥落、脱落，如图 6-46 所示；

③端墙、侧墙、翼墙位移、开裂，如图 6-47 所示；

④路面拱起、沉陷、错台、开裂。

图6-44　隧道渗漏水

图6-45　衬砌裂缝

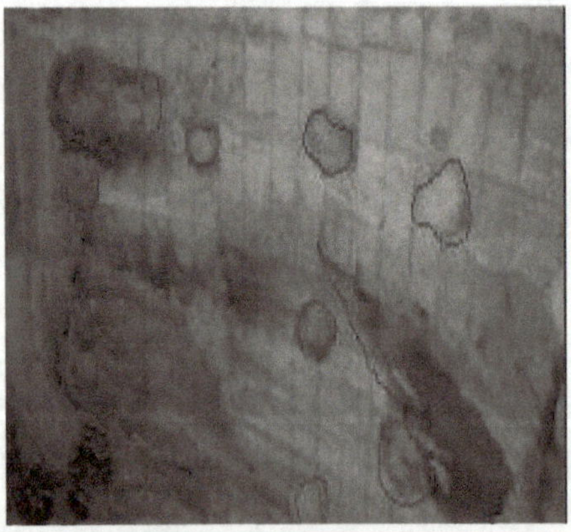

图6-46　衬砌剥离

图6-47　端墙裂缝

3）无衬砌隧道的检查与养护

无衬砌隧道的围岩，在长期使用过程中，由于岩石松动或受风化、行车振动等影响，围岩发生破碎，易产生危石、渗漏水等病害，应及时处治，以保证行人和行车安全。

6.3.2　常见隧道结构病害维护方法

对隧道结构质量问题进行维护、维修，应在正确把握产生问题原因的基础上，根据问题的程度和范围，采取技术上可行、经济上合理对应的处理措施。表 6-6 为常见隧道病害整治措施，可供参照。

1）局部修补

对隧道衬砌的局部初始缺陷、损伤及剥落等，应及时进行修补。先进行表面清扫、表面部分凿除，再采用树脂砂浆或树脂水泥砂浆充填、涂抹恢复断面。

常见隧道病害整治措施 表 6-6

衬砌材料		浇筑混凝土衬砌								混凝土砌块、砖、石衬砌								记事
拱或墙		拱				墙				拱				墙				
劣化范围		局部		大范围		局部		大范围		局部		大范围		局部		大范围		
劣化状况		落下物大小				劣化程度				劣化部位				劣化部位				
整治方法		小	大	小	大	小	大	小	大	接缝	主体	接缝	主体	接缝	主体	接缝	主体	
表面清扫		○	△	△	△	△	△	△	△	△	△	△	△	△	△	△	△	
凿除		○	○	○	△	○	○	○	△	○	○	△	△	△	○	△		
嵌缝										○		○		○		○		
护板			○	△	△	△				△	△	△	△					净空无富余空间时采用
金属网			○	△	△	△				△	△	△	△					净空无富余空间时采用
内衬	喷混凝土			○	○	○			○	○	○	○	○		○	○		净空不十分富余时采用
内衬	浇筑混凝土			○	○	○			○	○	○	○	○		○	○		需增强衬砌承载能力时采用
内衬	拱梁			△	△	△			△	△	△	△						需增强衬砌承载能力时采用
局部改建				○	○	○		○	○	○	○	○			○	○	○	劣化程度严重（厚度 1/2 以上）时采用
其他（改建等）						○					○	○				○	○	仅维修不足以处理时采用

注：1. 劣化范围。局部——原则上劣化范围不足 $10m^2$；大范围——原则上劣化范围大于 $10m^2$。
2. 劣化状况。落下物大小：大——砖尺寸或小于砖尺寸者；小——小于砖尺寸者。
3. 劣化程度。大——劣化深度大于 10cm 者；小——劣化深度小于 10cm 者。
4. 劣化部位。接缝——接缝材料劣化，主体健全；主体——主体劣化。
5. ○——适用；△——应急措施或与其他方法同时使用。

2）嵌缝、注浆

对隧道衬砌常见的裂缝病害，判断当裂缝不再发展时，可采用环氧树脂等高强材料进行裂缝注浆，同时对裂缝表面用树脂水泥浆嵌缝涂抹填平。

3）内衬补强

开裂、剥落、破损较为严重，病害区域面积较大时，可采用补喷混凝土等进行补强，必要时可采用补强拱架和网喷混凝土进行内部补强。

4）渗漏水整治

隧道结构渗漏水按其状态可分为线状和面状，按漏水量可分为少量和多量。根据漏水程度、部位不同，采取不同的整治措施，表 6-7 中的隧道漏水整治措施可供参考。

隧道漏水参考整治措施 表 6-7

漏水状态		线状				面状				记事
漏水量		少量		多量		少量		多量		
净空富余 / 整治方法		有	无	有	无	有	无	有	无	
线状整治	导水管	○		○		△		△		适用于漏水沿衬砌施工缝线状渗漏的情况
线状整治	导水槽		○	○	○		○		○	有 V 形、U 形两种。V 形槽设在拱部时，要注意不使埋入材料剥离
线状整治	止水法	△	△							只适用于漏水量为滴水程度，漏水范围有限时

续上表

漏水状态		线状				面状				记事
漏水量		少量		多量		少量		多量		
净空富余		有	无	有	无	有	无	有	无	
整治方法										
面状整治	喷射法					○		○		挂网锚喷及导水等同时采用
	涂膜法					△	△			适用于漏水轻微时
	防水板							○		
	防水膜					○		○		适用于内衬、改建时
背后压注法				○	○			○	○	地下水以隧道背后空洞为流路，直接向隧道内流入时采用
降低水位法				○	○			○	○	地下水位高，在列车、漏水反复荷载作用下，使土砂排出，隧道结构有问题时采用

注：1. 漏水状态。线状——漏水呈线状分布；面状——漏水呈面状分布时。
2. 漏水量。少量——渗透、滴水程度；多量——溢出、喷出状态。
3. 净空富余。有——对采取的对策有富余；无——对采取的对策无富余。
4. ○——适用；△——有条件适用。

阅读材料

青藏铁路是目前世界上海拔最高、线路最长的高原铁路，如图6-48所示。该路东起青海西宁，西至拉萨，全长1956km。其中，西宁至格尔木段(814km)已于1979年铺通，1984年投入运营。青藏铁路格尔木至拉萨段，北起青海省格尔木市，经纳赤台、五道梁、沱沱河、雁石坪，翻越唐古拉山，再经西藏自治区安多、那曲、当雄、羊八井，至拉萨，全长1142km。

图6-48 青藏铁路

青藏铁路穿越绵绵昆仑山脉，翻越唐古拉山，据统计青藏铁路要穿越117座涵洞，其中有世界最高的高原冻土隧道——风火山隧道（见图6-49），世界最长的高原冻土隧道——昆仑山隧道（见图6-50），而冻土隧道又是一巨大的世界性难题，但我国科学家和施工人员克服高寒缺氧等恶劣的施工条件，解决了这一难题，并被载入史册。

风火山隧道坐落于海拔超过5000m的青藏高原风火山上，全长1338m，轨面海拔高程为4905m，比秘鲁铁路的海拔最高点4817m高出88m，是世界海拔最高的隧道。同时，该隧道也是青藏铁路重点难点控制工程。据介绍，该隧道位于青藏高原可可西里"无人区"边缘，这里地质复杂，自然条件严酷，平均海拔4900m左右，年均气温-7℃，寒季最低气温低于-40℃，空气中氧气含量只有内地的50%左右，被喻为"生命禁区"。

图6-49 风火山隧道

图6-50 昆仑山隧道

风火山隧道所处地质环境集含土冰层、饱冰冻土、富冰冻土、裂隙冰、融冻泥岩等为一体，冻土层最厚达150m，覆盖层最薄只有8m，施工稍有不慎，就会导致大塌方，工程难度大、科技含量高。为解决冻土施工困难，施工人员采用隧道内铺设保温材料等方法，如图6-51所示。

昆仑山隧道是世界高原多年冻土区第一长隧，位于青藏铁路青海境内，全长1686m，海拔高度4648m。由于昆仑山隧道独特的地理位置、严酷的自然环境、复杂的地质条件，其结构、施工工艺和施工方法不同于一般地区隧道。昆仑山隧道被列为青藏线头号控制工程，设计采用了大量新技术、新材料、新工艺。施工中采取湿喷混凝土临时支护并确保足够的支护强度，是事关昆仑山隧道施工安全、质量、工期和效益的一个至关重要的环节。该实践证明了湿喷混凝土在高原多年冻土区隧道施工中的可行性，并填补了国内这方面研究的空白。

图6-51　隧道铺设保温材料

单元7　车站与枢纽

引子

车站是铁路运输的基层生产单位，集中了与运输有关的各项技术设备，参与运输过程的整个环节。车站（枢纽）对保障运输工作质量起着决定作用。

铁路车站及枢纽的能力是铁路运输能力的主要组成部分。其内部设备能力的协调和区间能力的协调是保证设计期运量需求的先决条件。

7.1　车站基本知识

7.1.1　车站与区间

1）车站与区间的概念

为了保证铁路行车安全和必要的线路通过能力，铁路每间隔一定距离需要设置一个车站，从而车站把每一条铁路线路划分成了若干个长度不同的段落，每个段落称为区间，而车站成为相邻区间的分界点。

由于车站除了正线之外，还配有到发线、牵出线等其他线路，所以我们把车站称为有配线的分界点；而把线路所（非自动闭塞区段的两车站之间设置）和通过信号机（自动闭塞区段的两车站之间各闭塞分区分界处设置）称为无配线的分界点。其中，两相邻车站之间的铁路线路又称为站间区间（见图7-1）。相邻线路所与车站之间的铁路线路则称为所间区间（见图7-2）。自动闭塞区段上通过信号机之间的一段落称为闭塞分区（见图7-3）。

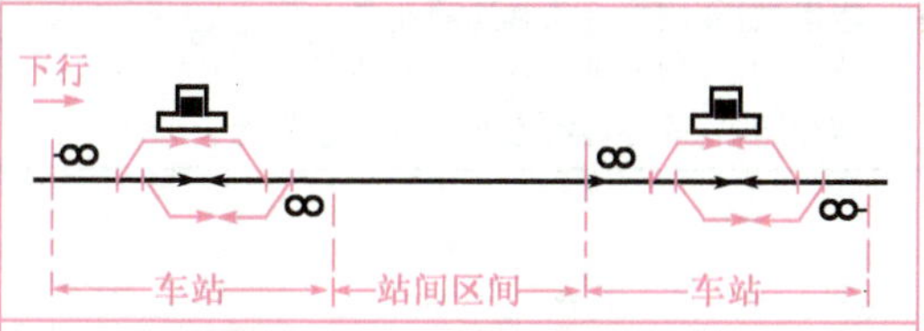

图7-1　单线铁路站间区间

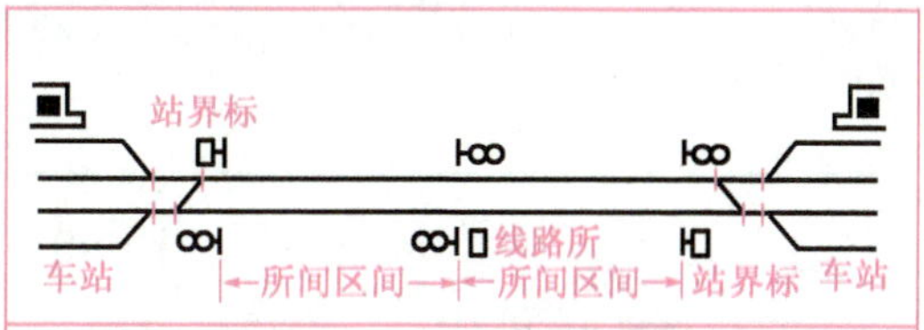

图7-2　双线铁路所间区间

2）车站与区间的划分

为了保证行车安全和划分职责，车站和区间之间应有明确规定的界限。在单线铁路上，以车站两端进站信号机柱中心线为界，外方为区间，内方属于车站；在双线铁路上，按上、下行方向分别以进站信号机柱中心线与另一端的站界标中心线为界，如图7-1、图7-3所示。

3）区段

区段通常是指两相邻技术站之间的铁路线段，其中包含了若干个区间和分界点，区段的长度一般取决于牵引动力的种类或路网状况。

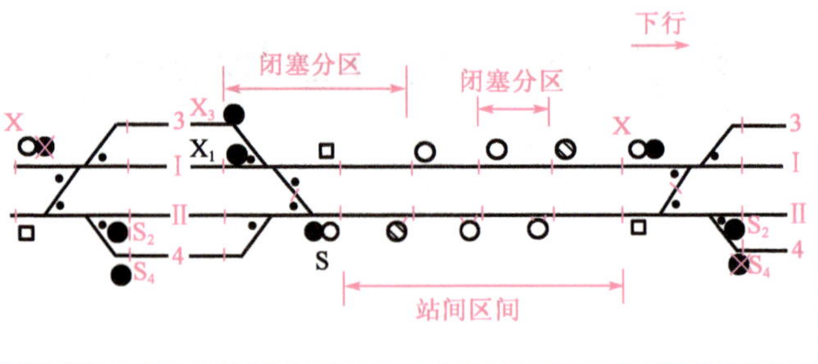

图7-3　双线铁路自动闭塞分区

7.1.2　车站的作用与分类

1) 车站的作用

车站的作用如表 7-1 所示。

车站的作用　表 7-1

序号	作用	
1	作为铁路对外的窗口，代表铁路与旅客、收、发货人办理各项客货运业务	
2	是铁路客、货运输的生产基地，承担着除了列车在区间运行外的各项作业	列车的接发、会让、越行； 列车的解体和编组； 机车的换挂和整备； 车辆的检查和修理等

2) 车站的分类

车站的分类如表 7-2 所示。

车站的分类　表 7-2

分类依据	车站的类别
根据车站所担负的任务量和其在国家政治上、经济上的地位	分为六个等级：特等站、一、二、三、四、五等站
按其技术作业的不同	分为中间站、区段站和编组站
按业务性质	客运站：专门办理旅客运输业务； 货运站：专门办理货物运输业务； 客货运站：既办理客运业务也办理货运业务

7.1.3　车站线路种类与线间距

1) 车站线路种类

车站线路种类如表 7-3 所示。

车站线路种类　表 7-3

分类依据	线路种类	
按用途分类	正线：指连接车站并贯通或直股伸入车站的线路	
	站线	到发线：用于接发旅客列车与货物列车的线路； 牵出线：用于进行调车作业时车辆牵出的线路； 货物线：用于货物装卸作业的货车停留线路； 调车线：用于车列解体和编组并存放车辆的线路

续上表

分类依据	线路种类	
按用途分类	段管线（由机务、车辆、工务、电务、供电等段专用并由其管理的线路）	站内指定用途的其他线路：机车走行线、车辆站修线、机车整备线、驼峰迂回线及驼峰禁溜线等机务段的机车准备线、机车转头用的三角线、转盘线、卸油线； 车辆段内车辆检修作业用的线路； 工务、电务、供电段内停留轨道车、作业车及其他车辆用的线路
	特殊用途线	安全线：为隔离进路而设； 避难线：为防止在长达下坡道上失控的列车发生冲突或倾覆而设

车站线路图如图 7-4 所示。

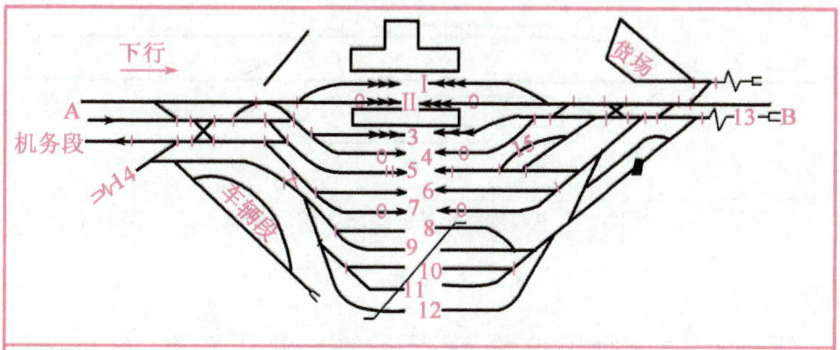

图7-4　车站线路图

Ⅱ-正线；Ⅰ、3、4、6、7-到发线；5-机车走行线；8～12-调车线；13、14-牵出线；15-机待线

2）线间距

线间距是指两相邻线路中心线之间的距离。线间距应能保证行车和车站工作人员工作时的安全和设置相关设备的需要。它是根据铁路限界、线间装设设备情况及办理作业性质等的需要，并考虑安全余量而综合确定的。

线间距的大小应依据《铁路技术管理规程》有关规定加以确定，车站主要线路的线间距见表 7-4。

车站主要线路的线间距　　表 7-4

序　号	名　　称		线间距(mm)
1	站内正线		5000
2	站内正线与到发线间		5000
3	到发线间（包括中间无站台的旅客列车到发线间）、调车线间		5000
4	装设高柱信号机的线间	相邻两线均通行超限货物列车	5300
		相邻两线仅一线通行超限货物列车	5000
5	牵出线与其相邻线间		6500
6	调车场各线束间		6500
7	站修线与其相邻线间		8000
8	其他站线间（换装线除外）		4600

7.1.4 股道和道岔的编号

为了作业和维修管理上的便利，站内线路和道岔应有统一的编号。

1）股道编号方法

站内正线规定用罗马数字编号（I、II、III、…），站线用阿拉伯数字编号（1、2、3、…）。

（1）单线铁路车站

在单线铁路上，从站房一侧开始顺序编号，如图 7-5 所示。

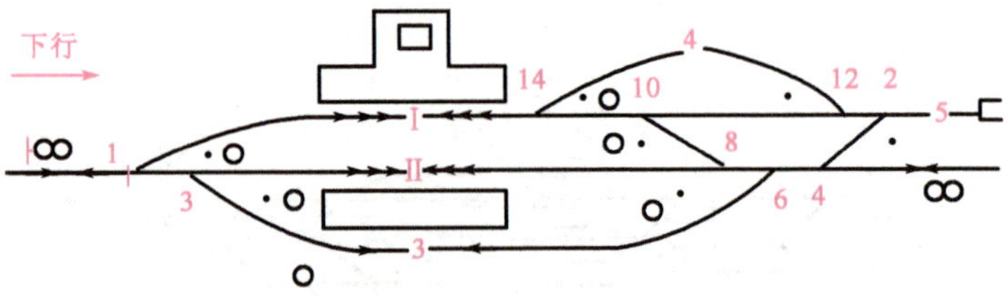

图7-5　单线铁路车站股道路、道岔编号

（2）双线铁路车站

在双线铁路上，下行正线一侧用单数、上行正线一侧用双数，从正线向外顺序编号，如图 7-6所示。

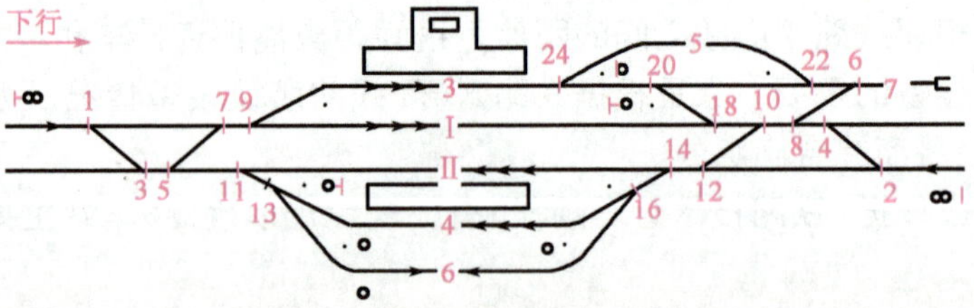

图7-6　双线铁路车站股道路、道岔编号

（3）尽头式车站

站房位于线路一侧时，与单线铁路车站编号方法相同；站房位于线路尽端时，由来车方向的左侧顺序编号，如图 7-7 所示。

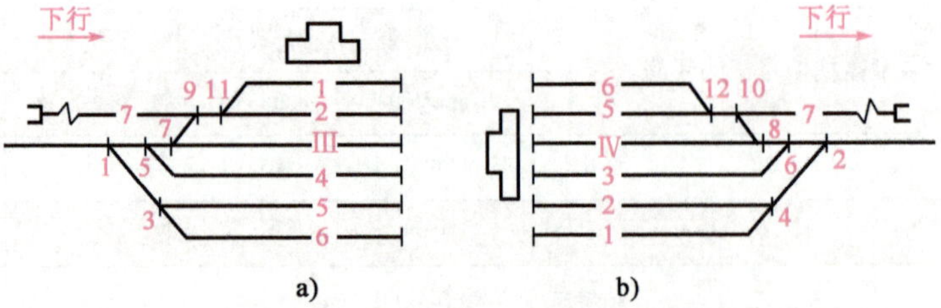

图7-7　尽头式车站股道、道岔编号

大型车站有多个车场时，应分别按车场各自编号。

2）道岔编号方法

①用阿拉伯数字从车站两端由外向内依次编号，上行列车到达一端用双数、下行列车到达一端用单数，如图7-5、图7-6所示。

②站内道岔，一般以车站站舍中心线作为划分单双号数的分界线。

③每一道岔均应编为单独的号码，渡线、交分道岔等处的联动道岔，应编为连续的单数或双数。

④当车站有几个车场时，每一车场的道岔必须单独编号。此时，道岔号码应使用三位数字，百位数字表示车场号码，十位和个位数字表示道岔号码。应当避免在同一车站内有相同的道岔号码。

7.1.5　股道有效长

股道有效长是指在线路全长范围内，可以停留机车车辆而不妨碍信号显示、道岔转换、邻线正常行车的线路长度最大值。

股道有效长的起止范围由下列因素确定。

1）警冲标

警冲标是信号标志的一种，设在两会合线路线间距为4m的中间，用以指示机车车辆的停留位置，防止机车车辆的侧面冲撞，如图7-8所示。

2）道岔尖轨尖端（无轨道电路时）或道岔基本轨接头处的钢轨绝缘（有轨道电路时）

3）出站信号机（或调车信号机）

出站信号机是用于防护区间，指示列车能否由车站开往区间的信号设置。对于顺向道岔来说，出站信号机应设于警冲标内方适当的位置；对于逆向道岔来说，出站信号机可设于道岔尖轨尖端或道岔基本轨接头的钢轨绝缘处或稍后一些的位置。

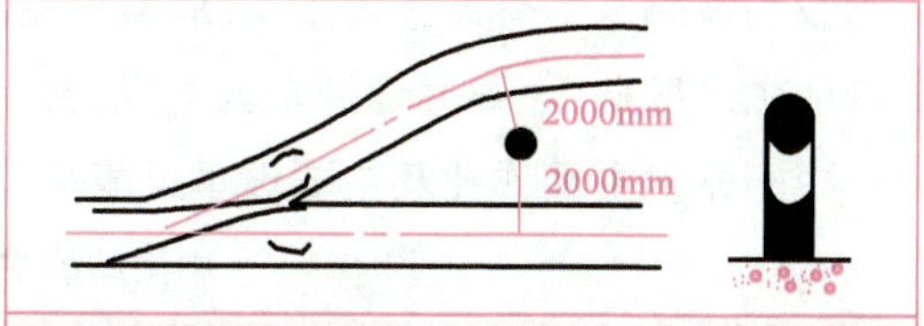

图7-8　警冲标

4）车挡（为尽头式线路时）

确定某一股道的有效长，应根据该股道的用途及连接形式而定，如图7-9所示。

货物列车到发线的有效长度，应根据规定的列车长度及列车停车时的附加距离（规定为30m）等因素确定。

我国铁路采用的货物列车到发线有效长度在Ⅰ、Ⅱ级铁路上为1050m、850m、750m、650m；Ⅲ级铁路上为850m、750m、650m或550m；开行重载列车为主的铁路上可采用大于1050m的到发线有效长度。采用何种有效长度应根据运输能力的需求，机车类型及所牵引列车长度，结合地形条件，并与相邻各铁路到发线有效长度的配合等因素确定。

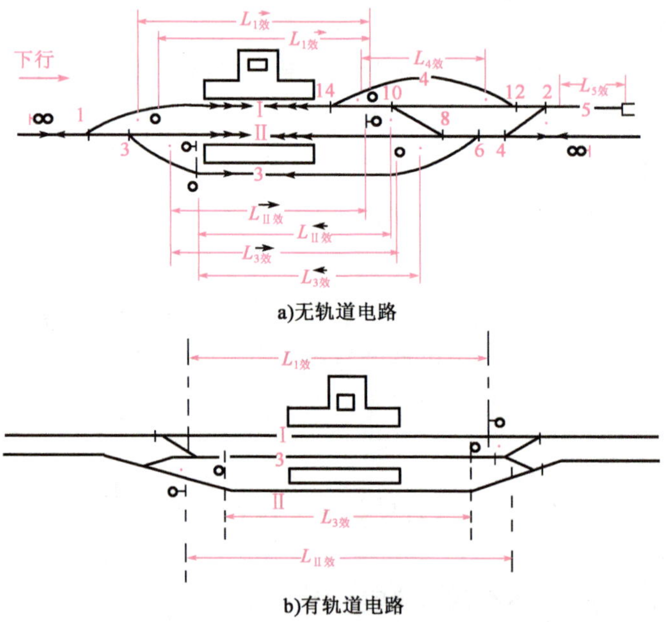

a)无轨道电路

b)有轨道电路

图7-9 股道有效长的确定

7.2 中间站

我国铁路大约有五千多个车站,其中绝大多数属于中间站。中间站是为沿线城乡人民及工农业生产服务,主要办理列车的到发、会让和越行,以及少量的客货运业务。

中间站的主要作业及主要设备见表 7-5。

中间站的主要作业及主要设备　　表 7-5

中间站的主要作业及主要设备	
主要作业	列车的到发、通过、会让、越行; 旅客的乘降、行李和包裹的承运、装卸、保管与交付; 货物的承运、装卸、保管与交付; 摘挂列车的摘挂作业及向货场或专用线的车辆取送等调车作业
主要设备(根据作业的性质和作业量的大小)	客运设备:包括旅客站舍(售票房、候车室、行包房)、旅客站台、雨篷和跨线设备(天桥、地道、平过道)等; 货运设备:包括货物仓库、站台、货运室和装卸机械等; 站内线路:包括到发线、牵出线、货物线等; 信号与通信设备等

中间站布置图按到发线的相互位置,主要分为横列式和纵列式两种。

横列式中间站的布置特点是到发线沿正线横向排列,如图 7-10 所示。这种布置图形具有站坪长度短、设备布置紧凑、便于管理、线路使用灵活等特点。中间站主要采用此种布置图。

纵列式中间站的布置特点是到发线沿正线纵向排列，逆运转方向错移一个货物列车的到发线的有效长度，如图 7-11 所示。这种布置形式有利于组织列车不停车会车，提高区间通过能力；适应重载列车到发的需要；便于车站值班员与驾驶员交接行车凭证。但是，由于这种布置图形有站坪长度长、增加了中间咽喉、定员多、管理不便、车长与值班员联系工作走行距离长等缺点，因此一般只在山区因地势陡窄或需组织不停车会车时才采用。

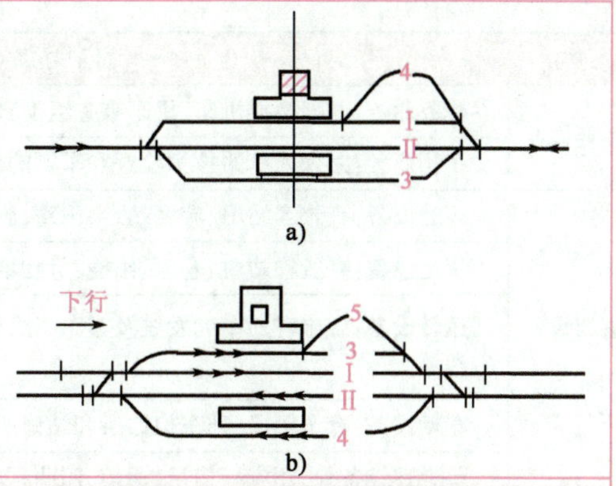

图7-10　横列式中间站布置图

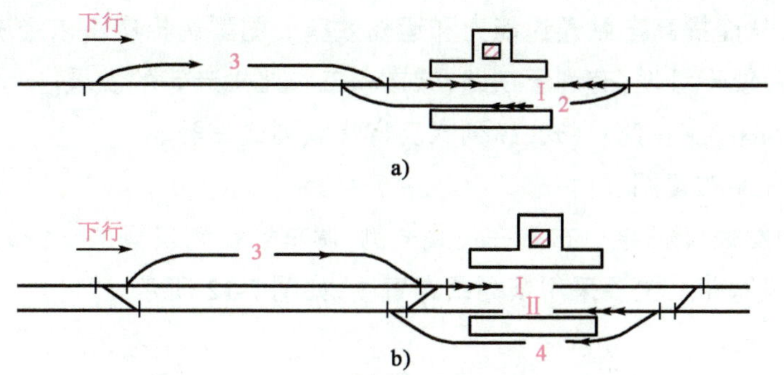

图7-11　纵列式中间站布置图型

7.3　区段站

区段站是铁路网上牵引区段（机车交路）的分界点。区段站的主要任务是：为邻接的铁路区段供应机车及更换乘务组；为无改编中转货物列车办理规定的技术作业；办理一定数量的列车解体、编组作业及客货运业务。

区段站的作业和设备尽管在数量和规模上都不是最大的，但其作业和设备的种类是比较全面的。区段站的主要作业及主要设备见表 7-6。

区段站的主要作业及主要设备　　　　表 7-6

区段站的主要作业及主要设备		
主要作业	客运业务：旅客乘降，行李、包裹的承运、保管、装卸和交付，以及为旅客的物质、卫生及文化生活的服务等	
	货运业务：办理货物的承运、装卸、保管、交付作业等	
	运转作业：包括旅客列车和货物列车的运转作业	旅客列车运转作业：旅客列车的接发及通过作业。有的区段站还办理旅客列车始发、终到作业及个别客车的摘挂作业； 货物列车运转作业：主要办理无改编中转货物列车的接发与有关作业；区段及摘挂货物列车解编作业，以及本站作业车的取送转线作业等；有的区段站还办理部分改编货物列车的成组甩挂作业，以及少量的直通、直达列车的解编作业

续上表

区段站的主要作业及主要设备	
主要作业	机务业务：办理换挂机车、机车乘务组换班、机车的整备及检修
	车辆业务：办理列车的技术检查和车辆的检修，在少数设有车辆段的区段站上，还办理车辆段检修作业
主要设备	客运设备：有旅客站房、旅客站台、雨篷、旅客跨线设备等
	货运设备：有货物站台、仓库、雨篷、货物堆放场和货物装卸线、存车线，以及装卸机械、办公房屋等
	运转设备：有旅客列车到发线及客车车底停留线；货物列车到发线、调车线、牵出线（或设有驼峰）、机车走行线等
	车辆设备：有车辆段、列车检修所和站修所等
	除上述设备外，还应有信号、通信、照明、办公房屋等其他设备

区段站的各主要设备相互之间的位置应根据其所办理的作业性质，结合城市规划、地形、运量及运输性质、正线数目等条件进行布置，尽可能使站内的列车进路交叉最少，机车车辆在站内的流程最短，从而提高车站通过能力和运输效率。图型选择应讲求经济效益，满足运输需要，节省工程投资，便于管理，有利于铁路、城市和工农业生产等的发展。

区段站常见的布置图有横列式、纵列式及客货纵列式三类。

1）横列式区段站布置图

当上、下行到发线（场）平行布置在正线一侧，调车场在到发场的一侧时，称为横列式区段站布置图。在单线铁路上主要采用横列式布置图，如图7-12所示。

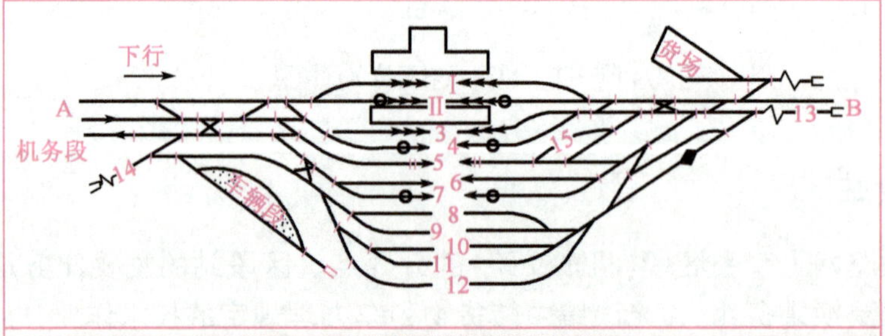

图7-12　单线横列式区段站布置图

横列式区段站布置图的主要优点是站坪长度短、占地少、设备集中、布置紧凑、管理方便，作业灵活性大，对地形条件适应性强。其缺点是：一个方向的列车机车出、入段走行距离长，对站房同侧的货物取送车和正线有交叉干扰。

2）纵列式区段站布置图

将上、下行货物列车到发场分设在正线两侧，并纵向全部错移，在其中一个到发场外侧设共用的调车场，称为纵列式区段站布置图。为了减少站内两端咽喉区上、下行旅客列车与货物列车进路的交叉干扰，在双线铁路上主要采用纵列式布置图，如图7-13所示。

纵列式区段站布置图的优点是：作业上的交叉干扰较横列式少；机车出入段走行距离短，当机车采用循环运转制时，到发线上的整备设备比较集中；对站房同侧的支线或工业企业线的接轨也比较方便。其缺点是：站坪长度长，占地多；设备分散，定员较多，管理不便；一个方向货物列车的机车出入段要横切正线。

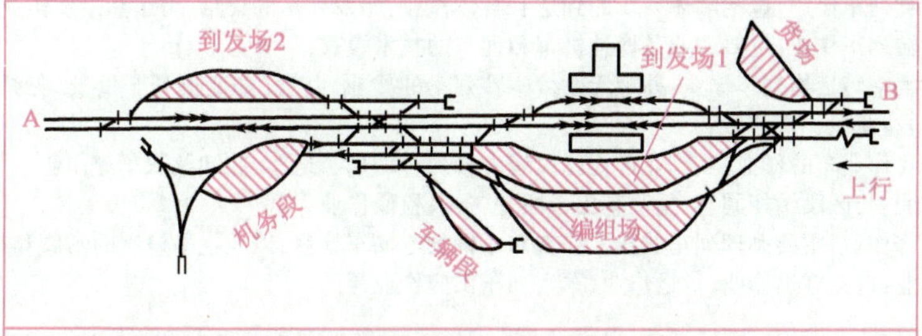

图7-13　双线铁路纵列式区段站布置图

3）客货纵列式区段站布置图

客货纵列式区段站布置图是客运运转设备（主要指旅客列车到发场）与货运运转设备（主要指货物列车到发场）纵向配列形成的布置图。客货纵列式布置图常常是横列式车站在改扩建后形成的，如图 7-14 所示。

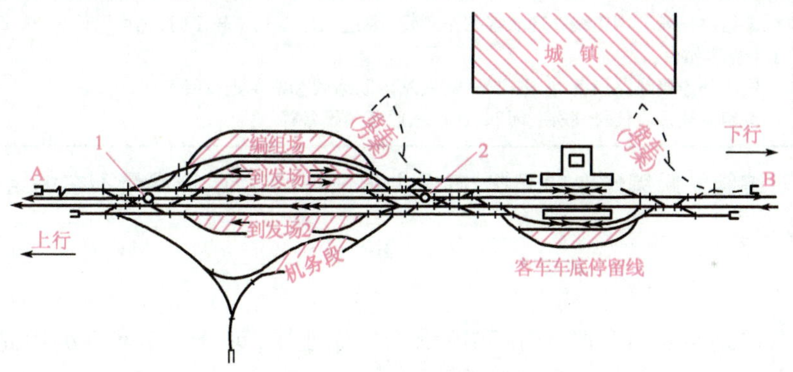

图7-14　客货纵列式区段站布置图

客货纵列式布置图的优点是：客、货运作业干扰较少，客、货运设备分布集中，管理方便，对城市发展和地方运输适应性较强等。其缺点是：增加了设备和定员；货场取送车作业不方便；机务段与货场间机车走行距离增加；一个方向的机车出入段需横切正线等。

7.4　编组站

编组站是铁路网上集中办理大量货物列车解体和编组作业，并为此设有比较完善调车设备的车站。编组站的主要任务是根据列车编组计划的要求，大量办理货物列车的解体和编组作业；对货物列车中的车辆进行技术检修和货运检查整理工作，并且按照运行图规定的时刻，正点接发列车。所以，人们往往称编组站为编组列车的工厂。编组站通常设在几条主要干线的汇合处，也可以设在有大量装卸作业地点的大城市、港口或大工矿企业附近。

编组站的主要作业和主要设备见表 7-7。

编组站的主要作业和主要设备　　表 7-7

编组站的主要作业和主要设备		
主要作业		改编货物列车作业:包括解体列车的到达和解体作业,始发列车的集结、编组和出发作业; 无调中转列车作业:主要作业是换挂机车和列车的技术检查; 部分改编中转货物列车作业:办理无改编中转列车的作业,办理(如变更列车重量、变更列车运行方向或成组甩挂等)少量的调车作业; 本站货物作业车的作业:其作业过程比改编中转列车增加了送车、装卸及取车等作业; 机务作业:与区段站相同,包括机车出入段、整备及检修作业; 车辆检修作业:主要办理列车的技术检查和车辆的不摘车检修,以及在站修所的站修和车辆段的段修等; 其他作业:包括客运作业、货运作业、军运列车供应作业等
主要设备		调车设备:编组站的核心,包括驼峰、调车场、牵出线、辅助调车场等; 行车设备:指接发货物列车的到发线。根据其作业量的大小和不同的作业性质,可设置到发场或到达场、出发场(包括通过车场); 机务设备:编组站的机务设备即机务段。编组站一般应设机务段,且规模比较大,供本务机车和调车机车办理检修和整备作业; 车辆设备:包括列检所、站修所和车辆段; 货运设备:编组站一般不设专门的货运设备,按照具体情况可设零担中转站台、冷藏车加冰设备,以及牲畜车的上水设备
	其他设备	编组站一般利用正线办理旅客列车到发(通过),旅客列车较多时,也可以设置 1 ~ 2 条到发线及 1 ~ 2 个旅客站台; 站内外连接线路设备,如进出站线路、站内联络线和机车走行线等; 编组站还设有信号、联锁、闭塞、通信和照明的设备等

为了减少对编组站解编作业的干扰,确保主要任务的完成,应尽量不在编组站上办理或少办理客、货运业务。

7.4.1　编组站的分类

根据编组站在路网中的位置、作用和所承担的作业量,可分为路网性编组站、区域性编组站和地方性编组站。

1)路网性编组站

路网性编组站设于有 3 条及以上主要铁路干线的交汇点,编组 2 个及以上远程技术直达列车,每昼夜编解 6000 辆及以上。一般设有单向纵列式、双向纵列式或混合式的车场,其驼峰设有自动或半自动控制设备。

2)区域性编组站

区域性编组站设于有 3 条及以上铁路干线的交汇点,主要编组相邻编组站直通列车,每昼夜编解 4000 辆及以上。一般设有单向混合式、纵列式或双向混合式的车场,其驼峰设有半自动或自动控制设备。

3)地方性编组站

地方性编组站设于有 3 条及以上铁路干、支线的交汇点,或工矿区、港湾区、终端大城市地区附近,主要编组相邻编组站、区段站、工业站、港湾站间的直通、区小运转列车,每昼夜编解 2000

辆及以上。一般设有单向混合式、横列式布置的车场，其驼峰设有半自动或其他控制设备。

7.4.2　编组站布置图及主要类型

列车的到达、解体、集结、编组和出发等一系列作业，是在编组站的到达场、调车场、出发场等车场完成的，各车场的相互位置是否符合车流作业要求，决定了编组站的作业效率。编组站各项设备的数量、相互位置的不同，就构成了不同的编组站布置图。

1）按照调车设备的套数及调车驼峰方向分类

（1）单向编组站

只有一个调车场，上、下行共用一套调车设备（包括驼峰、调车场、牵出线），如图 7-15 所示。

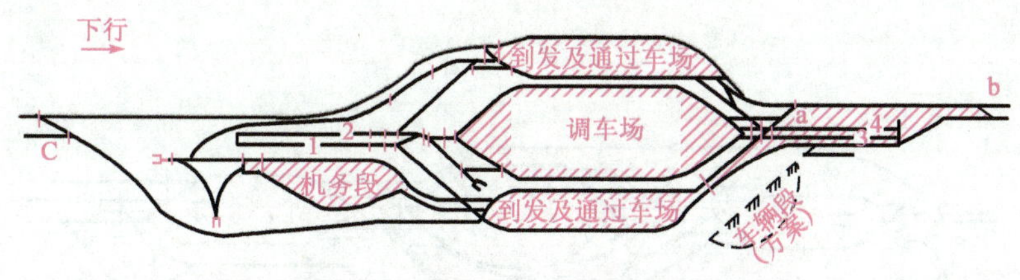

图7-15　单向一级三场横列式编组站布置图

（2）双向编组站

有两个调车场，上、下行各有一套调车设备。一般情况下，两系统的调车驼峰应朝向各自的上行和下行调车方向，如图 7-16 所示。

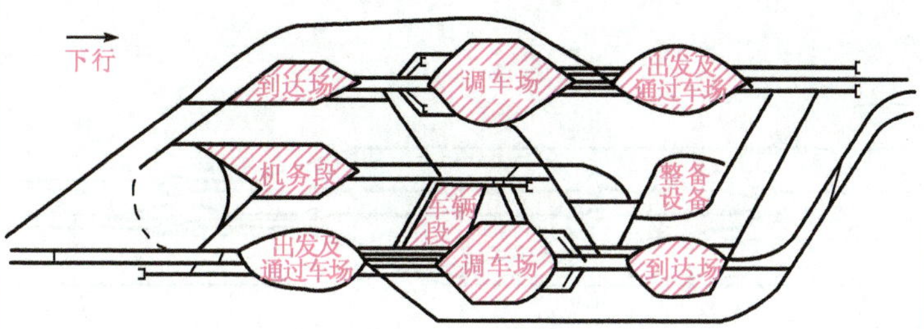

图7-16　双向三级六场纵列式编组站布置图

2）按照每一套系统内车场的相互位置和数目分类

①横列式编组站：上、下行到发场与调车场并列配置，如图 7-15 所示。

②纵列式编组站：到达场、调车场、出发场等主要车场顺序纵向排列，如图 7-16 所示。

③混合式编组站：到达场与调车场纵列，出发场与调车场并（横）列，如图 7-17 所示。

此外，对不同的编组站布置图，我国铁路现场习惯上称为“几级几场”。“级”是指同一调车系统中到达场、调车场、发车场纵向排列（纵向数），一级式是指各车场横列，二级式是指到达场、调车场纵列，而三级式是指到达场、调车场、发车场顺序纵列。“场”是指车场，车站有几个车场，就叫做几场。图 7-18 为单向三级三场纵列式编组站布置图。其主要特点是：所有衔接方向到达的改编列车都接入一个共用的到达场,列车的解编作业集中在一个共同的调车场,发往各个方向的列车,也是在一个共用的出发场上办理。

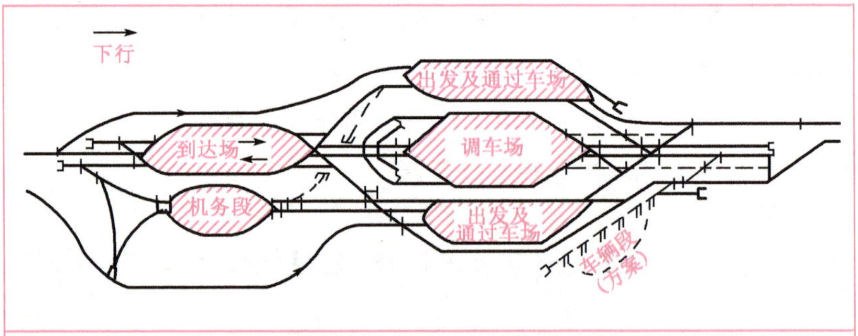

图7-17　单向二级四场混合式编组站布置图

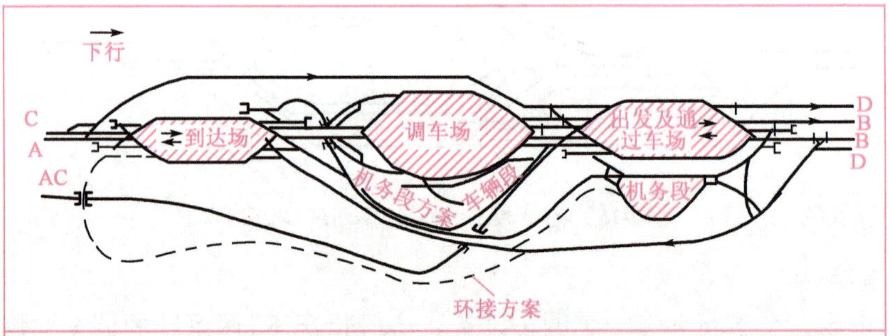

图7-18　单向三级三场纵列式编组站布置图

单向三级三场纵列式改编车流在站内的作业流程如图7-19所示。

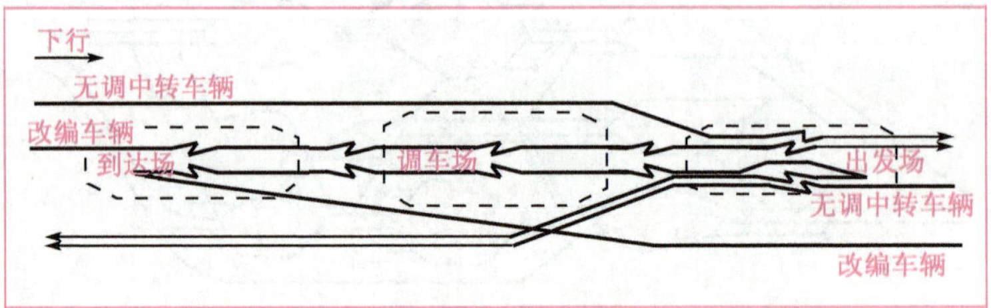

图7-19　单向三级三场纵列式编组站改编车流作业流程

7.4.3　调车设备

铁路编组站的调车设备有牵出线和驼峰两种。

牵出线是车站的基本调车设备。调车作业时,主要以调车机车的推力作为车辆溜放的动力。一般设于调车场尾部,适合于车列的编组、转线、车辆的摘挂、取送等调车作业。

驼峰是以车辆重力为主、调车机车的推力为辅的调车设备(因形似骆驼峰背而得名)。驼峰一般设在调车场头部,适合于列车的解体作业。

1)驼峰分类

驼峰的分类见表7-8。

驼峰的分类　表 7-8

分类依据	类别
每昼夜解体能力	大能力驼峰：每昼夜解体能力 4000 辆以上，调车线不少于 30 条，设 2 条溜放线； 中能力驼峰：每昼夜解体能力 2000～4000 辆，调车线在 16 条以上，设 2 条溜放线； 小能力驼峰：日均解体车数 2000 辆以下，调车线 5～16 条，设 1 条溜放线
按驼峰技术装备	可分为简易驼峰、非机械化驼峰、机械化驼峰、半自动化驼峰和自动化驼峰

2) 驼峰的组成

驼峰的组成是指峰前到达场（在不设峰前到达场时为牵出线）与调车场之间的部分线段，包括推送部分、溜放部分和峰顶平台等，如图 7-20、图 7-21 所示。

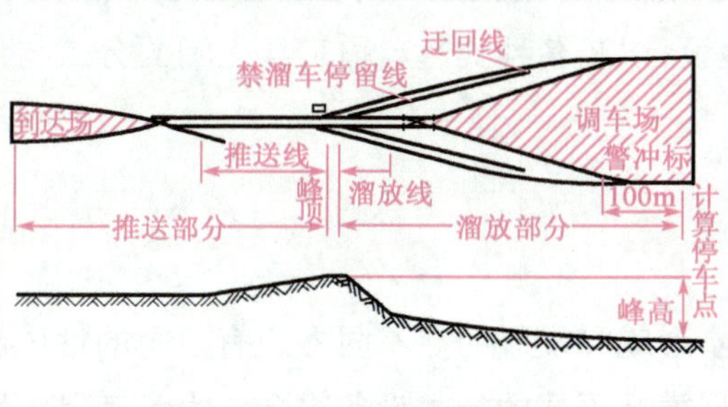

图7-20　驼峰各组成部分示意图

图7-21　驼峰调车场实景图

(1) 推送部分

推送部分是指经驼峰解体的车列，其第一钩位于峰顶时车列全长所在的线路范围。设置这一部分是为了使车辆获得必要的位能，并使车钩压紧，便于摘钩。其中，由到达场出口咽喉的最外警冲标到峰顶平台开始端的线段，称为推送线。

(2) 溜放部分

溜放部分是指由峰顶至调车场计算停车点的线路范围。其中，由峰顶至第一分路道岔始端的这段线路，称为溜放线。

(3) 峰顶平台

峰顶平台是指推送部分与溜放部分的连接部分，设有一段平坦地段，称为峰顶平台。

3) 驼峰调速系统

驼峰调速系统是指为调整溜放车辆的速度而设置的一套系统，是为了提高驼峰的改编能力，保证作业安全所必需的设备。

7.5　铁路枢纽

铁路枢纽是铁路网的一个组成部分，通常是指在铁路网的交汇点或终端地区，由各种铁路线路、专业车站，以及联络线、进站线路等有关设备组成的整体。

7.5.1　铁路枢纽的功能

铁路枢纽如同一个大立交口，是客货流从一条铁路转运到各接轨铁路的中转地区，也是所在城市客货到发及联运的地区。铁路枢纽的功能见表7-9。

铁路枢纽的功能 表7-9

序号	铁路枢纽的功能
1	枢纽内各种车站办理的有关作业
2	在货物运转方面，有各铁路方向之间的无改编列车和改编列车的转线，以及担当枢纽地区车流交换的小运转列车的作业
3	在旅客运转方面，有直通、管内和市郊旅客列车的作业
4	在货运业务方面，办理各种货物的承运、装卸、发送、保管等作业
5	供应运输动力、进行机车车辆的检修等作业

铁路枢纽与工农业生产的发展，城市和国防建设，以及各种交通运输工具之间的分工与协作，都有密切的关系。

7.5.2 铁路枢纽的设计

1)铁路枢纽规划

铁路枢纽是在随铁路网与城市建设发展中逐步形成和发展的。不同枢纽有不同的性质和规模，枢纽内各种专业车站有不同的数量、位置和规模及不同的技术设备组合。为了满足铁路的运营和城市建设的基本要求，枢纽规划与设计必须根据合理的路网和车流组织规划，综合分析各枢纽在路网中的性质和作用，客货运输的数量、性质和方向(车流条件)，引入线路的技术特征，已有铁路的设备状况，城市建设和综合运输的发展规划，地区的自然条件等因素，编制铁路枢纽总体规划与总图设计。

2)铁路枢纽设计原则

铁路枢纽的设计原则见表7-10。

铁路枢纽的设计原则 表7-10

序号	铁路枢纽的设计原则
1	保证行车安全和人身安全
2	保证区间线路和枢纽内部的客、货列车运行线路短顺、通畅和灵活机动，以及枢纽线路与车站的能力协调
3	根据合理的枢纽车流资料布置车站，充分利用自然条件和既有设施，力求节省工程投资，方便运营，在技术经济比较中能收到最大经济效益
4	配合城市建设和综合运输的发展规划，为客货运输提供便利条件，尽量减少枢纽内列车运行和车站作业对城市的干扰
5	枢纽分阶段建设，近、远期结合，分期工程应能适应远期车流条件的发展变化，便于进行必要的修改与调整

3)铁路枢纽技术设施

铁路枢纽应适应客货运输和车流组织工作需要，并具有下列全部或部分设施。

①货运设施。编组站、货运站、区间引入线路、联络线和专用线等。

②客运设施。客运站、站房及站前广场，客车技术站，旅客乘降所等。

③保证行车安全及通过能力的设施。调整列车运行的车站和线路所，枢纽线路立体疏解设施，城市铁路道口和立交桥等。

7.5.3　铁路枢纽布置

1)铁路枢纽类型

铁路枢纽按其在路网上的地位和作用可分为路网性铁路枢纽、区域性铁路枢纽和地方性铁路枢纽。

(1)路网性铁路枢纽

一般都位于铁路干线交叉或衔接的铁路网点上的具有重要政治和经济地位的大、中工业城市。它的设备规模和能力都很大，所承担的客、货运量和车流组织涉及整个铁路网，如北京、郑州、上海等枢纽。

(2)区域性铁路枢纽

一般都位于铁路干线和支线交叉或衔接的铁路网点上的中、小工业型城市。它的设备规模和能力仅次于路网性铁路枢纽，所承担的客、货运量和车流组织主要为一定的区域范围服务，如太原、柳州、蚌埠等枢纽。

(3)地方性铁路枢纽

一般都位于铁路网端或大工业企业和水陆联运地区，它的设备规模和能力较小，所承担的客、货运量和车流组织主要为某一大港湾或工业区等地方服务，如秦皇岛属港湾铁路枢纽、大同属工业铁路枢纽等。

2)铁路枢纽布置图

在铁路网上，修建几个专业车站及连接这些车站的联络线、进站线路等设备时，形成了各种不同形式的铁路枢纽布置图，如一站式枢纽(见图7-22)、十字形枢纽(见图7-23)、三角形枢纽、顺列式枢纽(见图7-24)、并列式枢纽、环形枢纽、混合式枢纽、尽端式枢纽等。

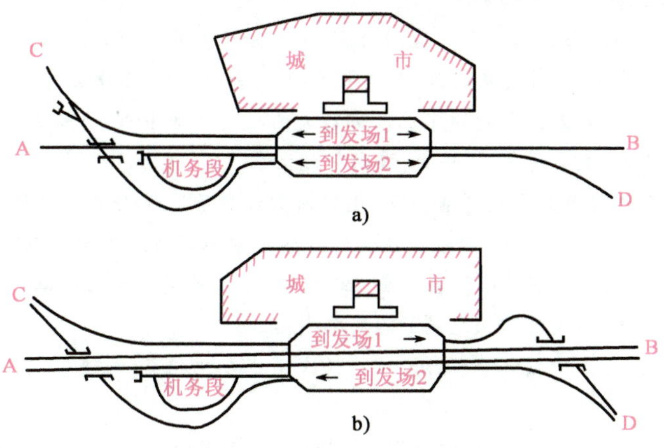

图7-22　一站式枢纽

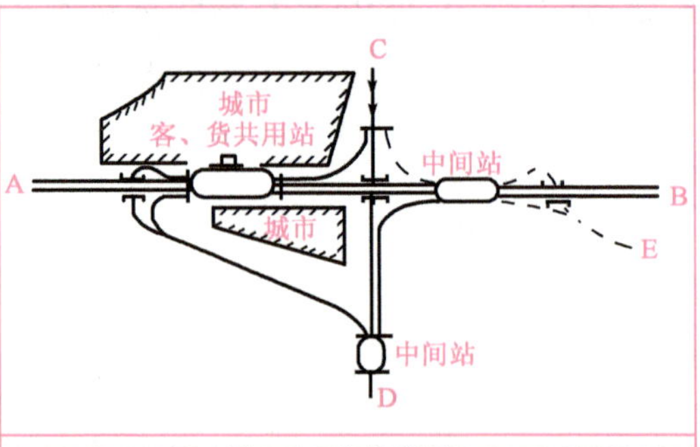

图7-23　十字形枢纽

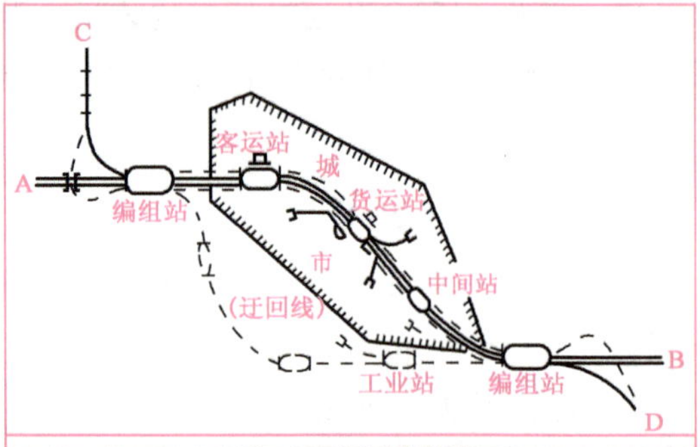

图7-24　顺列式枢纽

阅读材料

我国具有代表性的铁路枢纽

①北京铁路枢纽：北京铁路枢纽属环形铁路枢纽，核心区形成内环（北京—北京南—广安门—北京西）和外环（丰台、丰西—东南环—双桥—东北环—西北环—丰沙—丰台、丰西）二重环线。通过环线连接京广、京山、京包、京原、京九、京承、京秦、京通、丰沙等9条铁路干线，并有国际列车通往朝鲜、蒙古和俄罗斯。

北京铁路枢纽是以特大型客运站北京站、北京西站和路网性编组站丰台西站为主。

北京铁路枢纽范围：京广线至琉璃河南站；京山线、京九线至黄村站；京包线至南口站；京原线至良各庄站；京承线至密云站；京秦线至通县站；京通线至怀柔北站；丰沙线至安家庄站。

②天津铁路枢纽：承担着出入山海关车流的编组和天津地区客货到发及港口物资水陆联运的任务。

1949年以后，天津处于京哈、京浦两大铁路动脉交汇点，铁路建设发展迅速，先后修建和新建了唐塘复线、京山三线、陈塘支线、南堡支线、津浦复线、北环线、李港线、京九铁路津霸（州）联络线。

③上海铁路枢纽：是东部沿海地区最大的枢纽站，既是京沪线和沪杭线的终点，又是我国远洋航运和沿海南北航线的中心，客流量和货运量极大。

上海铁路枢纽地处东南沿海长江中下游地区，线路主要分布在安徽、江苏、浙江、福建、江西五省和上海市。吸引区内工农业生产发达，内外贸易兴旺，人口稠密，旅游资源丰富，是全国客货运输最繁忙的枢纽之一。

④哈尔滨铁路枢纽：是连接五个方向的东北北部最大的铁路交通中心，有哈大、滨洲、滨绥、滨吉等干线在此汇合。过境运输量很大，主要是木材、粮食、煤炭和大豆等。

哈尔滨铁路枢纽管辖线路覆盖黑龙江省全境，兼跨内蒙古自治区呼伦贝尔市和吉林省北部，有干线、支线和联络线67条，营业里程6734.7km。滨绥线东端的绥芬河站和滨洲线西端的满洲里站，分别与俄罗斯远东铁路、后贝加尔铁路接轨。管辖线路南端在5条铁路的分界点（长滨线的兰棱站、平齐线的泰来站、通让线的立志站和图佳线的斗沟子站）与沈阳铁路局管辖线路衔接。

⑤郑州铁路枢纽：地处我国中原地带，陇海、京广两大干线在此相交，沟通了东西南北十几个省的货物，是全国铁路网的“心脏”。

郑州枢纽中的郑州北编组站站型为双向纵列式三级六场，在下行调车场尾部设有辅助调车场。其中，上发场五渡十交大型组合道岔是当时我国最为复杂的道岔，大大提高了列车编解能力。编组站规模庞大，布局紧凑，编解能力强，主要承担着南北京广线、东西陇海线四个方向货物列车和郑州枢纽地区小运转列车的到达、解体、编组及出发作业任务，是名副其实的巨型“物流中转站”，也是亚洲最大的编组站。

郑州枢纽内还有一座大型货运站，即郑州东站，负责办理整车货物到发、零担货物到发、中转及货车洗刷消毒等业务，以办理零担货物中转为主。零担货物中转量居全国铁路第一位。

⑥武汉铁路枢纽：是京广、襄汉、汉九(江)铁路和长江、汉水航运交汇的交通中心，素有“九省通衢”之称，以水陆中转联运为特色。

武汉铁路枢纽曾为我国铁路四大枢纽之一、六大客运中心之一和四大机车客车检修基地之一。武汉铁路枢纽有京广线、京广客运专线贯通南北，武九线、汉丹线和沪汉蓉客运通道承东启西，是全国铁路通道的交会点。2011年前后，从武汉去上海、北京、广州、重庆等城市都只需5～6h，前往中部城市不超过3h。

⑦沈阳铁路枢纽：位于东北铁路网的中南部，南与北京铁路局相依、北与哈尔滨局相邻、东与朝鲜铁路相接。

管辖范围以沈阳枢纽为中心，所辖线路东西长1216km，南北长822km，营业里程8809.2km(不含秦沈客运专线404km)。

管辖线路跨及辽宁、吉林省的全部，内蒙古自治区东南部，黑龙江省南部，河北省东北部分地区，其中，分布在辽宁省境内3565.2km，吉林省境内3376.0km，内蒙古自治区境内1601.7km，河北省境内157.7km，黑龙江省境内108.6km。经济吸引区占地面积约600000km^2，总人口7500余万。

⑧广州铁路枢纽：广铁集团成立于1993年2月8日，是经国务院经贸办批准、在原广州铁路局基础上组建的全国第一家铁路运输企业集团，是全国18个铁路局之一。

广州铁路枢纽地处中国中南部，管辖广东、湖南、海南三省境内铁路，管内的京广、京九两线是全国铁路南北交通大动脉；湘黔、焦柳和石长三线是沟通大西南的钢铁桥梁；广茂、广梅汕两线地处西南、东南沿海，粤海铁路通道将海南铁路与大陆相连。广州铁路枢纽是我国华南的水陆交通中心，京广、广深铁路与珠江航运在此汇合。黄埔港是广州的外港，经这里的海内外旅客和进出口货物流通量很大。

⑨兰州铁路枢纽：兰州位于全国的几何中心，作为省会城市既是甘肃省的政治、经济、文化中心，也是西北地区主要客、货集散地之一。

这里有陇海、包兰、兰青、兰新四大铁路干线汇合，既是通往青海、新疆的交通要塞，也是我国通向欧亚各国的国际通道，是新亚欧大陆桥的主要支点。

根据兰州枢纽总图规划，兰州枢纽新建北环线是将现有的伸长型枢纽改为环形枢纽。北环线以货运为主，设兰州北站、大沙坪站，兰州北站为枢纽主要编组站，站址在沙井驿，规划建成双向三级式站场(上下行均能独立完成到达、编组、始发的运输组织)。

兰州西站为辅助编组站，办理地区车流；大沙坪站规划设置综合货场。南线(现有枢纽线路)以客运为主，设兰州和兰州西两个客运站，陇海客运专线引入兰州站。按照规划的“南客北货”的总体思路，将把现有兰州车站和兰州西站全部改为客运枢纽，建成后，将使兰州铁路枢纽的运力最少翻一番。

⑩重庆铁路枢纽：在成渝、襄渝、川黔三条铁路干线，以及长江和嘉陵江航线的交汇处，是西南地区最大的水陆联运中心。

到2010年，重庆将成为国内铁路枢纽，届时有8条铁路穿过重庆市，形成“一环八射”的铁路网络，使重庆市铁路总里程达到1448km，其中的环线铁路里程有164km。

单元 8　铁路运输与主要技术设备

引子

铁路运输是铁路行业的主业。铁路线长、点多、面广、遍布全国，运输产品的生产往往要经过几百公里、上千公里甚至更长距离才能完成，且车、机、工、电、辆等各个部门、各种工序必须日夜作业、紧密配合、协同工作、形成联动，才能保证铁路运输的畅通。本单元内容主要包括机车车辆、通信信号、牵引供电及运输组织。

铁路主要技术设备，是铁路运输的物质基础，对保障列车安全、提高运输效率、降低运输成本及改善运输员工的工作环境等都具有重要意义。随着科技的进步，铁路运输设备日臻完善，已形成包括机车车辆、通信信号、牵引供电设备在内的铁路运输设备系统。

8.1　机车车辆

8.1.1　机车

机车是铁路运输的牵引动力。普通铁路车辆不具备动力装置，需要把客车或货车连挂成为车列，由机车牵引沿着钢轨运行；同时，车站内车辆的转线及货场取送车辆等各项调车作业，也需要由机车完成。图 8-1 为韶山 7C 改型电力机车，它是在韶山 7C 型电力机车基础上，将主电路牵引电机串励回路由全控 + 半控二段桥改为全控 + 半控三段桥，再生制动改为电阻制动，相应控制电路电子控制改为微机控制后而形成的一种交—直传动 4800kW、最高运行速度为 120km/h 的 6 轴客、货运电力机车。

机车的分类如图 8-2 所示。其中，客运机车要求速度快，货运机车要求功率大，而调车机车要求机动灵活。

图8-1　韶山7C改型电力动车

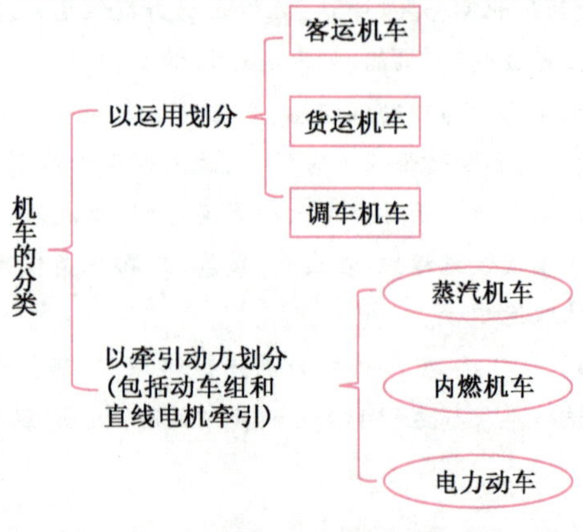

图8-2　机车的分类

随着高速、重载对机车的要求，我国已停产蒸汽机车。现根据牵引动力不同，将各种机车分述如下。

1）内燃机车

内燃机车是以内燃机作为原动力，通过传动装置驱动车轮的机车。内燃机车的特点见表8-1。铁路上采用的内燃机绝大多数是柴油机，它是将柴油燃烧产生的热能转变为由柴油机曲轴输出机械能的动力机械。

内燃机车的特点　　表8-1

分类标准	分类名称及概念
优点	1. 热效率可达30%，是各类机车中效率较高的一种； 2. 不需要供电设备，独立性好； 3. 整备时间短，持续工作时间长； 4. 用水量少，适用于缺水地区； 5. 初期投资比电力机车少，而且乘务员劳动条件好，便于多机牵引
缺点	1. 需要消耗贵重的液体燃料； 2. 机车构造复杂； 3. 高温、高海拔地区牵引功率低，使用效率低； 4. 对大气和环境有污染

中国第一台自己制造的内燃机车是1958年大连机车车辆厂仿照苏联电传动内燃机车试制成功的，后经过改进设计定型，命名为东风型（DF）并成批生产。四方机车车辆工厂于1959年试制成功中国第一台液力传动内燃机车，当时命名为“卫星”号，后经过长期试验和多次改进，定型为东方红型，于1966年成批生产。目前，中国设计制造的内燃机车已形成“北京”、“东方红”和“东风”三个系列，质量达到世界先进水平。

内燃机车的传动装置有电力传动和液力传动两种，两者截然不同，但其余部分都相似。

（1）电力传动内燃机车

如图8-3所示为电力传动的工作原理。电力传动内燃机车的能量传输过程：由柴油机驱动主发电机发电，然后向牵引电动机供电使其旋转，并通过牵引齿轮传动驱动机车轮对旋转。

电力传动内燃机车的缺点是独立发电机重量大，而机车的重量是有一定限制的，因此机车功率比电力机车要小。其优点是不需要长距离供电，输电损失小，热效率高，发电机的电压可以调节，能比较充分地发挥电动机的功率。

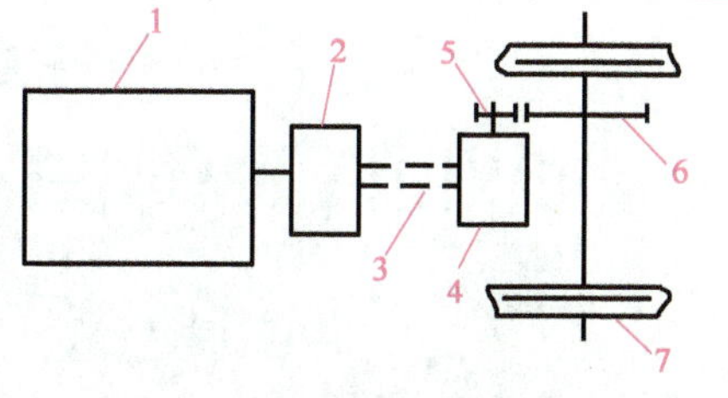

图8-3　电力传动工作原理

1-柴油机；2-牵引发电机；3-电路；4-牵引电动机；5-主动齿轮；6-从动齿轮；7-动轮

（2）液力传动内燃机车

在液力传动内燃机车上，原动力是柴油机，由柴油机带动泵轮，把机械能转变为工作液的动能，通过涡轮把工作液的动能转变为机械能，再通过涡轮轴齿轮与机车的动轮相连，利用这套液力传动装置，改变柴油机的外部特性，以适合列车运行的要求。图8-4为JMY240F型液力传动内燃机车，它特别适用于钢铁厂运输作业，操纵台设置在驾驶室左侧，驾驶室前后方和两侧均设有玻璃窗，瞭望方便、布置宽敞、光线充足，并采用吸声隔热结构，给驾驶员创造了良好的工作环境和条件，该机车适用性较高，牵引性能好，检查维修方便。

2）电力机车

电力机车的牵引动力是电能，但机车本身没有原动力，而是依靠外部供电系统供应电力，并通过机车上的牵引电动机驱动产生牵引力。采用电力机车牵引的铁道称为电气化铁道。电气化铁道由牵引供电系统和电力机车两部分组成。

电力机车将从牵引供电系统获得的电能，通过电力机车上各种电机、电器及机械设备转化为机械能。电力机车上各种电机、电器设备在电力机车工作时，按其功能和电压等级分别组成几个独立的电路系统，即主电路、辅助电路和控制电路。这三个电路系统在电气方面一般是相互隔离的，但三者通过电磁、电空或机械传动等方式相互联系，配合动作，用低压电控制高压电，以保证操作的安全和实现机车的运行。电力牵引的特点见表8-2。

电力牵引的特点　　表8-2

	电力牵引
优点	1. 可以大大提高运能； 2. 可满足高速、重载、大运量铁路干线和陡坡、长大隧道的山区铁路运输的需要； 3. 可缩短列车走行时间，增加列车对数，大大提高线路的通过能力和输送能力； 4. 可以节约和综合利用能源等； 5. 运营费用低，生产效率高；有利于改善劳动条件，减少环境污染
缺点	造价高，铁道电气化要很大投资

图8-5为SS4型电力机车，是中国铁路使用的电力机车车款之一，由株洲电力机车厂和株洲电力机车研究所共同开发，并于1985年研制成功。SS4是中国第三代电力机车的“领头”产品。

图8-4　JMY240F型液力传动内燃机车

图8-5　SS4型电力机车

目前，我国已形成以 SS4 货运和以 SS8 客运为主型机车的 4 轴、6 轴、8 轴韶山系列交直型电力机车。为适应铁路提速，应对日益增长的市场需求，我国已研制成功交流传动电力机车和动车组。

3）动车组

如果把动力装置分散安装在每节车厢上，使其既具有牵引动力，又可以载客，这样的客车车辆称为动车；而不带动力，专门用来载客的车辆称为拖车。动车组是由动车和拖车组成的自带动力、固定编组的旅客列车。动车组的分类如图 8-6 所示。

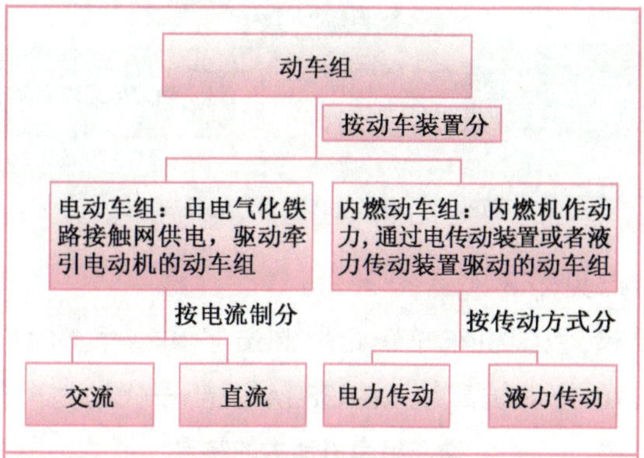

图8-6　动车组的分类

图 8-7 为"中华之星"交流传动高速电动车组，该电动车组将成为我国京沈快速客运通道的主型列车及未来高速铁路的中短途高速列车和跨线快速列车，其最高运营速度可达 270km/h，是目前我国商业运行时速最快的电动车组。图 8-8 为和谐号 CRH2 型电动车组。CRH2 型动车组技术引自日本川崎重工业的新干线列车车型，以日本川崎重工业的 E2 系 1000 型为基础，动力配置从 E2-1000 的 6M2T 变为 4M4T。

图8-7　"中华之星"交流传动高速电动车组

图8-8　和谐号CRH2型电动车组

动车组牵引动力的分布方式分为集中型和分散型，如图 8-9 所示。

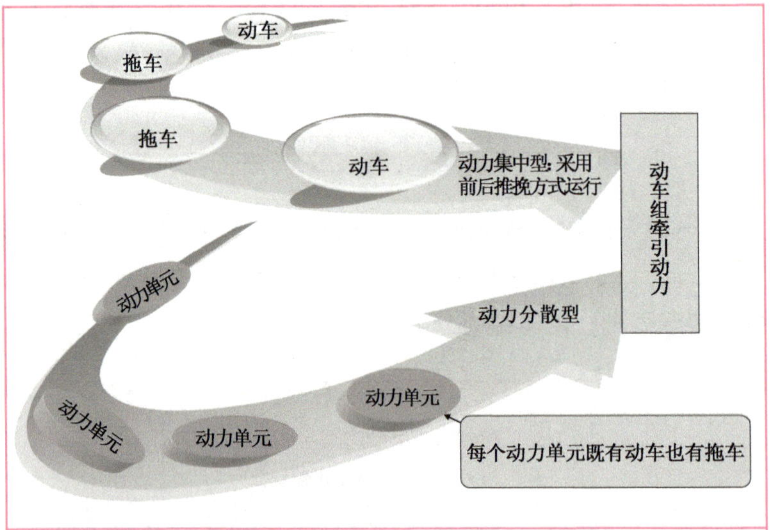

图8-9　动车组牵引动力的分布方式

动车组牵引动力的特点见表 8-3。

为满足铁路高速的要求，我国机车车辆企业制造了和谐号 CRH2 型动力分散型高速动车组，并已投入运营，而图 8-10 为沪杭高铁 CRH380A 型新一代动力分散型高速动车组。

动车组牵引动力的特点　　表 8-3

动车组牵引动力		
动力集中型	优点	动力集中安装在 2、3 节车上； 检查维修比较方便； 电气设备的总重量小于动力分散的电动车组
	缺点	动车的轴重较大，对线路不利
动力分散型	优点	动力装置分布在列车不同的位置上，能够实现较大的牵引力，编组灵活； 采用动力制动的轮对多，制动效率高，且调速性能好，制动减速度大，适合用于限速区段较多的线路； 列车中一节动车的牵引动力发生故障对全列车的牵引指标影响不大
	缺点	牵引力设备的数量多，总重量大

图8-10　沪杭高铁CRH380A型高速动车组

4）直线电机车辆

直线电机车辆交通采用扁平的直线电机牵引，使得车厢底板高度降低、车厢断面小、轴重轻、动力性能好，相比旋转电机轮轨交通有许多优势，具有爬坡能力强、转弯半径小、噪声低、维修工作量小、安全性能好等诸多优点。

直线电机牵引系统在我国已经成功应用在上海磁浮线、广州地铁 4 号线、5 号线和首都机场线。由于每节车都配备牵引动力，故直线电机驱动的列车无机车与车辆之分，统称为车辆。

目前，世界上制造直线电机车辆的厂商主要是加拿大庞巴迪公司和日本日立公司。两国在技术上各有侧重：加拿大车辆主要应用于地面、高架线；而日本车辆则主要用于地下线。

直线电机车辆直到 21 世纪才成功运用到磁浮铁路运营线。上海高速磁浮线于 2003 年建成通车，使用德国 TR 技术。日本中低速磁浮东部丘陵线于 2005 年建成通车，使用日本 HSST 技术。

上海磁悬浮列车，其设计时速为 430km，实际时速约为 380km，现时速已降至最高 301km，转弯处半径达 8000m，上海磁悬浮列车肉眼观察几乎是一条直线，最小的半径也达 1300m，使得乘客不会有不适感。

8.1.2　机车的检修

与车辆不同，机车是属于机务段的固定资产，机车的检修和运用是铁路运输工作的重要组成部分，也是机务部门的基本任务。机务部门是设在铁路沿线负责机车检修和运用工作的基层生产单位，一般设在编组站或区段站上。根据各机务部门所承担任务量的大小，全路所有机车都分别配属于各个机务段，并由它们来组织和计划本段所属机车的检修和运用工作，同时也负责组织机车乘务人员的工作。此外，在机车交路的折返点，还应设有机务折返段，一般不配属机车和检修设备，只供机车进行整备作业和折返前乘务人员临时休息之用。

拥有相应数量的、性能良好的铁路机车，是完成运输任务的重要前提条件。保证铁路运输对机车需求所采取的措施见表 8-4。

保证铁路运输对机车需求的措施　　表 8-4

1. 铁路工业部门不断地新造足够数量的机车； 2. 铁路机务部门做好机车在日常运用中的维修保养工作，使已有机车经常处于质量良好的状态，确保安全、高速、便利地运送旅客和货物； 3. 运用好机车，并延长机车的使用寿命，提高机车的使用效率

1）机务部门

机车的维护、检修和运用是机务部门的基本任务，要求能够经济、合理地运用机车和质量良好地检修机车。

2）机车的整备作业

机车在牵引列车或调车工作之前，需要供应机车必需的物资和做好各项准备工作，这种物资供应和准备工作的总称，称为机车整备作业。

机车类型不同，整备作业的内容也不一样，内燃机车和电力机车整备作业的项目见表 8-5。

内燃机车和电力机车整备作业的项目 表8-5

需要供应的物资项目	内燃	电力	需要供应的物资项目	内燃	电力
燃料	Y	N	机车转向	Y(N)	N
水	Y	N	机车擦拭	Y	Y
砂	Y	Y	检查	Y	Y
润滑油	Y	Y	给油	Y	Y
擦拭材料	Y	Y	交接班	Y	Y

3)机车的检修

机车经过一定时期的运用以后,各部分构件都会发生磨耗、变形或损坏。为了保证机车正常工作,延长使用期限,除机车乘务员的日常检查和保养以外,还必须进行各种定期检修。

机车的定期检修除大修在机车工厂进行以外,其余的检修一般都在机务部门进行。因此,机务部门除设有机车的整备设备,还设有机车的检修设备。

机车类型不同,它们的检修的周期和检修的内容也不一样。

我国铁路机车实行计划预防修理制,分为定期检修和机车乘务员日常检查和保养,今后将逐步扩大实施主要零部件的专业化集中检修和定期检修。

机车定期检修的修程和周期是根据各种类型机车的构造特点、运用条件、实施技术状态和一定时期的生产技术水平来确定的。修程是指机车修理结构的程度。修程不同,修理范围及要求也不同。各种修程所包括的内容,在有关的规程中都有具体规定。机车分为大修、中修、小修和辅修四级。一般来说,机车的大修是一种全面的恢复性修理,对机车进行全面检查,大范围(各部件、管系等)解体检修,恢复机车的基本性能,大修后的机车,基本上需达到新车的水平;中修又称为架修,主要是修理走行部,包括对机车全面检查,中等范围(主要部件)解体检修,恢复机车的主要性能;小修主要是为了对有关设备进行测试和维修等,有针对性地恢复机车运行可靠性;辅修是属于临时性的维修和养护,包括对机车的全面检查,保养清扫,做故障诊断,按状态修理。认真做好检修工作,对保证机车的正常运行和延长其寿命,具有十分重要的意义。

内燃机车和电力机车的检修周期分别见表8-6、表8-7。

内燃机车的检修周期 表8-6

干线客、货运机车		调车、小运转机车	附　注
大修	70~90万公里	8~10年	小修公里或期限允许伸缩20%
中修	23~30万公里	2.5~3年	
小修	4~6万公里	4~6个月	
辅修	不少于2万公里	不少于2个月	

电力机车的检修周期　　表 8-7

干线客、货运机车		调车、小运转机车	附　注
大修	160～200 万公里	不少于于 15 年	小修公里或期限允许伸缩 20%
中修	40～50 万公里	不少于 3 年	
小修	8～10 万公里	不少于 6 个月	
辅修	1～3 万公里	不少于 1 个月	

机车在修理过程中，为提高检修质量、缩短检修时间，有利于组织均衡生产，零部件的检查与修理，一般采用"互换修"，即将已修好的同种零部件直接替代在修程中需要修理的零部件。

4）机车的运用

配属给各机务段的机车，一般分配在一两个牵引区段里往返牵引列车或固定在某个车站上担任调车工作。机车运用上有一个特点，即机车只要离开机务段，就必须受车站有关行车人员的调度和指挥。火车开行一段距离后需要更换机车，一台机车只在一定范围内运行。例如，成都—北京的 T8 旅客列车，从成都到广元采用 SS3B 牵引，广元到宝鸡更换为 SS6B（秦岭段加 SS4 或 DJ1 补机），宝鸡到郑州更换为 SS7D，郑州到北京西采用 SS8。

8.1.3　车辆

铁路车辆是铁路运输的重要设备，是用来运送旅客、装运货物或其他特殊用途的运载工具。直接运送旅客的车辆包括硬座车、软座车、硬卧车、软卧车；为旅客服务的车辆包括餐车、行李车；特殊用途车辆包括邮政车、公务车、试验车、医务车、卫生车、维修车等。铁路货车有多种分类方法，按其用途不同可分为通用货车、专用货车和特种货车。通用货车一般有敞车、平车、棚车等几种；专用货车一般有保温车、冷藏车、罐车、煤车、集装箱车、长大货物车、毒品车、家畜车、水泥车、粮食车等；特种车包括救援车、检衡车、发电车、除雪车等。图 8-11 为几种车辆的实景图。

车辆一般没有动力装置，必须把车辆连挂成车列，由机车牵引才能沿线路运行。

铁路车辆的种类很多，构造各不相同，但从基本结构来看，车辆一般由车体、走行部、车钩缓冲装置、制动装置和车内设施等五个基本组成部分，如图 8-12 所示。

8.1.4　车辆标记和技术经济参数

1）铁路车辆标记

为了表示车辆的性能及特殊设备，在车辆上须涂刷规定的标记，以便识别并合理使用车辆，这种标记称为车辆标记。凡属铁道部部属车辆必须涂刷的标记，称为共同标记；因车辆设

a)硬座车

b)行李车

c)棚车

d)敞车

e)邮政车

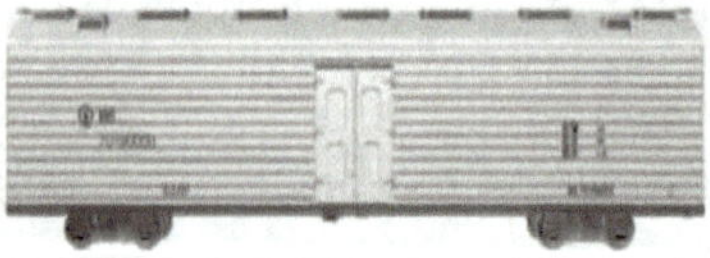

f)冷藏车

g)平车

图8-11　几种铁路车辆的实景图

有特殊设备或有注意事项而涂刷的标记,称为特殊标记;厂矿专用车的标记可由厂矿自定,其中有些标记与铁路标记不同。

图8-12 车辆基本构造

(1)车辆标记

共同标记有国徽、路徽、配属标记、客车定员标记、车辆车型车号编码标记、货车性能标记等。图8-13为铁路路徽及铁路产权牌。

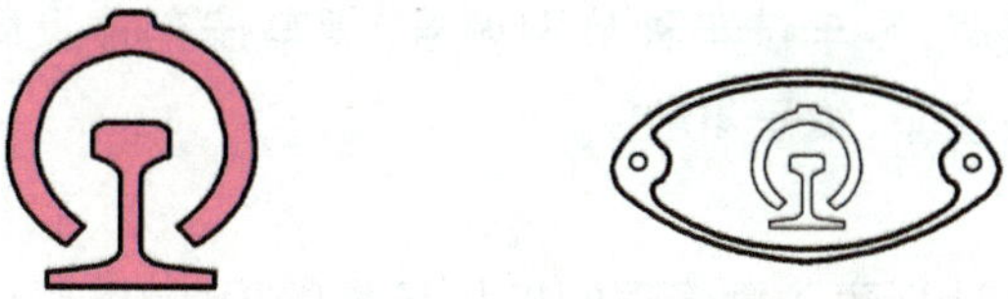

图8-13 铁路路徽及铁路产权牌

部分特殊标记如下。

Ⓜⓒ:表示符合国际联运的车辆;

㊀关:表示车辆活动墙板及其他活动部分翻下时,超过车辆限界,必须关闭后才准运行的货车;

(人):表示具有床托可以输送人员的棚车;

(古):表示具有拴马环或其他拴马装置的货车;

(超):表示车辆某部分超出车辆限界的货车。

(2)车辆的车型、车号编码

为了表示车辆类型、构造特点,以及便于运用和管理,在车辆规定的处所,由车辆工厂或车辆段涂写规定的车种、车型、车号编码。部分客车、货车的车种、基本型号如表8-8、表8-9所示。

部分客车的基本型号

表 8-8

车　种	基本型号	车　种	基本型号
软座车	RZ	餐车	CA
硬座车	YZ	公务车	GW
软卧车	RW	实验车	SY
硬卧车	YW	文教车	WJ
行李车	XL	代用座车	ZP
邮政车	UZ	代用行李车	XP

部分货车的基本型号

表 8-9

车　种	基本型号	车　种	基本型号
棚车	P	保温车	B
敞车	C	守车	S
平车	N	家畜车	J
砂石车	A	罐车	G
煤车	M	水泥车	U
矿石车	K	长大货物车	D

车号一般由基本型号、辅助型号及号码三部分组成。

号码为车辆的顺序号码，客车按车种分别编号，货车按车种及载重分别编号。图 8-14 中车号的含义为 228 型硬座客车，编号 40809。

(3) 检修标记

检修标记是便于车辆计划预防性修理制度执行与管理的标记，即厂修、段修标记和辅修及轴检标记。图 8-15为定期检修标记。

段修每 1.5 年进行一次。图 8-15 中段修栏含义为：该车于 1997 年 12 月由成都铁路局成都车辆段施行段修，到 1999 年 6 月应进行下一次段修。

厂修每 6 年进行一次。图 8-15 中厂修栏含义为：该车于 1998 年 8 月由眉山车辆厂施行厂修，到 2004 年 8 月应进行下一次厂修。

图8-14　车号

辅修每半年进行一次。图 8-15 中辅修栏含义为：该车于 1 月 15 日由成都铁路局成都车辆段施行辅修，到 7 月 15 日应进行下一次辅修。

货车滑动轴承轴检的主要目的是保持轴箱的良好状态，防止车辆燃油。对于轴箱状态不良及在列车中施修有困难的车辆应摘车，并送往指定的专用修车线施修，其余车辆可不摘车修。摘车轴检按辅修要求对轴箱及其他部分施修；不摘车轴检按辅修要求对轴箱部分检修，对轴瓦、轴瓦垫板等做外观检查；修竣后应涂打轴检标记。轴检每 3 个月进行一次。图 8-15 中轴检的含义为：该车于 9 月 7 日由成都铁路局车辆段施行轴检，到 12 月 7 日应进行下一次轴检。

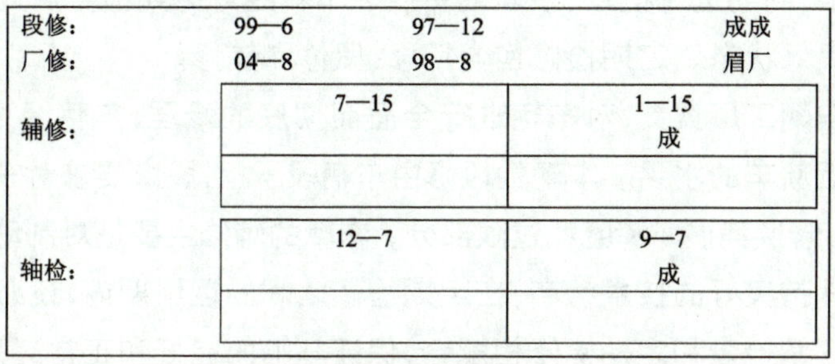

图8-15　定期检修标记

2）车辆经济技术参数

车辆的结构和使用是否合理，应根据其经济效果来判断。车辆的技术经济指标除了自重、载重、容积、定员外，还包括自重系数、轴重、单位容积、每延米轨道荷载、构造速度等。

自重系数：车辆自重与标记载重之比。车辆自重系数越小，表明机车对运送每一吨货物所做的无用功也越少，比较经济。因而，它是衡量货车设计合理性的一个重要参数。

轴重：车辆总重与轴数之比，即车辆每一轮对施加于轨道上的重力。车辆的轴重受轨道和桥梁容许荷载的限制，不能超过规定数值。目前，我国线路允许的最大轴重为 23 ~ 25t。

单位容积：车辆有效容积和标记载重之比，是反映车辆载重力与容积能否达到充分利用的指标，供铁路货运部门办理货物发送作业时参考。

每延米轨道荷载：车辆总重与车辆全长之比（单位：t/m），同轴重一样，受线路和桥梁的允许载荷限制，我国规定一般不得超过 6.6t/m，在重载列车运行的线路上不得超过 7t/m。

构造速度：车辆结构强度所允许的最高速度。目前，我国客车构造速度一般为 160km/h，货车为 120km/h。

8.1.5　车辆检修

拥有相应数量的、性能良好的铁路车辆，是完成运输任务的前提条件之一。因此，我们应从两方面保证铁路运输对车辆的需求：一方面，铁路工业部门不断地制造足够数量的新车；另一方面，铁路车辆部门做好车辆在日常运用中的维修保养工作，使已有车辆经常处于质量良好的状态，确保安全、高速、便利地运送旅客和货物，并延长车辆的使用寿命。车辆检修的基层单位是车辆段。车辆段是设在铁路沿线、负责车辆检修工作的基层单位，主要承担车辆的定期检修和日常保养工作。段内设有修车库、修车线及辅助车间等，同时，在其所负责范围内的每一编组站和区段站上均设有列车检修所，并根据需要设有站修所等日常检修单位。

车辆在运用过程中，零部件会逐渐磨耗、腐蚀和损伤，为使车辆经常处于质量良好状态，确保行车安全并延长车辆使用寿命，必须对铁路车辆进行各种检查和修理工作。

目前，我国铁路实行车辆计划性预防修理制度，按修理内容分为定期检修和日常维修两类。

1）定期检修

车辆定期检修是根据车辆各部分在正常使用条件下的磨耗规律，对不同部件制定不同的检修周期和技术标准，到期进行检查、修理或更换。车辆经过定期检修后应使其运用性能在整个检修周期内保持良好状态。定期检修包含厂修、段修和辅修。

车辆的厂修由车辆工厂负责，对车辆进行全面而彻底的修理，车辆经过厂修后，该车辆的性能要求达到或接近新车的水平。车辆的段修由车辆段承担，段修要求对车辆各部分作全面的检查，重点是走行部，修换其损坏和磨耗过限部分。车辆的辅修主要是对制动装置进行检修。

为使车辆经常保持良好的技术状态，在定期检修之间的运用期内，还必须对车辆进行日常检查和维修工作。日常检查和定期检修相配合，保证车辆的完好和正常运用。

2）日常维修

（1）货车车辆日常维修

货车车辆的日常维修工作由列车检修所和站修所等单位承担。列车检修所对经本站中转或到达本站的列车中所有车辆进行技术检查和修理，同时还负责扣修定检到期的车辆。站修所的任务是进行货车的摘车修理、轴检和辅修工作。

为了车辆的良好运用和加速车辆周转，在日常维修中应尽量采取不摘车修理方式。

（2）客车车辆日常维修

客车车辆的日常维修工作主要是利用旅客列车终到后、始发前的时间在客车整备所进行，又称为库列检。

在运行途中，各停靠大站检车工作人员需要对列车进行技术检查。

此外，在旅客列车上还派有固定的检车乘务员，负责在运行途中检查车辆和车电设备的技术状态，及时发现和消除不良状态，防止因车辆技术状态不良而发生摘车或晚点。

8.2 通信信号

铁路信号是人们在实践中逐步发明和完善的。

1841年，英国人戈里高利提出用长方形臂板作为信号显示，装设在伦敦桥车站，这是铁路上首次使用臂板式信号机。

铁路信号设备是铁路信号、车站联锁、区间闭塞等设备的总称。它的主要作用是保证行车与调车安全和提高铁路通过能力。铁路信号担负着铁路各种行车设备的控制和行车信息的传输，是铁路信息技术的重要组成部分。

8.2.1 信号联锁、区间闭塞设备

1）信号设备

信号是指示列车运行和调车工作的命令，有关行车人员必须严格执行。普通铁路上的信

号可以分为视觉信号和听觉信号两大类。视觉信号根据是否移动分为手信号、移动信号和固定信号，包括信号机、信号灯、信号旗、信号牌、火炬等显示信号；听觉信号包括号角、口笛、响墩发出的音响和机车、轨道车的鸣笛声等发出的信号。

(1)视觉信号

在我国铁路上，根据运营要求，视觉信号的基本颜色有红色、黄色、绿色，分别表示停车、注意或减速运行、按规定速度运行三种不同意义。

如图 8-16 所示，白天高举展开的绿色信号旗在靠列车的一面上下缓动或夜间高举绿色灯光上下缓动表示要求运转车长显示发车信号。

图8-16　视觉信号

如图 8-17 所示，白天拢起信号旗作圆形转动或夜间白色灯光作圆形转动，是运转车长与接车人员显示的信号，表示列车整列进入警冲标内方。

图8-17　视觉信号

如图 8-18 所示，白天柱上一个红色方牌和夜间柱上一个红色灯光表示停车信号。

(2)听觉信号

一长三短声：

①发现线路有危及行车安全的不良处所时；

图8-18 视觉信号

②列车发生重大、大事故及其他需要救援情况时；

③列车在区间内停车后，不能立即运行和通知运转车长时。

一短声：

①试验制动机开始减压时；

②接到试验制动结束的手信号，回答试风人员时；

③调车作业中，表示已接受调车长所发出的信号时。

二短声：

①试验制动机缓解时；

②要求列车乘务组缓解手制动机时；

③复示溜放调车信号时。

三短声：

①要求列车乘务组拧紧手制动机时；

②要求就地制动时。

连续短声：

驾驶员发现（或接到通知）邻线发生障碍，向邻线上运行的列车发出紧急停车信号时。邻线列车司机听到此种信号后，应紧急停车。

2）车站联锁设备

在站内，列车和调车车列由一点运行到另一点所经过的线路和道岔，称为进路。凡是为列车进站、出站、通过所开通的进路，称为列车进路。凡是为各种调车作业所开通的进路，则称为调车进路。列车的进、出站和站内的调车工作通常是根据防护每一进路信号机的显示状态进行的，而被防护的进路又靠操纵道岔来排列。因此，在有关信号机和道岔之间，以及信号机和信号机之间应建立起一种互相制约的关系，才能保证车站的安全，这种制约关系叫联锁。为完成这种联锁关系而安装的技术设备叫联锁设备。联锁设备分为集中联锁和非集中联锁。目前，广泛采用的是电气集中联锁，计算机联锁设备正迅速发展并成熟，非集中联锁设备则被逐渐淘汰。

3）区间闭塞设备

闭塞区间是用来保证列车在区间内运行安全和提高区间通过能力的区间信号设备。为了防止列车在区间发生正面冲突，以及避免列车在区间发生尾追事故，每一个区间两端车站值班员在向区间发车之前必须办理规定的行车联络手续，称为办理行车闭塞。用于行车闭塞的设备称为闭塞设备。闭塞设备必须保证在同一区间、同一时间内只有一趟列车运行。

我国铁路目前使用的闭塞设备主要是自动闭塞和半自动闭塞，电气路签闭塞仅在个别的支线、专用线上使用，主要干线上已不用，电话闭塞是当主要闭塞设备不能使用时的临时闭塞方式。半自动闭塞主要应用于单线铁路，自动闭塞主要应用于双线铁路。

要保证火车正常行驶并完成运输任务，必须有一整套完备的行车调度指挥系统和列车运行控制系统。

行车调度指挥系统是指行车调度员对其辖区内区段和车站联锁道岔和信号状态进行控制监督，并指挥列车运行的设备。调度集中和调度监督应用远动技术构成铁路行车调度指挥系统。

列车运行控制系统简称列控，是一种利用地面设备向运行中的列车传送各种信息，确保行车安全，并可有效提高行车效率的控制系统。为满足越来越繁重的铁路运输任务的需要，铁路行车速度和密度大大提高。而既有的机车信号及列车运行监控装置已不能保证提速列车的安全，因此必须发展列车运行速度控制系统。列车运行控制系统分为地面设备和车载设备两大部分。我国列车运行控制系统（CTCS）以分级的形式满足不同线路运输需要，在不干扰乘务员正常驾驶的前提下有效地保证列车运行的安全。

8.2.2　通信设备

为了有效地指挥列车的运行和发布有关命令，将路内各业务部门、单位职工联系为一个整体，实现统一集中领导，从而保证列车安全，提高运输能力和工作效率，必须设置一套完善而先进的铁路通信设备。铁路通信分类如表8-10所示。

铁路通信分类　　表8-10

分类依据	类别
按传输方式	有线通信、无线通信
按服务区域	长途通信、地区通信和专用通信（专用通信是直接为运输生产第一线服务的，其设备必须保持稳定良好的通信质量，做到迅速、准确、安全、可靠）
按业务性质	公用通信、专用通信及数据传输等

随着铁路新线建设和提速工作的顺利进行,传统独立的专用通信网技术及信号技术正在相互融合,并向数字化、智能化、综合化的方向发展。移动通信技术与专用通信网技术也在有机地结合,逐步形成铁路专用移动通信网络。GSM-R 是铁路综合数字移动通信系统的简称,它是在成熟的 GSM 通信技术之上,针对铁路行业的特殊需求进行研发的符合铁路通信要求的综合数字移动通信系统。

8.3 牵引供电

采用电力机车牵引的铁路称为电气化铁路,由牵引供电系统和电力机车两部分组成。电气化铁路要在沿线设置一套完善的、不间断地向电力机车提供电能的系统,这套系统称为牵引供电系统。我国电力牵引供电系统采用单相工频交流电力牵引制,接触网额定电压为 25kV。牵引供电系统包括牵引变电所、馈电线、接触网和回流线。

8.3.1 供电回路

供电回路包括牵引变压器、互感器、高压断路器和隔离开关。牵引变电所向接触网的供电方式包括单边供电、上下行并联供电和双边供电几种形式。牵引供电系统由接触网接受电力并向机车提供牵引供电,其供电方式主要包括直接供电、吸流变压器供电、带负馈线的直接供电、自耦变压器供电和同轴电缆供电。当前,我国电气化铁路一般采用自耦变压器供电(AT 供电方式),它是 20 世纪 70 年代才发展起来的一种供电方式,既能有效地减轻牵引网对通信线的干扰,又能适应高速、大功率电力机车运行,故近年来在我国得到迅速发展。这种供电方式是每隔 10km 左右在接触网与正馈线之间并联接入一台自耦变电器,绕组的中点与钢轨相接,形成两条牵引电流回路,使接触网与钢轨、正馈线与钢轨间的自耦变压器两半线圈上电压相等。在理想情况下,接触网与正馈线中流过的电流大小相等,方向相反。因此,在通信线中产生的感应影响相互抵消,可有效减弱电磁影响。采用 AT 供电方式供电能力增大,电压损失减少,自耦变电器可将牵引网的供电电压提高一倍,而供给电力机车的电压仍为 25kV。

8.3.2 供电设备

牵引供电设备主要由牵引变电所、牵引网、电动机等设备组成。

牵引变电所是沿铁路线建设并向电力机车供电的电力变电所,所内有变、配电设备,电力控制及自动设备等,是牵引供电系统的核心部分。牵引变电所通常设置两台变压器和双回路输电线向牵引网供电,以保证当一路输电线故障或保修时,另一路输电线担当输电线路。

牵引网是由接触网、轨道、馈电线、回流线等设施构成的输电网络,是沿线路露天敷设,通过和受电弓的滑动接触把电能输送给电力机车的供电设施。接触网是沿铁路线上空架设的向电力机车输送电能的供电网,是电气化铁路的主要供电设备。在非电力牵引情形下,轨道只作为列车的导轨,在电气化铁道,轨道除具有上述功能外,还需要完成导通回流的任务。馈电线是用于连接牵引变电所和接触网的导线,把牵引变电所电能馈送到接触网。回流线是连接轨道和牵引变电所的导线，把轨道中的回路电流导入牵引变电所。

8.3.3　其他牵引网

除了架空接触网外，牵引供电还包括接触轨、无接触车内发电等类型。各国城市轨道交通系统向车辆的馈电方式为接触轨和接触网。高速磁悬浮车辆由于无接触运行，若采用接触供电就会增加机械接触，降低运行速度，故采用无接触车内发电方式为车辆供电。

8.4　运输组织

铁路运输生产过程每一个环节的工作以及整个生产过程的计划、组织及指挥都属于铁路运输工作范围。它包括客运工作、货运工作和行车组织三个方面。一般来说，凡处理有关旅客行李和包裹等方面的工作，属于客运工作范围；凡处理有关货物以及铁路和托运人、收货人关系方面的工作，属于货运工作范围；而处理运输过程中有关机车、车辆和列车的工作，则属于行车组织工作范围。

8.4.1　旅客运输组织

旅客运输是铁路运输的一个重要组成部分。随着我国社会和经济建设的迅速发展，人民物质生活水平的不断提高，经由铁路运送的旅客人数大幅增长。因此，做好铁路旅客运输工作，对于国家的经济建设、文化交流及满足人民群众的生活需要有十分重要的意义。编制旅客运输计划的目的是为了充分挖掘运输潜力，组织旅客均衡运输，提高客运服务质量，保证旅客旅行的安全、快速和便捷。旅客列车按照列车的编组、旅行速度和运行要求的不同，主要分为高速旅客列车、动车组、特快旅客列车、快捷旅客列车、普通旅客列车、临时旅客列车、旅游列车和回送客车车底列车等。

为区别不同方向、不同种类、不同区段和不同时刻的列车，需要为每一列车编定一个识别码，即车次。我国铁路旅客列车的编组，在每次运行图实行期间都是相对固定的。编组的依据是原铁道部和铁路局根据客流密度、列车种类、机车功率、线路情况、站线和站台长短等因素颁布的“旅客列车编组表”。每对列车的编组辆数、编组结构及车辆编挂次序一般不变动。

旅客运输事故包括旅客人身伤害事故和行李、包裹运输事故。发生旅客人身伤害事故时，应按照《旅客人身伤害事故及自带行李损失事故处理办法》的有关规定进行处理。发生行李、包裹运输事故时，应认真分析调查，及时正确处理，明确责任。

8.4.2　货物运输组织

货物运输是铁路运输的主要部分。由于铁路自身发展的需要和运输生产的特点，为了在运输市场中发挥其作用，铁路运输目前仍然实行计划运输制度，并在不断完善。根据托运人托运货物的数量、性质、状态等条件，铁路货物运输分为整车运输、零担运输和集装箱运输三种。

8.4.3 行车组织

铁路行车组织是铁路运输工作组织的重要组成部分，是铁路综合运用各种技术设备合理组织列车运行，以实现旅客和货物运输过程的生产计划与组织工作。它的主要内容包括车站技术作业组织、列车运行图和铁路通过能力、铁路运输工作技术计划和调度工作等。

1）车站技术作业组织

车站是铁路运输的生产基地。铁路运输的各种客货运输作业和技术作业，如旅客乘降、货物装卸、列车会让、更换机车及摘挂车辆等都是在车站进行。

车站按其技术作业的不同，分为中间站、区段站和编组站。

①中间站：主要办理列车会让和越行，向货场或专用线取送车辆以及车辆摘挂等作业，有的中间站还办理机车上水或列车检查等作业。

②区段站：是铁路网上划分牵引区段的地点，除办理机车更换、零摘列车的编组和解体等技术作业外，主要任务是为邻接区段供应列车机车。因此，在区段站上均设有机务段（基本段或折返段），这是区别区段站和中间站的明显标志。

③编组站：是比区段站更为大型的车站，除办理区段站所有的技术作业外，还要办理大量的货物列车解体，并按计划所规定的编组去向，编成直达列车、区段列车、小运转列车等各种货物列车。设有比较完整的驼峰调车设备和牵出线。

2）列车运行图和铁路通过能力

（1）列车运行图

列车运行图是表示列车运行情况的示意图，它是组织铁路各部门共同完成国家运输任务的基础。如图2-3所示，横轴表示时间，每10min画一竖线；纵轴表示距离，每一车站中心画一横线。两站的斜线为列车在该区间的运行线，斜率越陡，说明列车走行速度越高，走行时分越短。斜线与相邻两横线的交点分别表示列车发车时间和到达时间；斜线与相邻两横线交点间的时，表示列车在该区间的走行时分。例如图2-3中的1248次列车通过C站的时间是0h06min，到达B站的时间是0h20min，其走行时分为14min。运行图还显示出列车的在站停留时间，例如，1248次列车在B站从0h20min达到至0h27min发车，其在站停留时间为7min。

列车运行图中的列车编号：离北京渐远方向的列车编号为单数，称为下行列车；向北京渐近方向的列车编号为双数，称为上行列车。

在铁路运营中，采用的是非平行图（见图2-3）。因为铁路上开行的旅客列车、直通货物列车、摘挂列车和零担列车的速度各不相同，所以在运行图上各种列车在同一区间的运行线互不平行。非平行运行图只在实际运营中使用。

在铁路设计中，采用的是平行成对运行图（见图2-4）。这种运行图假定在线路上运行的都是直通货物列车，往返成对且同一区间同一方向的列车运行速度相同，故其运行线相互平行。采用平行成对运行图，便于直接计算铁路通过能力。

(2)铁路通过能力

铁路能力是指铁路通过能力和铁路输送能力,它是铁路本身具备的设计能力。

铁路每昼夜可以通过的列车对数(双线为每一方向的列车数),称为铁路通过能力。铁路的通过能力受区间(站间)、车站、机务设备、给水设备和供电设备的限制。铁路能实现的通过能力,取决于上述设备中最薄弱环节限制的通过能力。设计铁路时,一般根据区间通过能力来设计其他各种设备的能力,使之相互协调,且不小于区间通过能力。

铁路输送能力是铁路单方向每年能运送的货物吨数。

输送能力C(百万吨/年)可用下式计算:

$$C=\frac{365N_H\cdot G_j}{10^6\beta}$$

式中:N_H——折算的普通货物列车对数(对/天);

G_j——普通货物列车净载(t);

β——货物波动系数,通常可取1.15。

(3)铁路运输工作技术计划和调度工作

铁路运输业具有点多、线长、部门分工细、各作业环节紧密联系等特点。运输生产过程是在长距离的连续空间带上进行的,涉及部门多、时间性强,常常是一点不通影响全线,一线不畅影响一片。

为使铁路这一庞大而复杂的系统能够不间断、均衡、高效地运转,就必须对铁路的日常生产活动实行分级管理,集中统一指挥。为此,我国铁路的运输部门都建立了相应的调度机构,即铁道部设调度处,铁路局设总调度室,车站(主要是编组站、区段站及大货运站)设调度室。在各级调度机构中,按照业务分工设有不同职名的调度员,如计划调度员、列车调度员、机车调度员、货运调度员、客运调度员等,分别代表各级领导掌管一定范围内的日常运输指挥工作。图8-19为行车调度指挥台。

图8-19　行车调度指挥台

调度工作的基本任务见表8-11,其宗旨是在确保安全的基础上努力提高运输效率。

调度工作的基本任务　　表8-11

任　务	主 要 内 容
1	认真执行国家运输政策,完成国家规定的旅客和货物运输任务
2	正确编制和执行运输工作日常计划
3	科学组织客流、货流、车流,搞好均衡运输,经济合理地使用机车车辆和运输设备
4	坚持"一卸、二排、三装"的运输原则,按运行图行车

DMIS 是我国铁路调度指挥现代化进程中的重要环节，它采用现代信息技术，建立以通信、信号、计算机网络、数据传输、多媒体等融为一体的分散控制、集中管理的综合性现代化运输调度指挥系统。利用 DMIS 可以实现对全路和全局的行车进行实时、集中透明指挥。区域指挥中心可以用自动化手段调整运行方案，采用最佳方案控制进路指挥行车。DMIS 克服了人工指挥工作中存在的许多弱点，还可减轻调度员的劳动强度，改善其工作环境，为全面提高列车运行指挥水平提供了条件。

2000 年，我国建成了全路分组数据交换网和运输管理信息系统 TMIS，随后发展为全路运营管理信息系统 OIS。通过 TMIS 建立全路计算机网络，将全路、局、主要站段的计算机设备联成一个整体，从而实现对全路近 50 万辆货车、1 万多台机车、2 万多列列车、几十万个集装箱及所运货物实施追踪管理。

阅读材料

鲁道夫·狄塞尔

1892 年，德国工程师鲁道夫·狄塞尔（Rudolf Diesel）基于热力学中的卡诺循环，设想将吸入气缸的空气高度压缩，使其温度超过燃料的自燃温度，再用高压空气将燃料吹入气缸并使之燃烧做功，这有别于煤气或汽油发动机吸入燃气混合气点燃做功的方式。根据这一原理，狄塞尔发明了采用柴油作为燃料的压缩点火式内燃机，也就是世界上第一台柴油机。1960 年，大功率硅整流器研制成功，并应用于铁路机车，出现了交—直流电力传动的内燃机车，功率水平进一步提高。随着电子技术的发展，联邦德国（西德）在 1971 年试制出功率 1840kW 的交—直—交流电力传动内燃机车（Henschel-BBC DE2500），从而为内燃机车的技术发展提供了新的途径。

单元9　其他种类轨道交通

引子

为了更好地适应和满足国民经济发展对交通运输的需求，充分发挥铁路、水运和海运等各种运输方式的综合优势。作为我国铁路交通运输的补充，了解其他种类轨道交通的工作原理及在我国交通运输中所起的作用。

当今世界，地铁、轻轨、有轨电车、磁悬浮列车及重载铁路，无论是成熟的还是尚处试验阶段的轨道交通系统五彩纷呈。改革开放以来，我国城市规模和经济建设飞速发展，城市化进程日益加快，城市人口急剧增加，低运量的交通工具已远远不能满足民众出行和大宗货物运输的需要。采取城市轨道交通系统，发展多层次、立体化、智能化的交通体系，大力发展重载铁路，是从根本上改善交通运输需求的重要战略措施之一。我国城市轨道交通尚处于初步发展阶段，应该以统筹兼顾、优化格局、合理分配资源、净化环境、方便快捷、因地制宜、造价适中为目标，不断完善城市轨道交通系统。而重载铁路是一种效率甚高的运输方式，已引起铁路部门的重视。

9.1　高速铁路

高速铁路是指通过改造原有线路（直线化、轨距标准化），使营运速率达到每小时200km以上，或者专门修建新的“高速新线”，使营运速率达到每小时250km以上的铁路系统。高速铁路除了要求列车在营运时达到一定速度标准外，车辆、路轨、操作等都需要配合提升。在我国，时速高达200km以上并使用CRH和谐号列车的称为“动车组”，时速为160～200km的城际列车称为“准高速”或长途列车称为“特快”，时速为120～160km的称为“快速”，时速在120km以下的称为“普快”、时速在80km或以下的为“普客列车”。

日本、法国、美国及我国的高速铁路发展都是首先连接人口密集的大城市，如日本的东京至京都；法国的巴黎至里昂；美国的波士顿至纽约、华盛顿等；我国的北京至上海，北京至天津，武汉至广州，上海至杭州，南昌至上海，郑州至西安。这样可以减少投资，需要时亦可以将原有的路轨改良后使用。

世界上首条出现的高速铁路是日本的新干线，于1959年4月5日由新丹那隧道东口动工，1964年正式营运。日系新干线列车由川崎重工建造，营运时速为271km，营运最高时速为300km。图9-1为行驶在山阳新干线上的300系列车。

图9-1　行驶在山阳新干线上的300系列车

适合高速铁路生存环境的基本原则包括：第一是人口稠密和城市密集，而且生活水准较高，能够承受高速轮轨比较昂贵的票价和多点停靠；第二是较高的社会经济和科技基础，能够保证高速轮轨的施工、运行与维修需要。

中国高速铁路网分类见表 9-1。

中国高速铁路网分类　　表 9-1

类别	内容
骨干网（四纵四横）	北京—广州；北京—哈尔滨；北京—上海；杭州—宁波—福州—深圳 郑州—兰州；杭州—南昌—长沙；青岛—石家庄—太原；南京—武汉—重庆—成都
区域网	贵州—广州；南宁—广州；西安—成都等
城际高铁	京津城际；沪宁城际等

高速铁路按建设等级可分为时速 350km 的无砟道床的高铁和时速 250km 的有砟道床的准高铁。

中国高速铁路的特点是大量采用高速桥梁和无砟道床技术，采用超大半径弯道，既消除平交道口和行人干扰，又保证路基的平顺，防止路基沉降。尤其是大量采用的高速桥梁，屹立在一望无际的数十公里乃至数百公里的广阔平原上，雄伟壮观，成为一道靓丽的风景线。

我国第一条高速铁路——120km 长的京津城际铁路于 2008 年 8 月 1 日开通运营。这条最高运行时速 350km 的铁路，将北京和天津两大直辖市紧紧相连。2010 年 10 月，时速达 350km 的沪宁城际高铁开通运营。至此，我国投入运营的高速铁路营业里程已达到 7431km，居世界第一位。2008 年 6 月 24 日，国产“和谐号”CRH3 型动车组列车在京津高速城际铁路上创造了时速 394.3km 的纪录，创造了世界上投入运营列车的时速最高纪录。这是中国铁路进入高速时代的庄严宣告。图 9-2 为国产“和谐号”CRH3 型动车组。

图9-2　国产“和谐号”CRH3型动车组

我国高速铁路研究基地——现代轨道交通国家试验室，是层次最高的国家级试验室，于 2008 年在成都市成立。其依托单位是西南交通大学，涉及研究方向有车辆设计及制造、通信与信号控制系统设计及制造、供电系统设计及制造、道路和车站工程设计、检测、管理等方面。试验室致力于铁路在现有基础上如何进一步提速等技术研发内容，并与中国中铁二院工程集团有限责任公司（简称为中铁二院）密切合作，将最新的科研成果通过中铁二院的设计呈现出来。

9.2　地铁

地下铁道，简称地铁，狭义上专指在地下运行为主的城市铁路系统或捷运系统；但广义上，由于许多此类的系统为了配合修筑的环境，可能也会有地面化的路段存在。图 9-3 为某城市地铁实景图。

在地下修建铁路隧道，相当复杂，存在诸多的问题：首先要面临的障碍是水对施工的影响；某些情况下，自然地质构造同样阻碍建造工程进行；在每个城市底下的街道，地铁工作人员都会发现迷宫般错综复杂的下水管道、电线、电缆及气动管，要想完全避开已有的城市基础设施是难上加难；有时在施工过程中会发现历史遗迹，尤其在一些历史悠久的城市。但无论如何，随着城市发展对城市交通运输的极大需求，地铁也在城市交通运输中起着愈发重要的作用。

图9-3　某地铁实景图

世界上首条地下铁路系统是在 1863 年开通的“伦敦大都会铁路”(Metropolitan Railway)，是为了解决当时伦敦的交通堵塞问题而建。当时电力尚未普及，所以即使是地下铁路也只能用蒸汽机车。巴黎的第一条地铁线路于 1900 年初次运行，纽约的城市地铁则始于 1904 年。中国第一条地铁线路始建于 1965 年 7 月 1 日的北京，1969 年 10 月 1 日建成通车，而北京则成为中国第一个拥有地铁的城市。

世界上有超过 160 个地铁系统，其中大部分都是因为城市过度拥堵、污染和扩张而建成。地铁的特点见表 9-2。

地 铁 的 特 点　　表 9-2

优点	1. 节省土地：由于一般大都市的市区地皮价值高昂，将铁路建于地底，可以节省地面空间，令地面地皮可以作其他用途； 2. 减少噪声：铁路建于地底，可以减少地面的噪声； 3. 减少干扰：由于地铁的行驶路线不与其他运输系统（如地面道路）重叠、交叉，因此行车受到的交通干扰较少，可节省大量通勤时间； 4. 节约能源：在全球暖化问题下，地铁是最佳的大众交通运输工具；由于地铁行车速度稳定，大量节省通勤时间，使民众乐于搭乘，无形中减少许多开车所消耗的能源； 5. 减少污染：一般的汽车使用汽油或石油作为能源，而地铁使用电能，没有尾气的排放，不会污染环境
缺点	1. 建造成本高：由于要钻挖地底，地下建造成本比建于地面要高； 2. 建设周期长：建设地铁的前期时间较长，由于需要规划和政府审批，甚至还需要试验，从开始酝酿到付诸行动破土动工，需要非常长的时间，短则几年，长则十几年也是有可能的； 3. 安全性差：虽然地铁对于雪灾和冰雹的抵御能力较强，但对地震、水灾、火灾和恐怖主义袭击等抵御能力很弱，导致地铁极易因为这些因素发生悲剧，为此自地铁出现以来，工程师们就不断持续研究如何提高地铁的安全性

图 9-4 为莫斯科地下铁道，莫斯科地铁一直被公认为世界上最漂亮的地铁，地铁站的建筑造型各异、华丽典雅。莫斯科地铁每个车站都由国内著名建筑师设计，各有其独特风格，建筑格局也各不相同，多用五颜六色的大理石、花岗岩、陶瓷和五彩玻璃镶嵌各种浮雕、雕刻和壁画装饰，照明灯具十分别致，好像富丽堂皇的宫殿，享有“地下的艺术殿堂”之美称。华丽典雅的莫斯科地铁一直是俄罗斯人的骄傲。

随着中国城市的发展，一些大中型城市已开通或正在建设地铁。已经开通运营的城市有北京、天津、上海、广州、深圳、佛山、南京、成都、沈阳等。图9-5是上海轨道交通4号线杨树浦路站。在建的城市有长春、大连、重庆、武汉、杭州、哈尔滨、西安、苏州、青岛、长沙、无锡、福州、东莞、宁波、济南、厦门、常州、郑州、南昌、南宁、徐州、合肥等。

图9-4　莫斯科地下铁道

图9-5　上海轨道交通4号线杨树浦路站

9.3　轻轨

轻轨交通是城市轨道交通的一种，也就是人们常说的快速有轨交通，是20世纪70年代发展起来的一种新型城市公共交通系统，因为它具有诸多优点而越来越被人们所认可，成为当今世界上发展最为迅猛的轨道交通形式。轻轨的主要优点见表9-3。

轻轨的主要优点　　表9-3

1. 运量大：这是相较于普通的城市公共交通而言的，近些年来逐渐发展起来的轻轨交通，大多是采用电子控制技术较为先进的有轨电车，可以拖挂单节或多节车厢，而其单向最大高峰每小时客流量可以达到3万人次； 2. 噪声小、污染小：轻轨采用电力机车牵引，没有困扰城市环境的尾气影响，而且还可以将其所产生的噪声控制在国家规定标准70分贝左右； 3. 速度快、安全性高：这两者在交通中一直都是一对不可调和的矛盾，但轻轨却可以做到两者的有机统一，因为轻轨为有轨交通，在专用铁道上行驶，这样就可以避免经常发生交通事故，所以行车的安全性比无轨电车或公共汽车要大得多，几乎可以消除行车伤亡事故的发生； 4. 灵活性高、成本小：这是相较地铁等其他城市有轨交通来说的，轻轨可以采用多种形式的站台上下乘客，而且可以采用混合路权的形式与其他有轨系统共享轨道，因此其投入的成本就非常小； 5. 安全准时：整点运行，这可能是对乘客来说最具诱惑的一条，因为采用电子控制及专用轨道，不仅安全，而且整点准时

轻轨的以上诸多优点，使得它成为现代化大都市公共交通的重要选择，与地铁、公路等公共交通共同组成了城市的立体交通网络，改善了城市中人口与交通的紧张关系，提升了城市人群的生活品质。图9-6为进站中的长春轻轨，一期工程于2001年12月28日试车成功。至此，长春率先建成中国内地第一条轻轨线路。图9-7为行驶中的重庆轻轨2号线，它是重庆的第一条轨道交通线，也是中国西部地区第一条轨道交通线，同时也是国内第一条采用跨座式高架的单轨。此外，在中国的上海、武汉、大连等城市，轻轨在城市轨道交通中也起着重要的作用。

轻轨的轨距采用1435mm国际标准轨距，列车运行利用自动化信号系统。按照国际标准，城市轨道交通列车可分为A、B、C三种型号，分别对应3m、2.8m、2.6m的列车宽度。凡是选用A型或B型列车的轨道交通线路称为地铁，采用5~8节编组列车；选用C型列车的轨道交通线路称为轻轨，采用 2～4 节编组列车。此外，列车的车型和编组决定了车轴重量和站台长度。

图9-6　长春轻轨

图9-7　重庆轻轨2号线

9.4　磁悬浮铁路

火车被发明和应用、发展的 100 多年来，火车车体和机车动力已进行了几次更新换代，但无论怎样变化，火车始终是通过传动装置驱动动轮旋转，并借助车轮与钢轨间的黏着力而牵引行驶的。由于火车在钢轨上运行的速度越快，车轮与钢轨间产生的黏着力会越小，而车轮的阻力却越大，当阻力大于黏着力时，列车就无法运行了。为了解决这个矛盾，科学家们通过研究，发明了磁悬浮列车。图 9-8 为磁悬浮列车原理示意图。磁悬浮列车是根据电磁铁同性相斥、异性相吸的原理，使列车悬浮在一个看不见的磁垫上，借助电动机或喷气式发动机，沿着铁轨高速行驶。由于磁悬浮列车的时速可达 500～700km，而且它行驶时不直接接触铁轨，就像贴着铁轨在飞，所以人们又称它为“会飞的列车”。

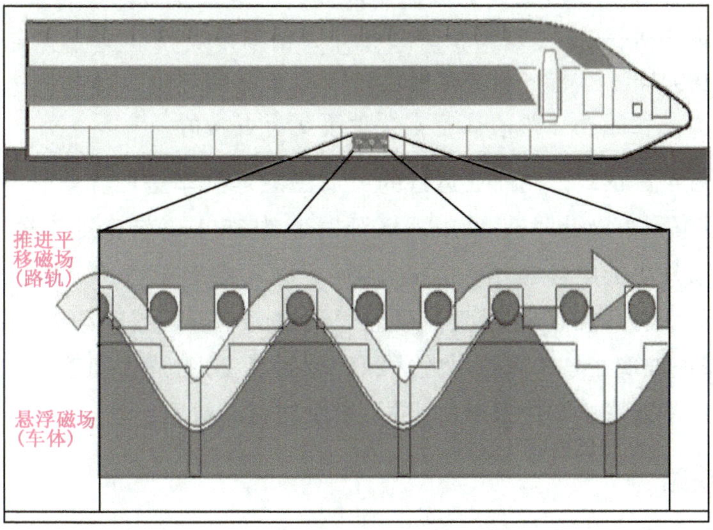

图9-8　磁悬浮列车原理示意图

磁悬浮列车的分类见表9-4。

磁悬浮列车的分类 表9-4

分类依据	类别	
磁悬浮方式	磁力悬浮	磁力吸引悬浮:时速可达到500km左右 磁力相斥悬浮:时速可达到500km左右
	超导磁力悬浮(又叫高温超导磁力悬浮):列车使用的是高温超导材料,运行速度比磁力悬浮列车更快,最快时速可达到700km,堪比普通飞机的飞行速度	

磁悬浮列车的特点见表9-5。

磁悬浮列车的特点 表9-5

优点	1. 由于磁悬浮列车在轨道上行驶,导轨与机车之间不存在任何实际的接触,成为"无轮"状态,故其几乎没有轮轨之间的摩擦,时速高达几百公里; 2. 磁悬浮列车可靠性大、维修简便、成本低,其能源消耗仅是汽车的1/2、飞机的1/4; 3. 噪声小,当磁悬浮列车时速达300km以上时,噪声只有656dB,仅相当于一个人大声地说话,比汽车驶过的声音还小; 4. 采用高架方式,占用的耕地很少
缺点	1. 磁悬浮列车在突发情况下的制动能力不可靠,不如轮轨列车;在陆地上的交通工具没有轮子是很危险的;磁悬浮列车很大的惯性要通过轮子与轨道的制动力来克服,但由于磁悬浮列车没有轮子,如果突然停电,靠滑动摩擦达到制动目的是很危险的; 2. 磁悬浮列车是高架的,发生事故时在5m高处救援很困难;没有轮子,拖出事故现场困难;若区间停电,其他车辆、吊机也很难靠近

2006年,德国磁悬浮控制列车在试运行途中与一辆维修车相撞,报道称车上共29人,当场死亡23人,实际死亡25人,4人重伤。这说明磁悬浮列车突然情况下的制动能力不可靠,不如轮轨列车。

我国西南交通大学在2000年研制的世界第一辆载人高温超导磁悬浮列车"世纪号"以及后来研制的载人常温常导磁悬浮列车"未来号"等受到胡锦涛、江泽民等党和国家领导人的高度关注和充分肯定。据介绍,早在1994年,西南交大就研制成功中国第一辆可载人常导低速磁悬浮列车,但那是在完全理想的试验室条件下运行成功的。

于2003年1月4日正式开始商业运营的上海磁悬浮列车是世界第一条商业运营的磁悬浮专线。上海磁悬浮列车设计时速430km,实际时速约380km,转弯处半径达8000m,肉眼观察几乎是一条直线,最小的半径也达1300m,因此乘客不会有不适感。轨道全线两边50m范围内装有目前国际上最先进的隔离装置。磁悬浮列车的车窗是减速玻璃,乘客可以更好的观赏窗外的风景。减速玻璃在与车体接触的边缘处有弧度变形,这个弧度可以使车外景物在透过弧度时发生变形,从而影响车内乘客的视觉,产生减速的效果。

9.5 重载铁路

重载铁路是指用于运载大宗散货的总重大、轴重大的列车、货车行驶或行车密度和运量特大的铁路。一般火车单列运输量约为2000~3000t,而重载火车单列运输量至少在5000t以上，总重可达 1 ~ 2 万 t，轴重可达 30t，行车密度可达 1 万 t/km。运输的大宗散货主要为煤炭、矿石、散粮等。图 9-9 为大秦重载铁路，大秦铁路自山西省大同市至河北省秦皇岛市，纵贯山西、河北、北京、天津，全长 653km，是中国西煤东运的主要通道之一。图 9-10 为朔黄重载铁路，朔黄铁路西起山西省神池县神池南站，与神朔铁路相连，东至河北省黄骅市黄骅港口货场，正线总长近 600km，设计为国家 I 级干线、双线电气化铁路，重载路基，设计年运输能力为近期 6800 万 t，远期 1 亿 t，也是我国西煤东运第二大通道和神华集团矿、路、港、电、航、油一体化工程的重要组成部分，在全国路网中占有重要地位。

图9-9　大秦重载铁路

图9-10　朔黄重载铁路

1984 年在美国华盛顿成立了非官方组织——国际重载铁路会议（简称 IHHR），并由美国、中国、澳大利亚、加拿大和南非的铁路部门的技术专家组成国际重载铁路顾问委员会。重载列车需着重研究的问题是运行管理、轨道的适应性，以及大宗散货的装卸等。

如果说开行动车组开启了中国铁路的“追风”时代，那么万吨、两万吨重载列车的开行则是中国铁路全面进入现代化的一个重要标志。众所周知，速度、密度、重量是考量铁路运输发展的三大关键指标，速、密、重并举仍然是我国铁路运输的基本模式。近年来，国民经济快速发展，经济社会发展日新月异。铁路运输“瓶颈”的制约需要中国铁路人奋起突破。

相关资料显示，由于大力发展重载运输技术，以 1980 年为指数 100% 计算，1999 年北美一级铁路生产率（即每一美元运营成本所获得的吨英里周转量）提高了 171%，货车平均容量提高了 15.1%，事故率降低了 64%，运行成本（10 亿吨英里的支出）下降了 65%，在北美货运市场的占有份额大大增加。

澳大利亚的纽曼矿山铁路 1973 年开始研究采用重载运输技术，劳动生产率逐年提高，成本逐年下降。2000 年与 1980 年相比，燃油消耗下降 43%，每百万吨矿石运输所需人力从30人减少到5人,机车车辆无故障运行时间由300万km上升到920万km,可靠性上升3倍,机车车辆利用率提高了36%。

瑞典铁路北部的挪威至瑞典矿山铁路1997年前开行重载列车。开行重载列车后,运输成本降低了35%,年运量从2000万t提高到3000万t,铁路在运输市场上的竞争能力大大提升。

目前,俄罗斯、印度等一些大国在重载运输方面也在奋起直追,并已取得了良好成绩。由此可见,发展重载铁路是中国铁路货运现代化的必选之路,同时也是世界铁路发展的大趋势。

重载铁路是当今世界铁路货车的技术发展方向,是提高铁路货运能力的有效途径。提高货车载重,主要有两种途径:一是增加车辆的轴重,二是增加车辆的轴数。近几年来,我国借鉴国外先进经验,立足自主创新,大力发展重载铁路货物运输,通过增加货车轴重,使铁路通用货车实现了载重由60t级向70t级的全面升级换代。但增加货车轴重,对线路技术条件提出了更高要求。如车辆载重达到100t,采用四轴车,轴重将达到32t以上。我国目前路网大部分线桥等基础设施基本上仅适应于运行25t级的货车,要开行大轴重货车,需要对线桥等基础设施进行改造,改造费用巨大且周期长。而通过增加轴数,可以在同样轴重的情况下大幅提高货车载重,不需要对既有线路和桥梁进行改造,即可实现重载运输。因此,从2004年开始,南车长江车辆有限公司结合中国铁路现阶段的实际情况,创造性地开展了三支点铁路货车技术的研究,并于2005年研制开发了载重100t三支点矿料、钢材运输专用敞车。该车于2006年5月通过了原铁道部运输局装备部组织的技术审查,并被定型为C100A(C100AH)型三支点矿料、钢材运输专用敞车。2007年10月,南车长江车辆有限公司为包头钢铁(集团)有限公司生产了30辆C100AH型和30辆C100A型三支点矿料、钢材运输专用敞车及配套的装载加固装置。图9-11为C100A型三支点专用敞车。这些车辆于2007年11月在包头至天津港线路上投入试运行。从运用情况看,该车运行情况良好,能满足客户提高运能、降低运输成本的要求,创造了较好的经济和社会效益。

图9-11　C100A型三支点专用敞车

9.6　铁路轮渡

铁路轮渡,简单说就是火车乘船过海(江)。渡轮上修有铁道,火车可从陆地的铁道开进渡轮的铁道,然后乘船过海,可以解决海峡间的铁路运输问题。例如,广东省和海南省之间的粤海铁路通过琼州海峡时就是采用轮渡的方式。

渡轮是运载铁路车列的船舶，甲板上铺有载运车列的轨道，船头设有鸡心桩，船尾设有车挡和车钩，船头和船尾装有推进器，船头的推进器除主要用来驱动渡轮航行外，还可为渡轮停靠栈桥时产生减速制动力，又可为渡轮驶离栈桥时产生启动力。采用铁路轮渡时，两岸须设置轮渡站、栈桥靠船设备等建筑物和设备。轮渡站是以铁路车辆下船与上船作业为主的专为铁路轮渡服务的车站，主要由编发场和待渡场组成，如图 9-12 所示。编发场供列车到发及编解作业，待渡场供上下渡轮车列的待取或待送作业。栈桥又称码头，是供机车车辆驶上和驶下渡船的桥梁建筑物。在宽阔的河流、海峡等水域中，栈桥都是相对应地建筑在两岸，渡船的航线为 S 形；在较狭窄的江河中，栈桥是错开设置于两岸的，渡船的航线为 V 形。栈桥由桥墩、桥台、钢梁、跳板梁和升降机械设备等组成。栈桥的结构形式与桥梁基本相同，不同的是桥梁的梁部结构和轨面固定不动、全部跨越河道，栈桥的梁部结构和轨面可随水位的涨落而升降，轨面坡度可随之调节，此外，栈桥只伸入水域一部分。栈桥的下部结构为混凝土或钢筋混凝土的桥墩和桥台；上部结构为钢板梁或钢桁梁。桥墩和桥台是支承桥梁上部结构和荷载的构筑物。桥台在栈桥靠岸一端，与路堤相连。跳板梁是连接栈桥和渡船的设备，在栈桥入水的一端。图 9-13 为烟大铁路轮渡码头。

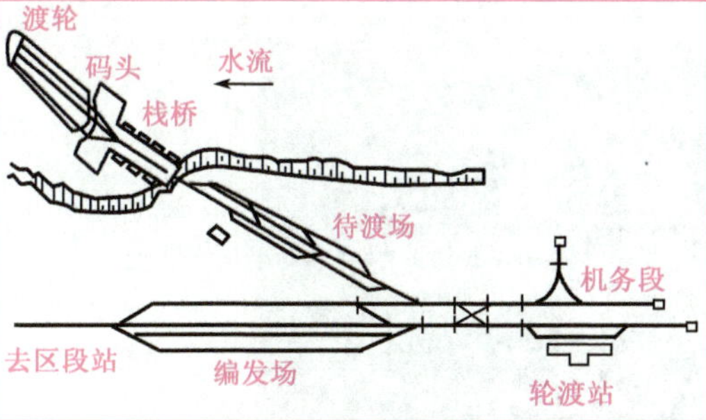

图9-12　轮渡站布置图

图9-13　烟大铁路轮渡码头

中国设计制造的大型渡船上铺设 3 股轨道，每股轨道有效长为 120.54m，船长 126.6m，载重 2978t，总排水量 5090t。中型渡船上铺设两股轨道和道岔，两股轨道有效长分别为 100m 和 68.59m，船长 108m，载重 1050t，总排水量 2150t。运营中根据运量大小、两岸作业的机车台数、引线长度和每渡的载车辆数等确定参加运行的渡船数。渡船数通常是单船、双船和三船。

世界上许多国家为了更好地适应和满足国民经济发展对交通运输的需求，充分发挥铁路、水运和海运等各种运输方式的综合优势，在铁路受水域阻隔不能直接通达的地区，建设跨江（河）、跨海的铁路轮渡运输线（包括国际轮渡运输线）。铁路轮渡已经成为一种技术成熟、日臻完善的运输方式，在交通运输体系中占有一定地位并发挥了较好作用。

据不完全统计，到 20 世纪末，全球已有 20 多个国家的近 40 处设有铁路轮渡，开辟了 70 多条航线，总长逾 1.4 万 km。跨（或沿）江、河、湖泊的航线近 20 条，跨海轮渡线 50 多条，其中国际航线约占35%。世界各国的铁路轮渡线，主要集中在欧洲波罗的海、北海、黑海、里海及地中海地区，北美的太平洋、大西洋沿岸及大湖区。按各大洲分布，铁路轮渡线大约是欧洲占45%，北美占30%，亚洲及南太平洋地区占25%。图9-14为铁路轮渡。

图9-14　铁路轮渡

9.7　有轨电车

有轨电车是指由直流架空触线供电，由牵引电动机驱动，在轨道上行驶的城市公共交通客运车辆。图9-15为张江有轨电车在街头上“试跑”。

图9-15　张江有轨电车

有轨电车是19世纪下半叶在马拉轨道车的基础上发展起来的一种交通工具。1890～1920年是有轨电车在世界范围大发展的时期，它逐渐成为广泛使用的城市公共交通工具。中国于1906年在天津创办了有轨电车交通系统。随后，上海于1908年、大连于1909年、北京于1921年、沈阳于1924年、哈尔滨于1927年、长春于1935年，相继建造了有轨电车系统。直到20世纪50年代末，有轨电车仍然是这些城市的重要公共交通工具。20世纪50年代以后，汽车工业迅速发展，汽车数量激增，在城市机动车混合行驶的情况下，有轨电车的运行日益不便，加之噪声大，道路维护费用高，因而逐渐减少。因有轨电车输送能力为2000～1500人/h，运送速度一般为15～20km/h，与其他交通方式混合行驶，能力较为有限，目前只在大连等少数城市作为风景保留，不宜推广。

有些发达国家发展了一种快速有轨电车，在大城市繁华或狭窄街道的地下或高架轨道上运行，不受其他车辆的干扰。这种有轨电车比普通有轨电车运行速度快，最高车速达60~80km/h。

现代有轨电车由下列四部分组成。

①行走部分，即转向架；

②车厢；

③电气设备：包括牵引电动机、电阻器、集电装置、避雷器、照明设备及电器控制系统等；

④制动设备：包括制动闸瓦、制动传动装置、空气压缩机和输气管路等。

目前，内地有几个城市局部开行有轨电车。大连有两条有轨电车线路；长春目前有两条有轨电车，一条新式的轻型轨道电车，还有一条老式的有轨电车54路；哈尔滨的“有轨电车”是2000年以后重建的“龙江龙号”，实际为内燃机驱动，并无架空电缆，并非真正的有轨电车，现已经停运；2006年底，天津滨海新区开通了法国引进的胶轮导向电车Translohr，部分媒体和网络也称之为有轨电车，是中国内地第一个使用胶轮导向电车的城市；2009年，上海浦东新区张江地区也开通了胶轮导向有轨电车；2008—2009年，北京前门停用多年的有轨电车“当当车”再度被使用，行驶于前门和前门大街南口之间，作为旅游用，而非公共交通工具，但这条线路也非严格意义的有轨电车，虽然配备的车辆有电车触电弓，但其他线路上方并无架空电缆，只是靠电机运行。另外，北京已经计划在2011年，开通由地铁巴沟站到香山的有轨电车线路西郊线，这将成为北京取消有轨电车交通工具的首条投入客运运营的有轨电车线路。

与早期有轨电车相比，当今的有轨电车是高科技的结晶，使用先进的牵引、制动设备。它一般为两节车厢编组，可容纳180~190人，是普通单节公交车的两倍。新型有轨电车平均时速20km，比城市中公交车平均时速快30%；同时，有轨电车普遍使用长钢轨，基本没有接头，行驶中车轮与钢轨的摩擦噪声较低；新型有轨电车同时具有交通和观赏两大功能，或许有轨电车会迎来它的下一个春天。

阅读材料1

国外铁路轮渡发展概况

(1)欧洲

由于自然地理条件及经济发展状况，欧洲是使用铁路轮渡最早、发展最快、航线数量最多的地区。北欧斯堪的纳维亚半岛地区与欧洲大陆之间受波罗的海和北海阻隔，这一水域特别辽阔，是世界上铁路轮渡运输最发达的地区之一。欧洲其他轮渡线则主要集中在英国与欧洲大陆之间、黑海海域及地中海地区。

(2)北美洲

北美洲中、北部的大湖区，是世界上利用内陆湖泊水域组织铁路轮渡运输最活跃的地区。尤其是在密执安湖和苏必利尔湖，有近10条铁路轮渡线通航，一些航线的长度都超过100km。在这一地区，除了美国、加拿大有自己的国内航线外，两国间还开辟了直通的铁—水联运，在沿大西洋和太平洋的近海，也有多条铁路轮渡线。在太平洋海域，从美国西海岸华盛顿州的西雅图到阿拉斯加州的惠蒂尔的铁路轮渡线，全程2592km，1964年通航，是世界上最长的铁路轮渡运输线。

(3)南美洲

南美洲的几条铁路轮渡线都集中在阿根廷境内，沿巴拉那河航行。其中，最主要的航线是从首都布宜诺斯艾利斯到伊维奎，长230km。此外，20世纪70年代以后，在秘鲁、玻利维亚边境的铁路轮渡线通航全程约330km。

(4)亚洲

亚洲地区铁路轮渡运输发展起步较晚。日本、印度尼西亚因所具有的岛国特点，轮渡线数量较多，相对比较发达。亚洲其他国家和地区，如印度、缅甸、孟加拉国、斯里兰卡、土耳其等，都有数量不多的内湖、沿江、跨海的铁路轮渡线。

(5)大洋洲

大洋洲地区主要的铁路轮渡线有两条：一条是澳大利亚的墨尔本跨越巴斯海峡并与南端塔斯马尼亚岛上的斯坦利连接的铁路轮渡线，长约600km；另一条是新西兰跨越库克海峡的惠灵顿—皮克顿的铁路轮渡线，全程94km，把新西兰南北两岛连成一体。

(6)非洲

非洲大陆的所有铁路轮渡，都集中在东非地区乌干达、坦桑尼亚、肯尼亚的维多利亚湖上。

阅读材料2

我国铁路轮渡发展概况

我国具有较多的河流，较长的海岸线，较大的海峡，为了解决铁路跨江、过海问题，铁路轮渡在我国应运而生。我国铁路轮渡有着70多年的历史，在长江上先后建成了四条铁路轮渡，在琼州海峡和渤海海峡上建成了两条跨海铁路轮渡。目前，有江阴铁路轮渡、粤海铁路轮渡和烟大铁路轮渡三条铁路轮渡线在运营。此外，国际铁路轮渡——中韩跨海铁路轮渡已展开了前期研究工作，两国间政府主管部门也达成了初步的合作意向。我国也是世界上少数同时拥有内河和跨海铁路轮渡的国家之一。

1933年，我国建成了连接津浦和沪宁铁路的第一条铁路轮渡——南京铁路轮渡，1949年前又修建了京汉和粤汉铁路之间的武汉铁路轮渡。1957年10月，武汉长江大桥率先建成通车，武汉铁路轮渡停止使用，随之整体搬迁至芜湖设渡。1968年9月，南京长江大桥投入使用，南京铁路轮渡停航。2000年9月30日，芜湖长江大桥竣工通车，当时中国唯一的一条铁路轮渡线也完成了历史使命。

世纪之交，伴随着沿海铁路通道的建设，中国铁路轮渡得到了快速发展，相继建成了江阴、粤海及烟大铁路轮渡线。

（1）江阴铁路轮渡

江阴铁路轮渡线全长 6km，于 2002 年通过国家验收，从北岸的靖江跨越长江至南岸的江阴，为新（沂）长（兴）铁路的一个重要组成部分。为适应长江水位变化，轮渡在南北岸各建有五孔活动栈桥，可以通过升降系统调节栈桥的高度与倾斜度，保证与渡轮平整对接。配备两条渡轮，船长 134.6m，宽 17.6m，设置 3 股轨道，可一次渡运 27 节货车箱。按照设计标准，江阴轮渡日渡运量可达 20 艘次，每一次的货物运送量约 1600t，江上航行时间约需 30min。

（2）粤海铁路轮渡

2003 年 1 月 7 日，中国第一条跨海铁路轮渡——粤海铁路轮渡正式通航。粤海铁路轮渡从雷州半岛南端的海安，横跨琼州海峡至海南岛的海口，全长 26km。

渡船设有两层载货甲板。主甲板为开敞式列车甲板，共建有 4 股铁路轨道，每股轨道长约 145m，可装载每节长 14m 货物列车 40 节，也可装载每节长 26.5m 的旅客列车 18 节。第二层甲板为汽车夹板，可装载汽车 56 辆；渡船后半部设置旅客舱室，可载旅客 1360 人。列车、汽车和旅客通过不同的栈桥，从船艉、船左右舷分别进入渡船。渡船安装有抗横倾和减摇系统，在 8 级风情况下能安全航行和靠泊。渡船航速 14.8 节，海上航行时间约 50min。

（3）烟大铁路轮渡

烟大铁路轮渡，北起辽东半岛南端的大连市旅顺口区羊头洼港，南至山东半岛北部的烟台市四突堤港，纵贯渤海海峡，全线长 189km，是我国铁路网“八纵八横”之一的东部沿海铁路大通道的重要组成部分。2004 年 10 月烟大铁路轮渡全面开工，2006 年 9 月通过铁道部初验，2006 年 11 月“中铁渤海 1 号”投入试运营，2007 年 2 月“中铁渤海 2 号”投入试运营。烟大铁路轮渡工程技术含金量高，多项技术达到国际先进水平。

案　　例

【案例 1】　京沪铁路黄土地基处理

京沪铁路沿线黄土路基主要分布在济南至界首段,共计 14 处工点,长 2121km。地质条件为冲、洪积新黄土,局部夹有胶结的卵石土, 多具湿陷性。黄土路基地基按全部消除湿陷性原则进行设计。黄土地基处理的主要方法如下。

①路堤基底变形满足要求时,基底采用冲击碾压或重锤夯实,同时做好陷穴处理;

②湿陷性黄土的厚度小于 310m 时,采用挖除换填、冲击碾压或重锤夯实处理;

③湿陷性黄土的厚度为 310 ~610m 时,采用强夯加固;

④厚度大于 610m 时,采用灰土桩、搅拌桩、CFG 桩等加固处理。

【案例 2】　某石质路堑爆破开挖

1) 工程概况

该路堑合同段途经约 5.5km 山区,路堑中心最大挖深 18.63m,分三级坡三个平台进行开挖,路堑边坡以 6m 高度进行分级,每级边坡设 3m 宽边坡平台或碎落台,边坡坡率采用 1 :1.5,如案例 2 图所示。

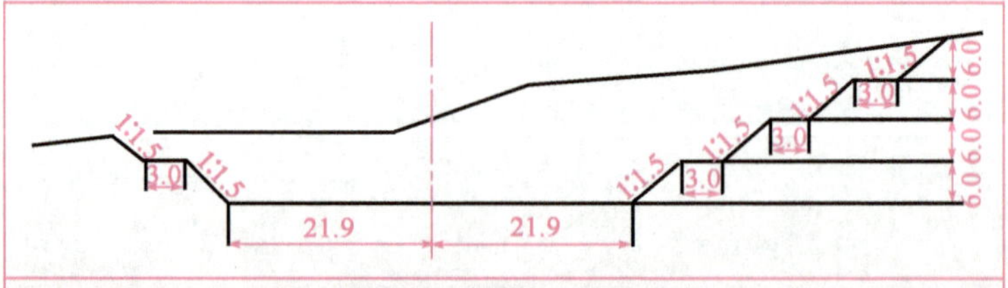

案例2图　路堑开挖断面图

2) 地质概况

该合同段地质情况主要为:低山丘陵工程地质区,基岩裸露,岩性以石灰岩、泥灰岩为主,强 ~ 弱风化,岩质坚硬,岩层走向与路线走向夹角为 50° ~80°。整个路堑开挖需全部采用爆破石方机械化施工。

3) 爆破方案的选择

本合同段有填方段落 93 区及以下路堤部分全部采用爆破开挖的石方作为填料,要求粒径不大于 30cm。根据该合同段爆破区域内地形、地质情况及爆破区周围环境情况,结合本工程对填料的要求,综合考虑块度、边坡稳定性的要求,为保证爆破时周边安全,同时减少爆破块度,改善爆破效果,控制爆破飞石对周围住宅、农田造成危害,主爆孔设计采用深孔与浅孔相结合并逐孔微差爆破技术。为满足设计及规范要求,确保边坡稳定、光滑、平整、美观,减少边坡修整工程量，边坡采用光面、预裂控制爆破技术，边坡预裂孔斜度同边坡的坡率相同。

4）边坡控制

根据边坡设计要求和坡级高度，边坡预裂孔和缓冲孔的孔位，须采用全站仪准确定出，并标出炮孔的深度、位置，一孔一放样。按照测出的孔位，钻机准确对位。钻孔过程中，严格按设计边坡的坡率控制钻机的钻孔角度，钻孔角度须与边坡的坡率相同。每层炮孔底面，应尽量在同一水平面上。要认真做好记录，严格准确地控制钻孔的倾角，及时准确地了解地质情况及岩石的变化程度，为确定炸药的单耗及炮孔的单孔装药量提供可靠的依据。多级台阶的路堑边坡，在边坡范围内的开挖，须分层进行爆破，自上而下分层爆破开挖。路堑中部即路槽底面宽度范围内，宜采用拉槽式梯段爆破，取梯段高度 $H = 8 \sim 10\text{m}$，并且要预留足够的边坡保护层厚度，以保证边坡质点振动速度不超过24cm/s。最大单段齐爆药量控制在500kg内。边坡采用光面、预裂爆破，装药量、装药结构及孔网参数，按其设计参数，并根据地质条件及岩石的软硬程度进行调整。靠近缓冲孔的主炮孔的排距和装药量，应较其他主炮孔适当减少。预裂孔应提前主炮孔起爆，其时差为：坚硬岩石50～80ms；中等坚硬岩石80～150ms；松散岩石150～200ms。为保护边坡的坡脚，禁止边坡预裂孔超深。

5）安全管理

（1）现场作业人员的安全

施工期间，现场作业人员严格遵守《爆破安全规程》中有关条款的规定。上岗前，须进行严格的岗位培训和安全教育后方能进入爆破现场操作施工。作业时一律戴好安全帽，穿好工作服、工作鞋，爆破现场严禁烟火，与爆破无关人员一律不准进入爆破现场。

（2）爆破器材储存与保管

此合同段所用火工品全部由专业爆破器材仓库负责运输、保管；爆破时当天消耗的爆破器材与剩余的火工品严格登记管理，剩余的火工品及时入库，爆破现场不留火工品过夜。现场作业时，炸药雷管等火工品，设专人看管。爆破器材要轻拿轻放，从库中领取，退回时专人押运。

（3）爆破有害效应控制

①个别飞石控制。在K5+280.00～K5+580.00段，爆破区距水泉村较近，必须严格控制飞石，做好安全防护工作。做到精心设计，科学施工，并做好炮孔的检查和验收。注意改变临空面，控制飞石方向。同时做到装药量计算合理，随时调整装药结构，并保证堵塞质量。爆破时对靠近建筑附近的炮孔，用沙袋或橡胶编织网覆盖。

②爆破安全警戒。为了确保爆破安全，爆破作业必须由经过专业培训并取得爆破证书的专业人员施爆。在进行爆破前，必须明确爆破安全警戒范围，警戒范围应不小于200～300m，发出第一次警告哨后，开始断绝交通，行人及施工人员撤离警戒线。在爆破危险区边界，设立警戒哨和警告标志，并在附近的村庄、道路边缘设立警戒牌，且设专人把守。爆破起爆前后，须有明确的信号警告，并将其意义通知现场人员及当地单位和群众。起爆后，应点清爆炸数与装炮数是否相符，确认无误后5min方可解除警戒。若发生"瞎炮"，应按"瞎炮"处理程序进行。

【案例3】　无爆破安全作业证导致安全事故

1）事故概况

2000年10月15日，中铁某局负责施工的内昆铁路内宜段电气化教路发生堑石方爆破事故，造成施工负责人受重伤。

2）事故原因

①因该项目部现场施工负责人更换，且工期较紧，项目部经理要求新上上任的施工负责人加快爆破进度，但施工负责人无爆破职业资格，在项目经理的压力下自行爆破。

②改爆破为浅孔爆破，施工人员钻眼时，炮眼方向与最小抵抗线方向重叠，构成严重的安全隐患（极易产生飞石，且飞石多为片状）。

③现场管理混乱，安全警戒距离过小，约为30m，且现场工人未进行安全教育。

④事故发生时，施工负责人虽已看见飞石朝他飞去，但是因为飞石形状为片状，飞行方向改变，难以躲避，最终造成施工事故的发生。

参 考 文 献

[1] 黄守刚.铁路路基工程施工安全与案例分析[M].北京:中国铁道出版社,2011.

[2] 张碧.高速铁路施工概论[M].成都:西南交大出版社,2011.

[3] 王进.铁路工程施工[M].北京:中国铁道出版社,2009.

[4] 张雯.线路工程[M].成都:西南交通大学出版社,2009.

[5] 铁道第一勘察设计院. TB 10001—2005 铁路路基设计规范[S].北京:中国铁道出版社,2010.

[6] 中铁四局集团有限公司. TZ 202—2008 客货共线铁路路基工程施工技术指南[S].北京:中国铁道出版社,2011.

[7] 刘超群.土木工程概论[M].成都:西南交大出版社,2010.

[8] 陈秋南.隧道工程[M].北京: 机械工业出版社,2007.

[9] 覃仁辉,王成.隧道工程[M].3版.重庆:重庆大学出版社,2011.

[10] 朱永全,宋玉香.隧道工程[M].2版.北京: 中国铁道出版社,2007.

[11] 管频,王运周. 公路桥涵与隧道养护[M]. 北京:人民交通出版社,2009.

[12] 孙亦环. 铁路桥涵[M].2版.北京:中国铁道出版社出版,2000.

[13] 高海波. 桥梁工程(公路)[M].成都:西南交通大学出版社,2006.

[14] 魏庆朝.铁道工程概论[M]. 北京:中国铁道出版社,2011.